高职院校文化育人的
理论与实践探索

刘永亮 著

北京理工大学出版社
BEIJING INSTITUTE OF TECHNOLOGY PRESS

内 容 简 介

高校承担着文化传承与创新的崇高使命。高职院校作为一种类型教育，传承革命精神、工匠精神是新时代赋予高职院校的神圣职责。目前，高职文化育人理论指导欠缺，核心理念内涵不清晰，职业精神培养偏弱；文化育人缺乏系统化设计，主要靠传统的强制、灌输，学生缺乏主动性、积极性，参与不足、吸引力不够；文化育人内涵单一，运行机制不畅，学校育人特色不鲜明。针对这些问题，本书以具有70余年建设历史、具有全国文明单位等40余项国家级文化成果、具有全国"双高计划"A档（全国前十）实力的陕西工业职业技术学院校园文化发展建设历程为主线，立足陕西地域文化和工业文化特质，从理论、实践、成果等三个篇章，总结梳理文化育人成果，为高职院校校园文化建设提供借鉴与参考。

版权专有　侵权必究

图书在版编目(CIP)数据

高职院校文化育人的理论与实践探索／刘永亮著. -- 北京：北京理工大学出版社，2022.3
ISBN 978-7-5763-1142-6

Ⅰ．①高… Ⅱ．①刘… Ⅲ．①高等职业教育－文化素质教育－研究 Ⅳ．①G718.5

中国版本图书馆 CIP 数据核字(2022)第 041857 号

出版发行 ／	北京理工大学出版社有限责任公司
社　　址 ／	北京市海淀区中关村南大街5号
邮　　编 ／	100081
电　　话 ／	(010) 68914775（总编室）
	(010) 82562903（教材售后服务热线）
	(010) 68944723（其他图书服务热线）
网　　址 ／	http://www.bitpress.com.cn
经　　销 ／	全国各地新华书店
印　　刷 ／	三河市华骏印务包装有限公司
开　　本 ／	710毫米×1000毫米　1/16
印　　张 ／	17.75
字　　数 ／	260千字
版　　次 ／	2022年3月第1版　2022年3月第1次印刷
定　　价 ／	89.00元

责任编辑／徐艳君
文案编辑／徐艳君
责任校对／周瑞红
责任印制／李志强

图书出现印装质量问题，请拨打售后服务热线，本社负责调换

前　言

习近平总书记在党的十九大报告中描绘了新时代中国特色社会主义文化强国的宏伟蓝图，指出了由文化自觉和文化自信走向文化自强的方向，体现了强烈的推动社会主义文化繁荣兴盛的使命担当。大学校园文化作为中国特色社会主义先进文化的重要组成部分，承担着立德树人的神圣使命。高职教育是高等教育的一种类型，是国民教育体系和人力资源开发的重要组成部分，是广大青年打开通往成功成才大门的重要途径，肩负着培养多样化人才、传承技术技能、促进就业创业的重要职责。习近平总书记对职业教育工作作出重要指示："在全面建设社会主义现代化国家新征程中，职业教育前途广阔、大有可为。"高职教育要建成中国特色、世界一流，必须实施文化育人，以党建引领、文化凝聚是高职教育走向高质量发展的必然选择。新时代，在做大做强实体经济助推高质量发展，在"中国制造"走向"中国创造"的关键时期，对于西部以装备制造行业为背景的高职院校，更需要以文化视角审视和研究高职教育的发展路径。

正是基于对校园文化丰富内涵的正确理解和准确把握，陕西工业职业技术学院自1950年建校伊始，始终传承第一任校长王达成（原西北工业部部长、清华大学首任党支部书记）提出的"用革命的精神，创办革命的学校"的办学初心，坚守为"工"育英才的优良传统，按照"理念引导、构建模式、实践推广"的思路，持续实施"文化强校"战略，不断紧随时代发展潮流，不断丰富办学理念和内涵，历经"校厂一体，产教并举""技术与艺术完美结合，智育与美育相融并进""建有品位的学校、创有境界的文化、育有底气的人才"等阶段，直至"追求卓越，争创一流"的学院精神，以立德树人为根本，围绕传承红色基因、筑牢红色根基、凸显职业精神、培养时代工匠的理念，整合陕西丰富的红色文化和工业文化资源，构建形成了理想信念铸魂、道德品质立身、文化素养固本、精艺强技筑基、创新创业赋能、劳动实践乐业"六位一体"的"红色匠心"文化育人核心理念。通过"教学链""教育链"分别落实在学校各专业人才培养方案和文化育人实施方案中。通过选修课、创新创业课与企业订制课、线上课程与线下课程"四结合"，在教学层面催生文化育人成果；在实践层面一体化加强育人功能，在环境育人方面形成了一场（红色文化广场）一馆（校史馆）一廊（企业文化长廊）一园（机床文化园）一港（大学生思政教育温馨港）一空间（VR智慧思政空间）的"六个一"文化育人平台。

2005年，学校在教育部高职高专院校人才培养工作水平评估中被评为"优秀"，2011年被教育部、财政部确定为"国家示范性高等职业院校"，2019年跻身国家优质专科高等职业院校并入选教育部、财政部中国特色高水平高职学校和专业建设计划建设单位A档（全国前十），2021年被授予教育部思想政治工作创新发展中心、课程思政教学研究示范中心，2022年被评为全国党建工作示范高校培育创建单位，2005、2014年连续两届荣膺"全国职业教育先进单位"，先后被评为全国文明单位、全国机械行业骨干职业院校、全国机械行业校企合作与人才培养优秀职业院校、中国工业优秀单位、全国首批"1+X"证书制度试点院校、中国职业教育就业百强、全国学校艺术教育先进单位、黄炎培职业教育奖优秀学校，"全国高职院校服务贡献50强、教学资源50强、教学管理50强、学生管理50强、实习管理50强、产教融合50强"。先后荣获校园文化建设国家级成果二等奖1项、省级一等奖3项，国家级、省级校园文化艺术奖39项。

七十二载兴学育才、文化润心，形成了陕西工院人"追求卓越、争创一流"的精神品格和"红色匠心"校园文化核心理念，为培育服务"中国制造2025"和区域经济发展需要的高素质技术技能人才奠定了坚实基础。站在新时代追赶超越的历史起点上，陕西工业职业技术学院踏上了"引领改革、支撑发展、中国特色、世界水平"的高水平高职院校建设新征程！本书是对建校以来学校文化建设的理论思考和实践探索，分别从理论、实践、成果等三个篇章，总结梳理文化育人成果，以期将学校多年的探索成果给高职院校同人以启发，供高职院校同人进行指导，让更多同人一道推动高职文化建设，为办好人民满意的高等职业教育做应有的贡献，向祖国和人民交出一份合格满意的答卷。由于高职教育还正在踏上高质量发展的新征程，我们对高职文化的思考和实践还有较大不足，恳请得到各位读者的批评指正。

目 录

第一篇 理论篇

第1章 校园文化 ... 3
- 1.1 文化概念探源及界定 ... 3
  - 1.1.1 中华文化 博大精深 源远流长 ... 3
  - 1.1.2 纵观世界历史 博览文化真谛 ... 4
- 1.2 大学文化的基本内涵 ... 5
  - 1.2.1 大学 ... 6
  - 1.2.2 大学文化 ... 7
- 1.3 高职文化的特质认识 ... 8
  - 1.3.1 高职文化具有职业性 ... 8
  - 1.3.2 高职文化具有实操性 ... 9
  - 1.3.3 高职文化具有工业文化特质 ... 9
  - 1.3.4 高职文化具有企业文化特质 ... 10
- 1.4 中国大学文化的特征 ... 10
  - 1.4.1 大学生文化的特征 ... 10
  - 1.4.2 大学文化的特征 ... 11
- 1.5 校园文化的形成及社会价值 ... 12
  - 1.5.1 校园文化的形成 ... 12
  - 1.5.2 校园文化的社会价值 ... 13

1.6 校园文化育人理论溯源 …… 14
　　1.6.1 追本溯源：马克思恩格斯的以文化人思想 …… 14
　　1.6.2 中国特色：中国化马克思主义以文化人理论 …… 16

第2章 工业文化 …… 19

2.1 工业文化相关概念 …… 19
　　2.1.1 工业体系 …… 20
　　2.1.2 工业精神 …… 20
　　2.1.3 企业文化 …… 21

2.2 工业文化基本内涵 …… 21
　　2.2.1 工业文化定义 …… 22
　　2.2.2 工业文化业态分类 …… 22
　　2.2.3 工业文化特点 …… 23

2.3 典型工业文化 …… 23
　　2.3.1 德国工业文化 …… 23
　　2.3.2 日本工业文化 …… 24
　　2.3.3 中国工业文化 …… 24

2.4 工业文化的形成及社会价值 …… 24
　　2.4.1 工业文化的形成 …… 25
　　2.4.2 工业文化的社会价值 …… 27

2.5 中国企业文化的基本功能 …… 28
　　2.5.1 引导功能 …… 29
　　2.5.2 规范约束功能 …… 29
　　2.5.3 凝心聚力功能 …… 30
　　2.5.4 塑造形象功能 …… 30

2.6 工业文化育人理论溯源 …… 31
　　2.6.1 工业精神育人 …… 31
　　2.6.2 榜样示范育人 …… 32

第3章 红色文化　33

3.1 红色文化的内涵　33
3.1.1 红色文化是先进文化　33
3.1.2 红色文化是革命文化　34
3.1.3 红色文化是红色资源　34

3.2 红色文化的实质　35
3.2.1 实事求是的工作作风　35
3.2.2 为人民服务的理念　37
3.2.3 艰苦奋斗的优良品质　38
3.2.4 无私奉献的高尚情操　38

3.3 红色文化的主要特征　39
3.3.1 红色文化具有人民性与先进性　39
3.3.2 红色文化具有传承性与时代性　40
3.3.3 红色文化具有科学性与创新性　40

3.4 红色文化的形成及社会价值　41
3.4.1 红色文化的形成　41
3.4.2 红色文化的社会价值　42

3.5 红色文化育人理论溯源　43
3.5.1 马克思主义经典作家对红色文化相关理论的论述　43
3.5.2 中国领导人对红色文化相关论述　44

第二篇　实践篇

第4章 陕西工院文化脉络　51

4.1 秦风汉骨积淀文化脉络（地域传统文化）　51
4.1.1 陕西的历史文化　51
4.1.2 陕西地域文化的特点　58

4.2 革命建校传承红色基因（红色革命文化）　62

4.2.1　陕西红色文化主要内容　　62
　　4.2.2　陕西红色文化的价值　　63
　　4.2.3　陕西红色精神当代价值的传承路径　　66
4.3　扎根行业培育大国工匠（工业文化精神）　　67
　　4.3.1　工匠精神　　67
　　4.3.2　工业文化　　70
　　4.3.3　在课堂教学中渗透工业文化　　71
　　4.3.4　在社会实践中树立工业文化精神　　72
　　4.3.5　在校园开展工业文化主题活动　　73
4.4　开拓创新塑造大学精神（高职特色文化）　　73
　　4.4.1　中华人民共和国成立初期的职业教育价值观　　73
　　4.4.2　改革开放后我国的职业教育价值观　　74
　　4.4.3　国外的职业教育特色　　79
　　4.4.4　国外职业教育对我国职业教育的启示　　83

第5章　创新发展　扬帆起航　　87

5.1　凝练文化育人理念　　87
5.2　强化文化育人主体　　88
5.3　丰富文化育人内容　　89
　　5.3.1　立德树人的精神文化　　89
　　5.3.2　以生为本的制度文化　　89
　　5.3.3　形神兼备的行为文化　　90
　　5.3.4　活泼清新的媒介文化　　90
　　5.3.5　高雅暖心的物质文化　　91
　　5.3.6　相融相通的企业文化　　91
5.4　优化文化育人路径　　92
　　5.4.1　实施分层教育，坚定培养理念——以先进文化导行　　92
　　5.4.2　开展素质教育，强调技艺融合——用传统文化明理　　92

- 5.4.3 推进红心教育，打造三大平台——用革命文化立志 … 93
- 5.4.4 实施匠心教育，完善四项融合——以工匠文化精艺 … 93
- 5.4.5 推进润心教育，营建多层体系——以文化活动强基 … 95
- 5.4.6 构建高校红色文化育人的"四化格局" … 95

5.5 健全文化育人机制 … 97
- 5.5.1 加强对校园文化建设的领导 … 97
- 5.5.2 加强校园文化建设的保障 … 97
- 5.5.3 构建"大思政"的协同育人格局 … 97

第6章 多彩文化 铸魂育人 … 99

6.1 不忘初心——理想信念教育铸魂 … 99
- 6.1.1 "建校—中专"时期（1950—1999） … 100
- 6.1.2 "高职—示范"时期（2000—2010） … 101
- 6.1.3 "优质—双高"时期（2011—2020） … 102

6.2 诚信敬业——道德品质教育立身 … 104
- 6.2.1 "建校—中专"时期（1950—1999） … 104
- 6.2.2 "高职—示范"时期（2000—2010） … 105
- 6.2.3 "优质—双高"时期（2011—2020） … 106

6.3 素质优先——文化素质教育固本 … 108
- 6.3.1 "建校—中专"时期（1950—1999） … 109
- 6.3.2 "高职—示范"时期（2000—2010） … 110
- 6.3.3 "优质—双高"时期（2011—2020） … 112

6.4 育训结合——职业素养教育筑基 … 114
- 6.4.1 "建校—中专"时期（1950—1999） … 114
- 6.4.2 "高职—示范"时期（2000—2010） … 115
- 6.4.3 "优质—双高"时期（2011—2020） … 117

6.5 实战导向——创新创业教育健骨 … 119
- 6.5.1 "建校—中专"时期（1950—1999） … 119

    6.5.2 "高职—示范"时期（2000—2010）   119

    6.5.3 "优质—双高"时期（2011—2020）   121

  6.6 知行合——劳动实践教育乐业   124

    6.6.1 "建校—中专"时期（1950—1999）   124

    6.6.2 "高职—示范"时期（2000—2010）   126

    6.6.3 "优质—双高"时期（2011—2020）   127

第三篇 成果篇

第 7 章 精神引领 特色鲜明   133

  7.1 凝练形成校园文化核心理念   133

    7.1.1 发展理念——办有灵魂的教育、建有品位的学校、创有境界的文化、育有底气的人才   134

    7.1.2 学校精神——追求卓越、争创一流   136

  7.2 形象识别系统   140

第 8 章 制度护航 以文化人   144

  8.1 《陕西工业职业技术学院章程》   144

  8.2 《陕西工业职业技术学院关于落实党委领导下的院长负责制的实施细则》   162

  8.3 《陕西工业职业技术学院领导班子成员约法十则》   172

  8.4 《陕西工业职业技术学院教职工代表大会暂行条例》   174

  8.5 《陕西工业职业技术学院理事会章程》   179

  8.6 《陕西工业职业技术学院校园文化建设实施方案》   182

  8.7 《陕西工业职业技术学院文化育人实施方案》   186

  8.8 《陕西工业职业技术学院文化建设成果奖励办法》   192

第 9 章 环境沁润 思源致远   193

  9.1 校园区域文化装点工程   193

9.1.1　传统文化走廊　　193
　　9.1.2　红色文化广场　　194
　　9.1.3　行知广场　　195
9.2　校园楼宇大厅文化装饰工程　　195
　　9.2.1　崇文楼大厅　　195
　　9.2.2　行知楼A座大厅　　196
　　9.2.3　笃学楼大厅　　196
　　9.2.4　至善园（2）一楼大厅　　196
9.3　校园文化地标　　197

第10章　文化育人　成果丰硕　　202

10.1　打造形成校园文化特色品牌　　202
　　10.1.1　目标思路　　203
　　10.1.2　实践过程　　203
　　10.1.3　育人实效　　205
　　10.1.4　主要经验　　206
10.2　培育校园文化建设优秀成果　　207
　　10.2.1　《精心打造高职特色美育模式　全面提升高职人才培养质量》　　207
　　10.2.2　《导入企业文化元素　搭建校企育人平台　全程培养具有装备制造业精神的高素质技能人才》　　212
　　10.2.3　《文艺养心　文化化人　巧手打磨技艺人生》　　216
　　10.2.4　《弘扬爱国奋斗精神，建功立业新时代——陕西工院用"爱国奋斗"立德铸魂，助力学生成长成才》　　220
　　10.2.5　《小小宿舍做"文章"　惠及学子成大器——陕西工业职业技术学院学生宿舍文化建设的创新与实践》　　225
　　10.2.6　《校园传媒作引领　实践育人结硕果——陕西工业职业技术学院大学生传媒协会的探索与实践》　　229

10.2.7	《陕西工业职业技术学院 "大思政"生态圈让高职学子收获满满》	233
10.2.8	《春风化雨无声 立德树人有道——陕西工院连续五年利用"立德树人"论坛创新做好思政工作》	237
10.2.9	《四"心"铸魂育人 三"链"引领发展——陕西工院打造"阳光心晴"文化助力学生成才》	241
10.2.10	《传承鼎新共济 立德树人并重 陕西工院特色校园文化服务学生成长》	245
10.2.11	《智慧E家 智造未来——陕西工院创新"互联网+宿舍文化"服务学生成长成才》	248
10.2.12	《上好"四堂课" 学出"四种味"——陕西工院以党史学习教育创新立德树人实践》	253

附录 媒体聚焦 彰显声誉   258

第一篇

理论篇

第 1 章
校园文化

校园文化作为学校的"软实力",是提高学校综合实力、扩大学校影响力和推动学校可持续发展的重要因素。文化对于一所学校来说,犹如阳光雨露之于草木、灵魂之于人类,具有不可替代的重要作用。校园文化是学校作为社会组织的本质属性,是人类进步发展的内在要求,是学生特有活动的存在方式。当代,校园文化是社会先进文化的重要组成部分,是学校在办学过程中形成的历史积淀、创新品格和价值取向,既包含和反映着师生对学校本身的总体认知、理想追求和实践探索,又是凝聚师生的精神纽带。校园文化始终以润物细无声的形式影响师生的思想和行为,是学校精神风貌、办学理念的生动体现,是所有师生共同努力塑造的精神成果。

1.1 文化概念探源及界定

1.1.1 中华文化 博大精深 源远流长

中国是世界上唯一一个具有五千年文明历史的大国,查阅中国五千多年的历史典籍,不难发现,文化的概念也经历了萌芽—发展—成熟三个阶段。在萌芽阶段,《易·系辞下》说:"物相杂,故曰文。"《说文解字》中描述:"文,错画也,象交文。""化,教行也。"从这两句可以看出,"文"指纹理和纹路,"化"

则指造化、形成等。例如：陕西半坡挖掘出的仰韶文化遗址中，出土的彩陶上描绘的动物形象纹饰是"化"（花、画）出来的，被称为"纹画"（文化）。①"文化"一词最早出现于《周易》："关乎人文以化成天下，言圣人观察人文，则诗书礼乐之谓，当法此教而化成天下也。"文化即人文幻化形成，一方面是指史书典籍，另一方面是指约定俗成的民间风俗。

在发展阶段，"文化"作为一个词组第一次出现在史书中，是西汉时期的《说苑·指武》，"圣人之治天下，先文德而后武力。凡武之兴，为不服也；文化不改，然后加诛。"这里的"文化"指的是"文治教化"②。

在成熟阶段，梁启超认为："文化者，人类心能所开释出来之有价值的共业也。"梁漱溟在《东西方文化及其哲学》中指出：文化是"人类生活的样法，文化包括物质生活、社会生活和精神生活三大领域"。涂成林认为，"文化"是指"文治教化，是对人心性的开启与修炼，重点是教化人心"。③

经过对中国古籍的翻阅和对现代学者著作的研究发现，"文化"一词，从最初"以文化之"的装饰，演变为现代的"文治教化"。这其中的演变、传承、发展等过程无一不是一种"文化"，是人们总结实践经验的一种社会产物，是人通过自己的发展对人、社会、民族、国家等群体的生活习惯、思维方式、民俗风情、价值观念等意识形态领域的总结，是随着社会发展对社会领域的一种精神折射。

1.1.2 纵观世界历史 博览文化真谛

经过大量的文献研究发现，在西方，"文化"一词依旧是经历了萌芽—发展—成熟三个阶段。在萌芽期，文化是由拉丁文的"culture"一词演变而来，本源是培育农耕植物，是人为了满足自己的衣食住行，而在改造外部世界的过程中，对土地的加工和改良，体现农耕文明。

在发展期，西塞罗有一句名言：智慧文化即哲学。这句话把"文化"一词从体现农耕文明转变为改造人的精神世界，使人成为具有正确的世界观、人生

---

① 方桐清. 高职院校文化育人价值取向研究 [D]. 北京：中国矿业大学，2020.
② 黎旭. 高职院校校园文化特色构建研究 [D]. 桂林：广西师范大学，2008.
③ 涂成林，李江涛，等. 当代文化发展新趋势研究 [M]. 北京：中央编译出版社，2011：12.

观、价值观的公民。这个定义与现代的文化内涵极为接近。在成熟期，18 世纪末以后，现代意义上的文化开始指代"人的完善"和"社会风范"，以及培养、教育、修养等含义。

在对国外的典籍梳理中发现，西方的学者从农耕文明中萌芽出"文化"，从培养公民中发展了"文化"，从人的社会化发展中使"文化"越发成熟。

可以发现，中外学者对"文化"的定义从不同的范围、视角、层次等方面进行过解读，其中都蕴含着"人为"的因素，无论是"纹画"，还是体现农耕文明的文化，都是经过人为改造后形成的一种后天养成的习惯，这种习惯不具有先天遗传性。针对这一特质，本书在整理前人研究的基础上，将对文化从广义、中义和狭义三个层面进行解读。广义的文化，是一定社会政治、经济的集中反映，是人类创造的一切物质财富和精神财富的总和。比如：文化是政治和经济的反映。中义的文化，是一种价值观念，是人类在长期的社会实践活动中形成的思想理念、价值取向、道德情操、审美趣味、宗教信仰、民族性格、风俗习惯等精神因素。[①] 比如：工匠精神、英雄主义等。狭义的文化，是主体对客体产生的反映，这种反映通过传播、发展、改进等过程后，形成的一种典型圈层认同。比如：喜欢研究红楼梦的人，创造了"红学"文化；喜欢追星的人，形成了"饭圈"文化；喜欢研究短视频剪辑、直播、带货的人，形成了"短视频"文化。

1.2 大学文化的基本内涵

何为大学文化？它与小学文化和中学文化有什么区别呢？简单看来，大学文化异于小学文化和中学文化的原因有两点：一是主体不同，大学的主体是大学教师和大学生，与小学和中学的学生主体在年龄阶段、认知水平、行为习惯上都存在差异；二是客体不同，大学属于高等教育，与小学和中学的普及教育方式、方法、类型、范围，甚至于教学设施都不同。了解大学文化之前，笔者将先介绍何为大学？

---

① 周晓阳，张多来. 现代文化哲学 [M]. 长沙：湖南大学出版社，2004：63.

1.2.1 大学

现代意义上的大学是高中教育之后受高等教育的阶段。这个阶段与之前所受的教育存在差别,这些差别或变化体现了大学存在的意义和价值。

(1) 受教育主体从学习型向研究型转变

大学以前的教育阶段,受教育者在学校的主要目的是获取知识。而大学阶段,获取知识是在校学习的目的之一,更重要的是,在学习知识的过程中创造知识。不同层次的大学对受教育者的要求不同,职业大学对受教育者要求是,学生能在大学期间将知识转化为技能,为入职后的职业技能奠定基础。例如:陕西工业职业技术学院的毕业生邢小颖,目前在清华大学工程训练中心任教,由于她扎实的实践基础和幽默的授课方式,受到一众清华学子的追随。普通大学对受教育者的要求是,学生能在大学期间创造知识,为社会、国家乃至全球做出积极贡献。例如:电子科技大学电子科学与工程学院材料科学与工程专业 2016 级博士研究生杨超在《Science》和《Nature》中以第一作者身份发表论文,解决了 30 年来悬而未决的量子金属态问题,为后续的深入研究奠定理论素材。这些都与大学前的学习方式存在明显差异。

(2) 教育内容从理论型向多样化转变

大学以前的教育主要是课堂教学和实验教学,中学时期授课的门类主要是语文、数学、英语、物理、化学、生物、地理、政治、历史,外加体育和音乐等课程。然而大学除了专业课中的必修课,还增加了选修课,选修课的门类非常多样,有西方电影赏析、美术学鉴赏、西方音乐史鉴赏、心理学、编程、物理小实验等,甚至是体育课都是选修的,学生可以根据自己的喜好去选择羽毛球、篮球、网球、乒乓球、啦啦操、健美操、跆拳道、体育舞蹈、游泳等体育项目。通过必修课与选修课相结合的方式,可以让学生在夯实专业基础的同时,开阔视野。

(3) 教育方式从单一化向多元化转变

大学之前的教育主要采用课堂教学,在课堂中学习理论基础知识和实验知识。但是在大学不仅仅采用课堂教学开展教育,而且实践课程占据了学习的一大部分。例如：旅游管理专业的老师，会带着学生在专业方向所需要的酒店或者旅游景点开展实地教学；物流管理专业的老师会教授学生如何在快递点进行货物的收发；土木工程专业的老师会在工程中心教授学生关于土木构造方面的知识。大学会根据不同专业需求，将课堂搬到实践基地，教育方式也从课堂教学转变为多样化授课。

1.2.2 大学文化

大学有其独特的存在意义和价值，从大学中衍生出来的文化必然也有与众不同的内涵和价值。

（1）大学文化内涵

大学文化的含义究竟是什么？杨桂芳等认为，大学文化是在基本理论知识的基础上形成的具有更高层次的文化，是无数辈大学生和大学教师经过努力，对大学理想和独特价值进行塑造、沉淀形成的具有大学特色的文化[1]。比如：提起西安电子科技大学人们就会想起"长征路上办学，半部电台起家"的精神，西安电子科技大学的符号，也是西电人红色基因的写照。眭依凡教授认为，大学文化具有区域性和特殊性，是大学的教育者、受教育者群体广泛参与形成的文化，它具有文化的内涵，又具有大学的社会性和包容性等特点。因此，理想化、集约化、稳定化、批判性成为大学文化的特征[2]。笔者则认为，大学文化是大学在长期的实践体验中，经过不断创新、改革、发展形成的具有自身特色的历史文化积淀、大学人文品格以及大学文化的价值观念。以陕西工业职业技术学院为例，培育"红色匠心"文化就是这所学校的文化，培育大国工匠是社会对教育单位的期望，也是陕西工业职业技术学院结合自身扎根西部装备制造业的特点，对自己的要求。

（2）大学文化分类

无规矩不成方圆。大学能够成就发展形成自身的文化，必定有属于自身特点

---

[1] 杨桂芳，徐淑贞. 大学文化及其育人功能［J］. 河北青年管理干部学院学报，2012（6）：103-106.

[2] 殷海光. 中国文化的展望［M］. 上海：上海三联书店，2002.

的"规矩"。其一，大学制度文化，这里包含各个部门科室的管理、规章制度，或是某项活动的方案、政策等。比如：针对大学生行为守则的《大学生手册》，针对党史学习教育的《党史学习教育实施方案》等。其二，大学价值观文化，包含大学在自身发展和成长的过程中形成的教育理念、独特气质、培养方向等。比如：陕西工业职业技术学院始终秉承"为学习知识和技能走进来，为服务祖国和人民走出去"的箴言，办有品位的学校，育有底气的人才。其三，大学标志性文化，是代表大学特点的物质所散发出来的文化。比如，学校的校徽，不同形状、颜色、字体，都代表了该学校所秉承的文化。其四，大学精气神文化，这是大学所有的教职工群体和学生群体由内而外散发出来的精气神，这种精气神包含教学态度、科研态度、学习态度、行为习惯、师德师风等一切在大学内产生的精神文化现象。比如：陕西师范大学就一直秉承把学生优良品德的养成始终置于教育教学工作的首位，这就是它的精气神。

正是由于大学有其自身的制度文化、价值观文化、标志性文化、精气神文化，才使得大学之间有了差异，大学文化之间有了差异，大学生之间也有了差异。

1.3 高职文化的特质认识

前文所述，不同的大学有其独特的文化，使大学之间具有差异性。《中华人民共和国职业教育法》明确职业教育是与普通教育具有同等重要地位的教育类型，是国民教育体系和人力资源开发的重要组成部分，是培养多样化人才、传承技术技能、促进就业创业的重要途径。高等职业学校教育由专科、本科及以上教育层次的高等职业学校和普通高等学校实施，这类教育体系具有其独特性。

1.3.1 高职文化具有职业性

高等职业教育是对高等教育与职业教育的总结和升华，吸取了高等教育对受教育者的高标准要求和职业教育对受教育者职业技能塑造的要求，具有高等教育和职业教育的双重身份。职业性是高职教育的显著特征之一，也是高职文化最突出的特点。学生一踏入校门，学习理论知识与培养职业技能并驾齐驱，学生在课堂学习之余会有一部分实训时间提升职业技能，为未来的职业奠定技能基础，增强岗位适应能力。这种带有明显"目的性"的职业培养文化，使得学生在就业前有充裕的就业缓冲期，有利于学生树立正确的就业观和择业观。

1.3.2 高职文化具有实操性

高等职业院校注重培养学生对职业技能的实操，受教育者接受教育是理论与实践深入融合的过程，从学生的培养方案和教学计划中就可以看出，学生的理论知识培养和职业技能塑造在课程量上是不分伯仲的。例如，普通高等院校中旅游管理专业，大学四年中有大部分的时间开展理论课程，比如旅游学概论、旅游心理学、旅游英语、旅游产业学等，而实践课程不超过一学期。然而高职院校的旅游管理专业的课程设置与此相比有很大的差异，理论与实践课程时间几乎持平，除了每学期的校内实践课程，大三一学年学生都在外实训，可以积累丰富的工作经验，提前习得工作技能。这种高职文化的实操性特质将高职教育与普通高等教育区分开来。

1.3.3 高职文化具有工业文化特质

高职院校的办学宗旨是培育社会所需的应用型职业技能人才，以工业发展起家的高职院校，形成了浓厚的工业文化特质。以陕西工业职业技术学院为例，扎根西部装备制造业，全校设213个门类齐全、设备优良的实训基地和工程训练中心，在72年的发展历程中，共培养各类专业技术人才15万余名，其中，不乏为社会做出突出贡献的优秀人才。比如：何小虎，凭借扎实的技术技能和刻苦钻研、持续积累的精神，主动承担并出色完成了以载人航天工程为代表的多型号液体火箭关键精密零部组件的机械加工任务，先后获得"中国青年五四奖章""全国青年岗位能手""全国向上向善好青年""中央企业青年岗位能手""航天贡献奖"等荣誉。

1.3.4 高职文化具有企业文化特质

高职教育犹如学生走进职业岗位黎明前的曙光，注重校企合作是将企业先进的管理经验、技术模式等与学校进行对接，直接让学生在学校受教育期间可以学习企业的管理模式和技术经验，在毕业后走进企事业单位时，可以直接适应企业的管理模式和技能需求，这种附有企业文化特质的高职文化是学生就业时的敲门砖。以陕西工业职业技术学院为例，学校建有欧姆龙实训室，欧姆龙企业在学校设有培训师，学生在学校就能掌握世界一流的生产现场知识、管理经验、生产技能等，为日后成为企业生产现场的骨干人才奠定基础。

1.4 中国大学文化的特征

分析中国大学文化的特点，必须把握住大学生和大学文化的特点。梁漱溟认为文化特征是："文化并非别的，乃是人类生活的样法，生活上抽象的样法是文化。"[①] 这句话也深刻体现了，把握住大学生的生活样法对了解大学文化特征至关重要。

1.4.1 大学生文化的特征

大学生是大学生文化形成的主体，也是大学生文化形成的决定性因素。大学生作为大学的活跃分子，拥有改变世界的野心、改造世界的决心，也正是因为大学生独特的属性，才决定了大学生文化的独特性。

（1）社会身份转变的不彻底性

大学生的年龄集中在 17～23 岁，生理年龄趋于成熟，但社会身份依旧是学生，尽管在读书期间通过兼职偶尔做一下"社会人"，但只要不退学，大学生的社会身份就转变得不彻底。这种身份转变的不彻底性，造就了大学生文化带有明显的"夹带"特征。这种特征体现在，随着年龄的增长、见识的拓展，大学生

---

① 中国文化书院学术委员会. 梁漱溟全集（第1卷）[M]. 济南：山东人民出版社，1989：380－381.

往往急于摆脱家庭、学校的束缚,想过"独立""自由"的生活。他们号称已经成年要摆脱父母的管教,可这种"摆脱"仅存在于父母对他们的说教上,在经济上却依旧要依附于父母;他们向往自由,这种"自由"甚至是凌驾于学校的规章制度之上的。可见,由于大学生生理和心理年龄的不对等,以及身份的局限性,因此大学生的社会身份不能彻底转变是大学生文化的特征之一。

(2) 价值观念形成的不完全性

大学生的世界观、人生观和价值观正处于成形期。大学生对事物已经有了自身的判断与看法,却存在易被影响或考虑不周的现象。由于大学生自身生活阅历、工作经验等不够丰富,学习的诸多理论知识没有足够的机会去实践,对信息的把握具有一定局限性,因此大学生在判断事物好坏时,容易片面和理想化。

(3) 理想与现实之间的矛盾性

每个人都有理想,在大学的象牙塔中,大学生的理想总是非常丰满的,这里包含大学生对自己未来的期待、目标和野心。但是往往现实条件却不一定能够实现,这里包含了两点:一是现实中的物质条件不能满足大学生对理想的追求;二是现实中的人力资源不能满足大学生对理想的实现。可见,理想与现实之间的矛盾性也是大学生文化的重要特征。

1.4.2 大学文化的特征

(1) 大学文化体现大学的内核

大学作为一个社会组织具有独特的运行逻辑,大学文化则是体现大学特征的内核。杨福家认为,"大学不仅仅是客观物质的存在,更是一种文化存在和精神存在。"[1] 人们总将大学形容为"象牙塔",因为这里是梦想启航的地方,它承担着人才培养、科学研究、社会服务、文化传承创新和国际交流合作等社会和国家所需要的职责,发挥着独特的文化属性与功能,并能凭借其深厚的文化积淀和文化特性成为社会文化的核心与高地。

---

[1] 杨福家. 大学的使命与文化内涵 [N]. 学习时报, 2007 – 09 – 02 (02).

(2) 大学文化具有学术研究特性

大学文化的形成建立在对学术的研讨基础上，学术性是大学鲜明的特性。有史以来，大学就以追求高深知识和探寻科学真理为目的，探求高深知识充分体现了大学的学术研究特性，是大学的立身之本，也是大学文化成为社会文化中的高层次文化形态的因素之一。也正是因为大学文化的学术特性，才使得无数个学术界难题在大学被攻克，这些学术界的难题成为推动人类社会发展的源动力，成为国防科技发展的重要突破。

(3) 大学文化具有立德树人特性

古人言："大学之道，在明明德，在亲民，在止于至善。"这形容了大学精神文化对人格与人性的养成，对良好社会道德形成的影响。今天，大学的校训和校风几乎体现了大学的育人功能。以陕西工业职业技术学院为例，校训是"明德、笃学、精艺、强身"，这八字中蕴含了学校对学生的期许，也体现了学校的育人理念和宗旨。这种潜移默化的文化，会以润物细无声的非强制性场域力量，参与到大学育人的整个过程之中，影响一代又一代的教育者和受教育者。

1.5 校园文化的形成及社会价值

校园文化是经过萌芽—发展—形成三个阶段，在校园里形成的一种具有校园特点的文化，根据不同的校园特点、学生特点具有不同的社会价值。

1.5.1 校园文化的形成

(1) 摸着石头过河，探索校园文化

1932年，美国社会学家华勒在《教学社会学》中指出："校园文化发生的范围在学校，是带有学校烙印的特别文化，既有文化的共性，又带有学校的特殊性。"[①] 华勒对校园文化的理解，一是划定了校园文化的空间范围，必须发生在

---

① 华勒. 教学社会学 [M]. 白亦方，薛雅慈，陈伯璋，译. 台北：联经出版社，2018.

校园内；二是指出了校园文化与文化的异同点，将校园文化与文化的关系做了区分。这一定义虽略显单薄不够完善，却是校园文化概念的雏形，也拉开了探索校园文化的序幕。

（2）雏形已经初现，发展校园文化

劳伦斯·加内特对校园文化有了清晰的定义，他认为，校园文化是一种具有一定意义的历史传承方式，包括学校所有成员在不同程度上所认同的各种标准、价值、信念、仪式、传统以及故事的总和。这种观念将校园文化与人联系起来，是将人所定义的标准、价值、信念等与校园联系起来，所形成的一种约定俗成的价值总和。这一定义已经初现校园文化的雏形，为后续研究校园文化奠定了良好的基础。

（3）百家争奇斗艳，繁荣校园文化

在校园文化的发展过程中，出现了不同视角的研究，使得校园文化越发繁荣。第一种是社会学视角，认为校园文化是在社会文化的基础上，怀有院校特色的亚文化，这种亚文化是由师生群体共建、共造、共享。第二种是文化学视角，认为校园文化在发展的过程中，要注重对校园本身特色文化的传承与发展。第三种是教育学视角，认为校园文化关系到学校的各项活动，校园文化建设工作直接决定着学校的教育教学质量的优劣，起到促进学校提高教育教学质量的关键作用。

综上所述，校园文化是在校园空间背景下，以师生为主体，以育人为目标，以制度文化、价值观文化、标志性文化、精气神文化建设为主要内容的一种群体文化的体现。

1.5.2 校园文化的社会价值

校园文化是一个综合"场域"，校园文化发展的成功与否，关系到学生的成长成才、校园环境的塑造、人才供给端的层次等，其具体社会价值体现在：

（1）引领学生健康成长成才的价值

良好的校园文化氛围是引导学生健康成长成才的方向标。学校通过校园文化活动、课程教育、讲座、实践活动、教师示范引领等各类渠道，为学生提供良好的校园文化氛围，潜移默化地引导学生主动接受一定的价值观和行为准则，朝着国家和社会期望的方向发展，鼓励学生确定远大的理想和人生的奋斗目标，从而形成强大的心理动力，推动他们去储备实力，展现自我，创造未来。

（2）塑造良好校园环境的价值

良好的校园文化包含两方面：一方面是"软环境"，具体指师生的言谈举止、进取精神、创新意识和能力等；另一方面是"硬环境"，具体指校园的教室、实训中心、实验室、食堂、宿舍、一站式服务中心等便捷师生活动的硬件设施，这些设施的设置也是形成校园文化的一部分，有利于激励师生增强事业心和责任感，激发积极性、创造性，为学校建设做出贡献。

（3）提升人才供给端层次的价值

校园文化可以通过陶冶、熏陶、凝聚等内在力量，给学生成长提供优良的土壤，将学生的兴趣爱好集中于学校内部，集中于自我全面成才的追求与奋斗中，防止因学生在校期间受社会不良思想的影响或过多沾染不良社会风气而影响学校教育教学的效果，从而提升社会人才供给端的层次。

1.6 校园文化育人理论溯源

用校园文化育人符合学校的办学理念和特色，所培育出来的人才也带有学校特有的烙印。校园文化育人作为普遍的客观存在，必然有其科学合理的理论依据。因此，应追本溯源深入挖掘校园文化育人的合理性和必然要求，正确认识校园文化育人理论。

1.6.1 追本溯源：马克思恩格斯的以文化人思想

在马克思、恩格斯的相关原著中，对文化育人尤其是校园文化育人理论并没有直接论证，却用文明、意识、精神等词，嵌入他们观点和观念中，他们关于文化与人的本质、人的解放、人的精神动力等方面的思想理论是了解文化育人或校园文化育人的重要理论借鉴和基础。

(1) 文化是人的本质力量的对象化

马克思认为，人通过一系列对象化活动把世界分为三部分：自然界、人和人的对象化活动的创造物，即：人化的自然。人化的自然就是文化。① 归根结底，有人的地方才能产生文化，文化形成的主体是人，是人在对自己力量的外化和对象化过程中形成的。为了深刻论证人的本质的内涵，马克思和恩格斯从实践观和唯物历史观角度进行分析认为：一是人的本质具有主体实践性。马克思认为："人的真正本质在于劳动，在于劳动活动、实践活动这些物质的感性活动。"② 坦白地讲，人的本质的主体实践性其实就印证了，实践是检验认识真理性的唯一标准。人只有经历了实践，校园文化只有在实践中应用，才能检验文化的正确与否，表明了实践的重要性。二是人的本质具有社会性。马克思在《关于费尔巴哈的提纲》中曾指出："费尔巴哈把宗教的本质归结于人的本质。但是，人的本质并不是单个人所固有的抽象物。在其现实性上，它是一切社会关系的总和。"③ 人的社会性表明，人是在社会中生存的人，人制定的一切规则、法律、行为、习惯等都得符合社会需要和发展，例如，校园文化必须符合社会需要，推动学校和社会发展才能持续地为社会输送人才。三是人的本质具有主体自觉性。马克思指出："人的根本就是人本身""人是人的最高本质。"④ 人要在社会上生存和发展就需要不断发挥主观能动性突破自我、提升自我。

(2) 文化具有意识形态属性

马克思和恩格斯用文化的意识形态属性剖析人在阶级社会中的精神文化现象。马克思和恩格斯在《德意志意识形态》中指出："意识在任何时候都只能是被意识到了的存在，而人们的存在就是它们的现实生活过程。如果在全部意识形态中，人们和它们的关系就像在照相机中一样是倒立成像的，那么这种现象也是从人们生活的历史过程中产生的，正如物体在视网膜上的倒影是直接从人们生活的生理过程中产生的一样。"⑤ 其实这层意思表明，意识是由物质产生的，但意

---

① 马克思恩格斯全集（第 42 卷）[M]. 北京：人民出版社，1979：97.
② 肖前. 历史唯物主义原理（修订本）[M]. 北京：人民出版社，1991：432.
③ 马克思恩格斯选集（第 1 卷）[M]. 北京：人民出版社，2012：56.
④ 马克思恩格斯选集（第 1 卷）[M]. 北京：人民出版社，2012：10，16.
⑤ 马克思恩格斯选集（第 1 卷）[M]. 北京：人民出版社，2012：152.

识不同于物质本身。就犹如人的大脑是产生意识的物质器官,但意识不是物质,是人脑的机能。物质决定意识,但意识对物质具有反作用。校园文化是一种意识形态,但它是在校园这个物质形态中才能得以产生。什么类型的校园决定了将会形成什么类型的校园文化。以陕西工业职业技术学院为例,这是一所以装备制造业起家的学校,势必产生了"以学习知识和技能走进来,为服务祖国和人民走出去"的校园文化,这种文化经过一代又一代的传承,会对校园发展起到推动作用。

(3) 文化是人的精神动力

前文所述,实践是检验认识真理性的唯一标准,对事物的认识就犹如精神动力,精神动力足可以推动实践向前发展。马克思早在《〈黑格尔法哲学批判〉导言》中指出:"理论一经掌握群众,就会变成物质力量。"[①] 揭示了精神动力的内涵。在马克思和恩格斯的观点中,精神动力是人在社会实践中必须存在的因素,有了它才能推动实践的发展,从而推动文化的发展。本书所讲的校园文化犹如校园之魂,是校园发展的精神动力,推动校园在专业建设、学科评比、学生管理等方面不断向上向好发展。由此可以看出,注重校园文化建设,对校园未来发展至关重要。

1.6.2 中国特色:中国化马克思主义以文化人理论

中国将马克思主义与中国实际相结合,对中国特色的文化形态做出科学论断,是马克思主义文化思想的创新与发展,创新发展的具体内容如下:

(1) 以"统战、改造、创新"为特征的站起来时期

毛泽东作为伟大的思想家历来重视文化对人发展的重要影响,根据不同历史时期的社会现状,毛泽东的文化观念随之发生了变化。新民主主义革命时期,倡导无产阶级领导下,推翻帝国主义、封建主义、官僚资本主义三座大山,成为当时的文化观念,具有鲜明的统战性。新民主主义社会时期,顺利开展"一化三改",对科学艺术进行"推陈出新、百花齐放",建设文艺新风气的文化观念,

---

① 马克思恩格斯选集(第1卷)[M]. 北京:人民出版社,2012:9.

具有鲜明的改造性。社会主义建设时期，如何引导人民树立正确的思想观念，文艺事业能够"百花齐放、百家争鸣"，需要鲜明的创新性。这三个特性使得毛泽东认为培育的人才应该身体好、学习好、工作好。可见，毛泽东的文化思想和理论历来是一切从实际出发，与实际相结合，从不脱离群众。

（2）彰显"特色""代表"与"科学"的富起来时期

改革开放以后，发展社会主义先进文化成为迫切命题，面对西方文化涌入，如何引导人们能够冷静判断，发展建设有中国特色的社会主义文化就也成为迫在眉睫的话题。因此，1989 年邓小平在接见首都戒严部队干部时发表讲话指出，要把四项基本原则作为基本思想来教育青年学生。① 青年学生培养的标准应该是"立志做有理想、有道德、有文化、有纪律的人，立志为人民、祖国、人类做贡献"。可见，邓小平的文化观和育人理念等论述，显示出邓小平对青年教育以及校园文化的关心和重视，认为青年是国家未来发展的战略性资源，教育要从娃娃抓起，才能使得青年从一棵小树苗长成参天大树，为党和国家做出积极贡献。

江泽民通过"三个代表"重要思想对如何建设中国特色社会主义文化做了进一步分析。在党的十三届四中全会上，江泽民指出："在抓紧社会主义物质文明建设的同时，必须抓紧社会主义精神文明建设，坚决纠正'一手硬、一手软'的状况。"② 这是江泽民对文化建设的要求，同时他对以文化人也做了"坚持学习科学文化与加强思想道德修养的统一，坚持学习书本知识与投身社会实践的统一，坚持实现自身价值与服务祖国人民的统一，坚持树立远大理想与进行艰苦奋斗的统一"的要求，阐述了学生在校园文化的熏陶下，掌握文化知识、道德修养、社会实践、个体价值、国家责任、树立理想、艰苦奋斗等精神，对青年成长过程的重要旨趣。

科学发展观是在新的历史时期下文化建设的基本遵循。胡锦涛指出："当今时代，文化在综合国力竞争中的地位日益重要。谁占据了文化发展的制高点，谁

---

① 中国共产党的九十年：改革开放和社会主义现代化建设新时期 [M]. 北京：中共党史出版社，2016：770.
② 江泽民文选（第1卷）[C]. 北京：人民出版社，2006：60.

就能够更好地在激烈的国际竞争中掌握主动权。人类文明进步的历史充分表明，没有先进文化的积极引领，没有人民精神世界的极大丰富，没有全民族创造精神的充分发挥，一个国家、一个民族不可能屹立于世界先进民族之林。"① 充分体现出党和国家对先进文化的重视。2012 年，胡锦涛在中国共产主义青年团成立 90 周年大会上指出："各位学生要懂得'忧劳兴国、逸豫亡身'的道理，敢于吃苦、勇挑重担，不怨天尤人、不贪图安逸，依靠自己的辛勤努力开辟人生和事业的前进道路。"这无疑又是引导学生应该以什么样的校园文化规范自己的言行，提升自己的能力。

（3）展现新时代中国梦的强起来时期

十八大以后中国进入了新时代，文化在国家发展中的地位异常明显。习近平在十九大报告中指出"文化是一个国家、一个民族的灵魂。文化兴国运兴，文化强民族强。"并强调中国梦是历史的、现实的，也是未来的；是国家的、民族的，也是每一个中国人的；是我们的，更是青年一代的。在此，习近平以中国梦作为以文化人的目标，使得马克思主义的中国化、民族化、大众化得以更深层次的发展。校园文化的发展也应该以中国梦为引领，用中国梦激发学生凝心聚力的勇气，为社会主义建设奠定更基础、更广泛、更深厚的力量。

---

① 十六大以来重要文献选编（下）[M]．北京：中央文献出版社，2008：752．

第2章 工业文化

工业是一个国家发展的标志，是国民经济发展的主导力量，也是推动近代文明发展的主要因素。自第一次工业革命以来，工业技术不断更迭和进步，涌现出一批又一批的百年企业尤为引人注目，是什么因素决定了一个企业可以传承百年？答案一定是文化。鲜明的文化性在工业化进程中发挥着至关重要的作用。

中华人民共和国成立后，党和国家领导人不断推进我国的工业化建设，在一个落后的农业国中建立了工业门类齐全的工业体系。今天，我们依旧享受着工业门类齐全的红利。在新冠疫情席卷全球时，我国依旧能够保持"世界工厂""世界第一出口国""GDP全球第二"等称号，这不仅代表了我国工业发展的程度和水平，而且暗喻了属于我国特色的工业精神。这种精神是以"独立自主、自力更生"为标志，包括大庆精神、"两弹一星"精神、航空报国精神、劳模精神、工匠精神、企业家精神等，是这些精神孕育了工业文化的典型，成就了一批优质企业和工业成果。

2.1 工业文化相关概念

工业是立国之本、强国之基。工业文化伴随着工业的发展而发展，与工业相关的因素，必然也与工业文化密不可分。马克思认为"物质决定意识，意识对物质具有反作用",在工业发展中,工业体系就是物质基础,支撑工业体系发展的是工业精神,而企业是工业体系的物质表现形式,支撑企业发展的是企业文化。所以,接下来笔者将会分别探讨与工业文化相关的工业体系、工业精神、企业文化。

2.1.1 工业体系

工业体系是工业文化的物质基础。工业体系是指一定地域范围内,工业实力及技术的经济活动的有机联系,以及由此形成的空间流的整体。它的构成除工业生产单位外,还包括:具有决策和行政功能的管理单位和附属的发展研究单位;从事原料采掘、加工或产品修配的厂矿;为生产厂矿服务的物资调运、产品销售服务等辅助单位。

学校作为一个组织机构,也可称为一种工业体系。例如:学校作为一个社会创新型组织,各部门承担着决策和管理任务;学生就好比原材料,招生部门负责原材料的采掘,教学单位负责原材料的加工、管理和修配,就业部门负责学生未来职业选择,就好比产品的销售服务。这些流程和组织都在学校组织机构内,彼此之间具有密切的配合和从属关系,形成各种物质流、人员流和信息流。

2.1.2 工业精神

工业精神是推动工业发展的精神力量。工业精神是指在工业行业领域形成的,以工匠精神、劳模精神等为代表的优秀工业文化传统。在中国,工业精神还可以外延到大庆精神、"两弹一星"精神、载人航天精神、航空报国精神、企业家精神、创新精神、诚信精神等,这些精神组成了工业精神,工业精神是它们的集合。

以工匠精神为例,工匠精神是一种职业精神,是职业道德、职业能力、职业品质的体现,是从业者的一种职业价值取向和行为表现,充分展现了敬业、精益、专注、创新。大国工匠胡双钱就是工匠精神的代表之一,在 30 年的航空技术制造工作中,他经手的零件上千万,没有出现过一次质量差错。30 年如一日做一件事情,生动体现了敬业、精益、专注、创新的工匠精神。

2.1.3 企业文化

企业文化是工业文化的微观表现形式,工业是扩大化的企业,企业是典型化的工业。企业文化泛指企业在生产经营实践中形成的被整个团队所认同并墨守成规的价值观念、经营理念和企业精神,以及在此基础上形成的行为规范的总称。企业文化是企业的灵魂,渗透于企业的一切管理活动之中,是推动企业持续发展的不竭动力。

华为作为中国民营企业的优秀代表之一,"狼性文化"是它的企业文化,用简单的词语概括就是:学习、创新、获益、团结。学习和创新犹如狼敏锐的嗅觉,是获取先进知识、掌握先进理论的关键。回归到校园中,学校也应该具有敏锐的嗅觉,不断在教育方式、专业设置等方面进行学习和创新,为国家和社会输送优秀的人才。获益代表进攻精神,是对困难敢于突破的钻研精神。回归到校园文化建设中,无论是科学研究、危机应对抑或是学生管理都有可能遇到各式各样意想不到的困难,面对这些困难要敢于进攻,攻坚克难。而团结代表群体奋斗精神,群体崇尚奋斗才能推动企业的发展。就像任何一个技术难题的攻破都不是一个人奋斗的结果,而是背后一个研究团队夜以继日持续努力的结果。

2.2 工业文化基本内涵

工业文化是历史长河中发展的精神产物,随着历史的发展,工业文化也会随之变迁。在对工业文化的内涵分析中,广义的工业文化是指整个工业社会或工业世界的文化,狭义的工业文化是指工业与文化结合碰撞产生的文化。笔者在此谈及工业文化,不是概念更迭,也不是老生常谈,而是将最鲜活和生动的工业文化呈现在大家面前。

2.2.1 工业文化定义

专家学者们对工业文化的定义各有千秋,但笔者将从广义和狭义两个层面对工业文化进行剖析。广义的工业文化是指整个工业社会或工业世界的文化,具有鲜明的时代烙印。比如:人们总是将第一次工业革命称为蒸汽时代,第二次工业革命称为电气时代。这就是明显的工业文化的时代烙印,这种时代烙印对整个工业社会来讲具有普遍性和通用性。

狭义的工业文化是指工业与文化结合碰撞产生的文化,与工业活动紧密联系。比如:工业设计、工业艺术等是工业与文化融合的产物,目前流行的机器人、智能技术、无人机等是工业与某种文化产品结合的产物。

2.2.2 工业文化业态分类

(1) 工业物质文化

工业的发展必须靠一定的物质基础呈现在人们面前,这些物质包括厂房、装修、生产机器、原材料、产品、生产技术等,是人们进行生产活动的方式和产品的总和。一个制造扫地机器人的工厂,生产线、机器人成品、原材料等物质都属于工业物质文化,它的工业物质文化又与生产手机的工厂的工业物质文化有所区别。

(2) 工业制度文化

无规矩难以成方圆。一个企业或者是工业长久的发展,必定有适应该企业生存的相关制度文化,这类制度包括产品生产制度、监管制度、人员管理制度、人员出入制度等,是规范人本身或者人生产产品的行为的规则。食品加工企业要求员工在进入车间必须戴口罩手套,不能露出口鼻等,机床加工企业要求所有员工上班必须戴帽子,避免头发被卷入机床造成安全事故等,此类制度构成了工业制度文化。

(3) 工业精神文化

一个企业能否传承百年经久不衰的决定性因素取决于该企业的精神文化。物质文化和制度文化是企业正常运转的必要因素,但企业能否长久发展则取决于工业精神文化,这种文化是一种价值理念、职业诉求、道德情操等,是工业文化的核心。

2.2.3 工业文化特点

（1）具有行业差异

工业文化不是一枝独秀，而是百家争鸣、百花齐放。不同行业之间的文化呈现差异，甚至出现行业壁垒。在借鉴不同行业之间的工业文化的时候，切不可全盘照搬，应该结合自身实际，有效借鉴。以华为为例，华为是中国电信互联网行业的巨头，它崇尚的"狼性文化"是否适合一个生产纸杯的小型企业，这是一个值得探讨的问题。

（2）具有地域特色

任何一个工业或者企业都会带有明显的地域特色，就像人类一样，中国人和西方人的饮食习惯从出生开始就带有明显的地域特征，这些地域特征是企业在扩大经营范围时必须考虑的因素。比如：必胜客和麦当劳是西方的快餐品牌，可是在入驻中国后，会根据中国人的饮食习惯对所有餐品进行微调，增强企业的中国的附着力。

（3）具有时代印记

工业是时代的产物，会随着时代的更迭而变迁。工业在变化，工业文化也随之改变。不同的时代生产出来的工业产品都具有时代烙印。以手机为例，20世纪90年代，"大哥大"成为潮品，然而在今天智能手机满天飞，"大哥大"早已被抛弃在九霄云外，而且智能手机也在随着消费者的物质文化需要的增长不断更新，这些产品都被有形无形地印上了时代的烙印。

2.3 典型工业文化

一个国家的工业文化势必与这个国家的民族性格和社会文化有很大的关系，笔者将以性格特征明显的德国、日本和中国为例，进行比较和阐述。

2.3.1 德国工业文化

受德国的社会文化影响，德国人呈现出严肃、保守、自省的性格特点，这种性格特点对德国的工业文化产生了巨大的影响。在重工业非常发达的德国，德国的企业从产品设计、生产销售、服务检测等方面透露着严谨细致的工作作风，这一工作作风受到了中国人的青睐。中国人信赖德系汽车就印证了这一点，认为德国品牌产品质量过关、性能优越，是非常值得信赖和使用的。

2.3.2 日本工业文化

相较于德国，日本的社会文化又有明显的不同。合群、体谅、不给人添麻烦、服务是鲜明的日本社会文化，应用到企业中也是如此，日本企业注重集团主义思想，强调以和为贵的理念，注重团体和谐，实行自主管理和全员管理、集体决策和共同负责、人与人之间上下沟通等，无处不传递着"和"的观念。这种合群、体谅、不给人添麻烦、服务的观念使得日本的工业发展非常迅速，且日本发明了很多便民生活的科技产品，真正印证了"只有你想不到，没有我做不到"的箴言。

2.3.3 中国工业文化

与日本人和德国人不同，中国人的吃苦耐劳享誉全球。这点体现在工业文化中非常明显，中国人一直信奉一句话：汗水＋努力＝成功。所以在中国出现了"996"现象。改革开放40多年，中国取得了举世瞩目的成就，背后无疑是无数人的"996"换来的，可是中国却从来没有退缩。中国的企业也正是因为如此，才能在短时期内将中国变成"世界工厂"。

每一种文化都有自身的优势和缺点，没有对错之分，每种文化的形成也是在适应本国国情、民族特点、社会结构的基础上建立的，好与坏我们不去评说，但了解其基本特点还是非常必要的。

2.4 工业文化的形成及社会价值

工业文化是工业化进程中所创造和提炼的文化价值观念的集合，它往往与特殊的时代、特定的人物和特色的行业活动密切相关，有着比较丰富的内涵，体现着地域性和时代性。

2.4.1 工业文化的形成

工业文化不是凭空想象也不是从天而降形成的,它的形成也必然会经历萌芽—发展—成熟传播三个阶段,具体分析如下。

(1) 工业文化的萌芽

人类本身就是自然界的一部分,最初和其他野兽一样狩猎,直到农业和畜牧的出现,人类才进入辉煌几千年的农业文明,而正是由于作坊式的手工业发展,才出现了工业文化的萌芽。在农业社会,生产活动主要以家庭为单位、以手工的方式,自给自足,生产的目的是以满足家庭生活需要为主,社会分工不发达,社会结构等级森严,社会变革和进步迟缓,整个社会经济生产的主要形式就是农业与手工业相结合的一体化结构。

中华民族创造了灿烂的农业文明,手工业生产和商品经济曾长期居世界领先地位,如苏州和杭州的丝织业、广东佛山和陕西南部的冶铁与锻铁业、云南的铜矿业、山东博山和北京的煤矿业、四川的井盐业、山西河东的池盐业、江西景德镇和广东石湾的制瓷业等。中国农业社会的手工业主要有三种经营形态,即官营手工业、民营手工业和家庭手工业。官营手工业由政府直接经营,进行集中的大作坊生产。它凭借国家权力,征调优秀工匠,控制最好的原料,生产不计成本,产品大多精美,主要生产武器等军用品和供官府、贵族使用的生活用品。从西周到明代前期,官营手工业一直占据主要地位。民营手工业由民间私人经营,主要生产供民间消费的产品,它兴起于春秋战国时期,明代中叶占据主导地位。家庭手工业是农户的一种副业,在漫长的自给自足的自然经济时代,家庭手工业始终占相当比重。

在手工业发展时期,伴随着生产力的提高和社会需求的扩大,手工业生产部门不断增加,劳动分工越来越细,因此,产生了相应的经营管理的制度、方法、理念,价值观,以及产品生产的工艺和技术等工业文化的要素。于是,工业文化的萌芽诞生了。

人类有很多的民族，每个民族都有它的文明，但不是所有文明的发展都是同步的。从 13 世纪开始，西方资本主义开始萌芽，农民和手工业者经过长期劳动，积累经验，改进了生产工具，农业得到发展，纺织、冶金等开始出现机器。不仅提高了产量，而且改变了人与人的关系，分化出各种不同的阶层。到 15 世纪末，欧洲开辟了新航路，并出现了文艺复兴，它标志着人类一种新的文明与文化——即工业文明与文化的萌芽、产生以及深化。文艺复兴开始时本来是学术思想的运动，但是后来它不仅是学术思想的运动，而且是文化思想的运动，它对科学探索和工业生产的影响意义深远。

（2）工业文化的发展

18 世纪中期，英国发生了工业革命。随着蒸汽机的发明和广泛应用，机器生产逐渐代替手工生产。在工业革命中，一个革新接着一个革新，一个发明接着一个发明，人们不断调整和改进生产方式，以降低成本，提高生产率。随之而来是人们的生活、物质、文化的极大丰富，重新确立了人与人、人与社会、人与自然的关系，造就了新的文明。英国的工业革命，带动了欧洲大陆乃至世界各国先后都开始了工业化过程。

工业化必然造成各国社会发展和深刻变化，如经济的进步、社会经济结构的变革、政治上层建筑的演变、新社会阶级分层的形成、人们思想和观念的更新等。为了保证社会经济正常有序地发展，它要求对社会政治、经济、文化、科技进行全方位的调整，不仅要求社会结构和生产组织的变化，同时也要求国家与经济之间关系的合理化。这具体表现为政治的透明和对经济自由的维护，这是一个漫长的渐进的过程。

（3）工业文化的成熟传播

英国工业革命催生了工业文明，也孕育出工业文化。18 世纪中叶，英国人以自由竞争和社会达尔文主义作为工业文化的价值观并广泛传播。英国在对世界发展中国家倾销商品、掠夺资源的同时，也广泛地传播了工业文化和工业文明的成果。

法国的工业革命比英国晚 50 年左右。法国工业文化学习了英国自由竞争的主张，但法国人对农耕经济和农业文化的留恋较深，在价值观变革中夹杂着较多的农业文化理念。

德国在学习英国工业革命经验的同时，大力推进与工业生产方式配套的价值观变革，培育竞争意识和严谨作风，并以提高技术创新能力为目标，推行全民义务教育，试图通过教育来改变人们的价值观念，树立创新意识，推动工业技术的进步。

美国提倡自由竞争，但不主张社会达尔文主义，其自由竞争也不是以"金钱至上"为唯一目标，而是在道德的约束下开展自由竞争。美国强调教育对改变人们价值观念的重要性。美国对农业的同情似乎是在效仿法国，但以工业技术和工业生产方式改造农业又是美国竭力推行的。美国的工业文化是结合自身国情摸索出来的，其核心的价值观念就是创新。

日本的工业文化是东西方文化融合的产物。一方面，日本效仿西方，大力学习工业技术和工业生产方式；另一方面，日本既吸纳西方注重技术和追求效率的文化，又保留日本传统文化中视企业为家庭的观念意识。

总之，200多年来，工业文化与时俱进，长盛不衰，经历着巨大的变革，成为推进工业化、现代化的主导文化。

2.4.2　工业文化的社会价值

（1）历史价值

近代工业文化是人类社会发展中的必然阶段，也是较为高级的阶段，它跟随着人类社会前进的步伐，不断地更新、发展，并适应着人类的生活进程。在这种文化的发展演变过程中，随着不断地推陈出新，有很多具有重要意义及价值的工业文化被社会所淘汰，但其具有的时代特性却成为人们对时代、文化的记忆，并成为一种独有的文化符号，这种文化符号不仅具有极高的辨识度，也影响着人们对社会进步与文化发展的认识，形成了很高的历史价值。

（2）教育价值

近代工业文化中蕴含的历史与知识构成了一个庞大的信息体系，它不仅记载了不同时期的地理特征、自然事件、历史色彩、人文故事等，也体现了经济、贸易、军事、政治等方面的发展变化。这些文化信息对现代社会发展具有重要的价值与意义，同时对大众生活也产生了潜移默化的影响，这些不同时期的历史发展对于今后的工业生产、社会发展等方面都具有重要的教育意义，它积攒下的知识、文化对于大众的社会认知也产生了较高的教育价值。

(3) 独特性与稀缺性价值

近代工业文化经历了百年的发展变化，工业活动根据不同的时间阶段产生了不同的文化特征，那些在不同时代下的工业建筑、机械装置、生产工艺、产业布局的变化都成了人们的时代记忆，并在一定程度上影响了人们的生活。保留下的工业文化也成了时代的印记，推进着现代工业不断进步。工业历史遗留下的文化符号，显露出独有的历史特征，代表了一段时间下的工业进程。这些文化符号不仅极为稀有，也具有很强的独特性。尤其是那些在现代化城市建设的过程中逐渐损毁的工业遗址，已经成为稀缺的历史文化符号，它们的价值有待于人们做出更大力度的保护与开发[1]。

(4) 城市旅游开发价值

近代工业文化随着发展，不断地挖掘出其内在的文化、历史价值，并以现代的科技手段将其文化价值传播到最大化，充分地发挥出其本质所具有的教育价值、社会价值以及经济价值。而这种价值的开发最为重要的纽带就是工业旅游，工业旅游将工业的发展历史、文化内涵等分面以展馆、产品等媒介展现出来，通过项目的开发设计，将近代工业文化推向大众，不仅成功地将文化广泛地进行传播，也产生了一定的经济效益[2]。

2.5 中国企业文化的基本功能

企业文化可以理解为企业的物质、制度、行为、精神等文化的总称，也可以是以企业的核心价值理念为主的意识形态，无论是作为一种精神还是意识形态，都对企业具有一定的作用。笔者通过梳理中国企业文化的基本功能发现，企业文

---

[1] 徐冀，等. 开滦煤矿志（第四卷）[M]. 唐山：新华出版社，1992.
[2] 张凤翔. 滦县志（卷4·人民·风俗习尚）[M]. 北京：1936.

化对于中国工业的发展至关重要。了解中国企业的价值理念、文化创新、职业诉求对推动整个国家工业发展具有重要作用，对提升工人精神风貌也具有重要作用。中国企业文化的基本功能有以下几个方面。

2.5.1 引导功能

中国的企业文化犹如该企业前行中的灯塔，不仅是规范员工行为的明文，更是引导员工前行的动力。企业文化作为广大职工共同的价值观、追求，必须对职工具有强烈的感召力。这种感召力就能把企业职工引导到企业目标上来。这种功能往往在企业文化形成的初期就已存在，并长期地引导职工始终不渝地去为实现企业的目标而努力。积极、科学、合理的企业文化对企业的发展具有促进作用，在中国这类企业文化的引导功能主要体现在：一是企业目标的树立。企业的发展目标一般都会通过企业文化展现出来，以福耀集团为例，"发展自我，兼善天下"是它的价值观，也深刻体现了它的企业目标。二是企业理念的引导。一个企业共同的价值观念决定了企业的价值取向，指导经营者进行正确的决策，福耀集团一直以"打造全球最具竞争力的汽车玻璃专业供应商"为奋斗目标，秉承勤劳、朴实、学习、创新的企业核心价值观，才有了福耀今天成为全球汽车玻璃行业市场占有率第一的地位。

2.5.2 规范约束功能

企业文化是无形的、非正式的、非强制性和不成文的行为准则，对职工有规范和约束作用。在一个特定的文化氛围中，人们由于合乎特定准则的行为受到承认和赞扬而获得心理上的平衡与满足；反之，则会产生失落感和挫折感。因此，作为组织的一员往往会自觉地服从那些根据全体成员根本利益而确定的行为准则，产生"从众"行为。这就是企业文化规范（约束）功能的依据所在。中国有诸多企业，尤其以互联网行业为代表，"996"是工作常态，如果哪天自己正常上下班，就有莫名的负罪感，虽然"996"在社会上存在争议，但用来说明企业文化的规范约束作用还是合理的。

2.5.3 凝心聚力功能

企业文化正是以大量微妙的方式来沟通企业内部人们的思想，使企业成员在统一的思想指导下，产生对企业目标、准则、观念的"认同感"和作为企业一员的"使命感"。同时，在企业氛围的作用下，企业成员通过自身的感受，产生对本职工作的"自豪感"和对企业的"归属感"。"认同感""使命感""自豪感""归属感"的形成，将使职工在潜意识中形成一种对企业强烈的向心力。学校是一种非营利的社会组织，在这里也可以作为一种不以营利为目的的企业。以丽江华坪女子高级中学为例，在张桂梅校长的领导下，全校师生就只有一个奋斗目标，就是让大山里的女孩子能够接受到良好的教育，走出大山，看看外面的世界，从而改变一生都被禁锢在山里的命运。所有师生为了这一个目标，夜以继日不断奋斗，那些成百上千考上大学的女学生就是奋斗的成效，也是全校上下凝心聚力的成效。

2.5.4 塑造形象功能

企业文化与企业形象相互作用，优秀的企业文化能够塑造良好的企业形象。企业形象是指人们通过企业的各种标识而建立起来的对企业的总体印象，是在日常生活中社会公众通过与企业交往接触所感受到的总体印象，是内在形象和外在形象的完美结合，也是企业精神文化的一种外在表现形式。例如：人们提起香奈儿就想到了小黑裙和小香风，提起梵克雅宝就想到了四叶草，提起宝马汽车就想起了精良的操控，提起苹果手机就想起了创新。这些所谓的"标签"，其实都是企业长期积淀的形象，我们希望所有企业都能展现正面的形象，但是所有正面的形象都需要长此以往的坚持和努力才能维持。因此，企业在塑造形象的同时，也要不断精进企业文化，让企业文化常青，企业形象才能永垂不朽。

中国的企业文化具有引导、规范约束、凝心聚力和塑造形象等功能，这些功能对企业发展至关重要，对国家工业的发展也同等重要。企业作为组成工业的一分子，企业文化的塑造就是工业文化的养成。因此，企业及企业家应该注重自身文化的养成和改进，在提升自身形象的同时，也为国家的工业文化发展提供了基础。

2.6 工业文化育人理论溯源

工业文化涉及的内容众多，工业文化的价值观领域和产业领域就包含了很多内容，然而能够使人得到启发甚至是借鉴的工业文化主要有两类：一是工业精神育人。一种精神代表了企业文化发展的核心内容，是同类型企业去学习和借鉴的重要素材。二是榜样示范育人。从我国工业兴起以来，涌现出了很多优秀的榜样人物，通过他们的事迹可以让受教育者产生共鸣，从而达到教育的目的，取得教育的实效。

2.6.1 工业精神育人

前文提到，中国工业精神包括大庆精神、"两弹一星"精神、载人航天精神、航空报国精神、劳模精神、工匠精神、企业家精神、创新精神、诚信精神等。

以工匠精神为例，陕西工业职业技术学院不断赓续红色匠心文化，擎起制造强国梦想。针对高职院校普遍存在的"重技能训练、轻素质培养""重知识传授、轻文化传承""重大众文化、轻特色文化"等问题，提炼出高职院校文化建设的个性问题：一是理论层面缺"魂"，核心引领不足；二是内涵建设缺"色"，职业精神不强；三是实践层面缺"位"，运行体系不畅。针对这类问题系统设计、整体推进红色匠心校园文化建设，提出了"红色匠心"文化育人理念，建立了"红色匠心"文化建设格局，构建了"双链路"校园文化运行机制，创建了"陕西工院"文化育人品牌，打造了"双六一"文化育人平台，最终取得了学生就业竞争力有效提升、学生人文素养有效提升、学生政治素养有效提升、学生职业素养有效提升、文化理论研究有效提升等成效，牢牢扭住立德树人根本核心，传承和弘扬工匠精神。

2.6.2 榜样示范育人

在国家工业化发展道路上，涌现了王进喜、赵梦桃、苗建印、黄大年等优秀的榜样人物，他们代表了一种对工作的执着态度，对工作高标准的要求。

哈尔滨石油学院的办学理念是"承大庆精神立德，以铁人榜样树人"，用大庆精神、用铁人王进喜作为示范，发挥学校的育人功能。为此，该校一是发挥大庆精神的育人功能，增强教育的实效性；二是以王进喜作为榜样塑造大学生良好的道德人格；三是以王进喜事迹鼓励大学生去基层就业，去祖国需要的地方就业；四是不断创新大庆精神、王进喜榜样教育教学模式，形成优秀的教学成果，产生良好的榜样示范效应。

第 3 章 红色文化

红色文化是中国共产党领导全国各族人民在实现民族独立、国家富强的过程中形成的一切物质财富和精神财富的总和,具有先进性、人民性、包容性、时代性等特点,是新时代涵养共产党人初心使命的重要资源。因此,以红色文化涵养共产党人初心使命,首先要科学认识红色文化的基本内涵,才能充分发挥红色文化的育人功能。

3.1 红色文化的内涵

红色文化是随着马克思主义的中国化而形成的一种文化形态。目前,学术界对红色文化的内涵界定还没有统一的表述,其中具有代表性的观点如下。

3.1.1 红色文化是先进文化

学术界对红色文化是先进文化具有代表性的观点是:孙和平认为,"'红色文化'是指在新民主主义革命时期,在中国共产党的领导下,由中国共产党人、一切先进分子和人民群众共同创造的,具有中国特色的先进文化。"[①] 张文认为,"中国的红色文化是中国特色社会主义先进文化的重要组成部分,它涵盖了中国共产党及其领导的革命队伍在革命、建设和改革开放各个历史时期所形成的各类

---

① 孙和平,等. 四川红色文化资源开发利用研究[M]. 成都:四川人民大学出版社,2010:2.

物态和精神形态。"① 从中可以看出：中国共产党领导下形成的文化称为"红色文化"，它是由党带领人民共同创造，具备中国特色，目的是为人民服务的先进文化。

3.1.2 红色文化是革命文化

这种革命文化，特指在革命年代形成的文化。刘琨认为，"红色文化是人民群众在中国共产党领导下进行中国革命和建设过程中缔造的革命文化。"② 汤红兵认为，"红色文化，是指中国共产党领导人民在革命战争时期形成的，后来加以整理开发的革命历史文化，包括硬件和软件两个方面，硬件方面是指革命时期遗留下来的遗物、遗迹、遗址等历史遗存及后来修建的纪念碑、纪念馆、纪念堂等，软件方面是指包括革命事迹、革命文献、革命文艺等在内的革命历史记录及蕴涵其中的革命精神。"③ 骆郁廷认为，"红色文化是中国共产党领导人民群众在新民主主义革命实践中所创造的以革命精神为核心，以红色历史、红色人物、红色文艺、红色遗存等为载体的革命文化。"④ 可见，红色文化也特指在中国共产党领导下，革命时期形成的文化，这种文化经后世整理、归纳，被后人借鉴。

3.1.3 红色文化是红色资源

不少学者对红色资源、红色文化资源进行定义，比如：刘经纬，高博文认为，"红色资源是指在中国共产党领导下的全国各族人民在长期革命斗争和社会主义建设中形成的伟大革命精神及其载体，是中国特色社会主义文化的重要组成部分，是中国人民从站起来、富起来到强起来的发展动力和民族精神。"⑤ 王炳林，张泰城认为，"红色文化资源是中国共产党领导中国人民在追求民族解放、

---

① 张文. 红色文化与共产党人的精神家园培育探究 [J]. 社会科学家, 2016 (4)：31.
② 刘琨. 中西语境下红色文化内涵的研究 [J]. 理论界, 2013 (7)：67.
③ 汤红兵. 湘鄂西红色文化的形成及开发——以洪湖、监利红色文化资源为主体透视 [D]. 武汉：华中师范大学, 2006.
④ 骆郁廷, 陈娜. 论红色文化的微传播 [J]. 江淮论坛, 2017 (3)：139-144.
⑤ 刘经纬, 高博文. 大学生思想政治教育红色资源利用研究 [J]. 思想政治教育研究, 2020 (5)：103.

国家富强和人民幸福征程中所积累的文化资源,表现为物质形态、信息形态、精神形态的历史文化资源"。① 胡杨、汪勇认为,"红色文化资源是中国共产党领导广大人民群众在马克思主义理论指导下,在实现民族解放、国家富强和中华民族伟大复兴的历史征程中所创造并保存下来的一种物质与精神形态共存的特殊宝贵资源。"② 无论是物态的资源还是精神资源,都对后世有一定的启发和借鉴作用。

基于此,笔者所认为的红色文化是指中国共产党领导全国各族人民,在马克思主义理论的指导下,在继承中华优秀传统文化、吸收借鉴世界优秀文化成果的基础上,在新民主主义革命时期、社会主义革命和建设时期及改革开放时期的伟大实践中形成的,包含红色物质文化、红色精神文化、红色制度文化三种形态,具有时代性、先进性、人民性等特征,集历史印证功能、文化传承功能、资政功能、教育功能、经济功能等为一体的宝贵文化资源。

3.2 红色文化的实质

红色文化的实质体现为实事求是的工作作风、为人民服务的理念、艰苦奋斗的优良品质、无私奉献的高尚情操四方面的内容。

3.2.1 实事求是的工作作风

实事求是是马克思主义活的灵魂,也是我党基本的思想路线和工作方法,是党领导中国人民推动中国革命、建设和改革不断取胜的重要武器。广大党员和领导干部是推动党的事业和国家建设的骨干,是落实党的路线、方针、政策的组织者和推动者。务实的工作作风,要求广大党员和领导干部必须坚持实事求是的原则。高职院校也应该坚持实事求是的原则,具体来讲有以下几个方面。

(1) 观察事物要实事求是

正确观察事物必须依据科学的理论指导,只有科学的理论才能真正指导实

---

① 王炳林,张泰城. 高校红色文化资源育人发展报告 [M]. 北京:人民出版社,2018:1.
② 胡杨,汪勇. 略论红色文化资源融入高校思想政治教育的路径 [J]. 学校党建与思想教育,2020(4):77.

践。无论是学习、工作还是生活,党员干部都要认真学习包括马克思列宁主义、毛泽东思想、邓小平理论、"三个代表"重要思想、科学发展观和习近平新时代中国特色社会主义思想在内的科学理论体系,用马克思主义基本原理武装自己的大脑,运用历史唯物主义正确判断形势,在大是大非面前坚定正确的政治方向。

站在学校建设的角度,学校领导干部不能高高在上,要时常听取学生和教师的意见和建议,通过开展教师座谈会、学生座谈会、调查问卷等方式,征求师生意见,做出适合本校师生发展的决策和决定。

(2) 调查研究恪守实事求是

没有调查就没有发言权,"调查研究是我们党制定和实施正确路线方针政策的重要前提,是坚持和践行实事求是的基础"。① 党开展的群众路线教育实践活动就是倡导党员干部深入基层,多听听人民群众的声音、多接接地气。党员干部只有坚持深入实际,真正听人民群众的实话,真正掌握第一手材料,设身处地地为民办事,才能求得实际情况,抓住事物的主要矛盾,从而解决问题。当然在掌握第一手情况的同时,党员干部也要对掌握的实际情况进行归纳演绎和分析综合,要尊重基层群众的创新,虚心向人民群众学习,不能脱离基层实际,这样才能保证决策符合基层群众的需要。只有秉承实事求是的调查研究,才能掌握新情况和研究新问题,才能真正做到为民解忧,才能提高亲民度。

(3) 在改进作风中彰显实事求是

反对形式主义和官僚主义,把工作落到实处是党员干部弘扬实事求是的重要表现。形式主义的要害是只图虚名,不看实际效果;官僚主义的要害是脱离群众,当官做老爷。党员干部只有脚踏实地、埋头苦干,才能杜绝只动口不动手的官僚主义。干事业的过程在于干而不是说,人民群众看重的是党员干部做事的效果。只有党员干部率先实事求是干事业,才能在全社会营造一种说实话、办实事、求实效的氛围。党员干部重实际的发展观和大局观避免了急功近利的政绩工程的出现。对于劳民伤财的形象工程,要加大力气进行解决。

---

① 马哲军. 党员领导干部要做实事求是的表率 [N]. 光明日报, 2012 - 06 - 19.

(4) 解决问题时实事求是

当今,中国共产党作为执政党在新的形势下面临着新的任务,人民群众对党执政的要求越来越高。近年来党惩治一些腐败分子让人民群众看到党惩治腐败的决心,同时也向国人展示了党加强党性修养、敢做敢当、履职尽责的品格。党员干部在实际工作中率先垂范,坚持以人民群众的利益为重,把工作层层落实,一级带动一级,扎扎实实推动各项工作的落实。实事求是地解决问题,要求党员干部在工作中敢于承担责任,遇到重大项目要学会分解任务,把任务细化到每名责任人,明确任务的要求、标准和时限。坚持实事求是的工作作风需要共产党人坚持全心全意为人民服务的宗旨,不唯上、不教条,保持共产党人的政治勇气和浩然正气。党员干部只有戒掉浮躁、不求功名、不辞辛苦,才能培养共产党人的昂扬锐气。

3.2.2 为人民服务的理念

人民群众是历史的主人,要全心全意为人民服务,一切对群众负责,虚心学习群众等,这是马克思主义的群众观。在革命战争年代形成的红色文化,其核心是真诚为广大人民群众谋利益。在中央苏区,共产党和革命群众利益是连接在一起的。从某种层面而言,中国革命最终是通过中国共产党和人民群众的鱼与水关系,打败所有的国内外反动派,建立了一种新型的人民民主政权。当代大学生作为国家未来的主人,必须从现在开始树立全心全意为人民服务的宗旨。走群众路线,从群众中来、到群众中去,一切依靠群众,一切为了群众,这是全心全意为人民服务理念的核心思想。

学校要传承优秀的校园文化,就必须树立为师生服务的理念,才会激发他们更大的学习热忱和生活热情,以更加积极的动力和热情,掌握为人民服务的能力。2021年陕西发生的疫情,正好结束于高校学生放寒假的关头,如何让学生们能够安全、顺利返回到家,包车、包机、包火车、包高铁、点对点接送等成了为学生服务的方式和举措,这种服务不是写在纸上、挂在墙上的口号,而是切切实实为学生着想做出来的实事。

3.2.3 艰苦奋斗的优良品质

艰苦奋斗是党的优良传统和工作作风，是克服困难和障碍的传家宝与精神支柱。毛泽东曾告诫全党："务必使同志们继续保持谦虚、谨慎、不骄、不躁的作风，务必使同志们继续地保持艰苦奋斗的作风。"① 可以说，红色文化蕴含着党艰苦奋斗的作风，这是党领导中国人民克服困难，取得中国革命和建设事业胜利的重要保障。

不少高校将艰苦奋斗的品质应用到学生养成教育中去。以陕西工业职业技术学院为例，为锻炼学生的艰苦奋斗和自力更生精神，鼓励学生下课后主动打扫教室卫生，在实施的一学期里，成效卓著，不仅培养了学生良好的生活习惯，更使学生的艰苦奋斗精神得到了很好的锻炼。

3.2.4 无私奉献的高尚情操

奉献精神是中国共产党人的优秀品格，是红色文化的主要内容。在长期的革命实践和建设过程中，中国共产党人战胜了一个又一个艰难险阻，创造了一个又一个成就，这些都源于中国共产党人立党为公、不怕牺牲的无私奉献精神。中国共产党的诞生是当时中国人民追求国家独立、民族解放和个人自由的产物。中共一大的十三位党代表中的五位，为了共产主义事业早早就献出了自己的宝贵生命，中国共产党的开篇就表现出共产党人无惧生死、宁死不屈的奉献精神。共产党人的价值在推动社会进步和为人类解放事业奉献的实践中得到体现，无私奉献的革命精神也集中反映了马克思主义的价值观。只有为国家、民族、人民多做贡献，才能体现自己的人生意义和价值。

在不同时期，奉献精神的侧重点也有所不同。在革命战争年代，奉献精神体现在人们不怕流血牺牲；在和平建设年代，奉献精神体现在人们爱岗敬业。无私奉献精神与按劳取酬并不矛盾，在党的十六大报告中明确指出，按劳取酬"是必要的，以促进奉献，也落实分配政策"。我们既要在思想上保持奉献精神，同时

---

① 毛泽东选集（第4卷）[M]. 北京：人民出版社，1991：2439.

也要在现实中贯彻、落实党的分配政策。中国人常讲的"吃亏是福"就是奉献精神的体现，所以说奉献精神是中国人的优良传统，是伟大而崇高的民族精神。讲奉献是全民奉献，不只是英雄模范的事情；讲奉献是身体力行，不是高不可攀；讲奉献是举手投足，不只是流血牺牲。由此可见，奉献是高尚的，也是平凡的。面对新形势、新任务，特别是随着改革开放的深入和利益格局的调整，广大群众特别是党员干部要以身作则，自觉抵制拜金主义和享乐主义思潮，不以物质利益作为衡量人生价值的标准，坚定无私奉献的信念。电视剧《国家审计》高扬反腐旗帜，为观众揭开了审计工作者查证违纪违规问题、行使国家审计职能的神秘面纱，第一次让观众了解这个职业，走近这个群体。他们是国家利益的"捍卫者"、公共资金的"守护者"，他们殚精竭虑、恪尽职守，维护国家财产、人民利益，坚守着自己的信仰和职业操守。在电视剧《国家审计》中我们看到了兢兢业业的审计人，他们的无私奉献精神令人钦佩。

3.3 红色文化的主要特征

3.3.1 红色文化具有人民性与先进性

无论是红色文化的发展历程还是客观成果，都体现出中国人民的主体地位和首创作用。创造文化的主体所具有的阶级属性，往往能够反映出这种文化是"为什么阶级"。前文所言，红色文化产生的主体力量就是人民群众，人民"才是创造世界历史的动力"。[①] 人民群众身处历史之中又参与历史形成，红色文化是人民群众参与历史的产物，既是人民群众智慧的高度集合，又是人民群众革命精神的生动写照。文化自身的发展体现出人民群众高度自觉的主动意识和参与意识，也体现出人民群众关于解决文化领域的具体矛盾的相关诉求。服务人民群众的精神世界，对这一领域具有升华、鼓舞的能动作用。红色文化之所以具有先进性，是因为红色文化具有内在的、与以往人类所有文化成果截然不同的理论品格。红

---

① 毛泽东选集（第3卷）[M]. 北京：人民出版社，1991：1031.

色文化是体现时代发展必然趋势，反映时代前进发展方向的先进文化，马克思主义是对客观世界的本质和规律的正确反映，先进的文化类型能够为人民群众所掌握并且实现文化主体与文化自身的双重发展。红色文化作为在我国实践的具体产物，继承并发扬了理论与生俱来的先进性，红色文化与我国革命、建设和改革开放的历史进程紧密结合，反映出各个历史时期的特征。红色文化的发展历程即是马克思主义中国化的发展历程，先进性贯穿发展历程的始终。

3.3.2 红色文化具有传承性与时代性

文化的传承性，高度凝练于传递与继承两个方面。新文化的产生，是在吸收旧文化中积极的元素的基础上产生，同时增加了新的属性和特征，这一动态过程就内在地包含了传递与继承。人类是文化产生的主体力量，正是在人类社会不断向前发展的历程中，红色文化才能够实现自身的赓续传承。红色文化没有成为一个历史的范畴，相反能够在社会主义进入新时代的今天仍然保持旺盛的生命力，一个十分重要的原因就是红色文化自身的传承性。不仅是对马克思主义思想和优秀传统文化的传承，也是对各个时期红色文化的传承。红色文化在传承的基础上，不断丰富原有理论内容，充实新的理论内涵，从而实现自身理论体系的完善和发展。每一个历史时期都有其鲜明的时代主题，红色文化的时代性表现在其彰显时代主题、回应时代诉求、紧扣时代方向三个方面。马克思主义所具有的与时俱进的理论品质，同样已经内化为作为中国化成果的红色文化的理论品质，犹如文化领域的一面旗帜，体现出彰显时代前进方向的时代元素。

3.3.3 红色文化具有科学性与创新性

红色文化并不是凭空产生的，而是作为客观事物基于历史事实产生、丰富并发展的。科学性在于与马克思主义科学性的一脉相承，揭示出中国新民主主义革命、社会主义建设和改革开放的规律，并且实事求是地认识、把握、遵循以上规律。创新性在于理论和实践层面的创新，与我国的客观实际相结合，特别是与中国优秀传统文化相结合，形成了具有中国特色的红色文化，在其自身的发展中通过文化的形式浓缩我国革命、建设和改革的历程，所形成的红色文化与时俱进、不断丰富扩充新的内容，在实践中不断丰富并发展。创新是在坚持守正基础上的创新，是在坚持马克思主义基本立场、秉承马克思主义基本观点的创新。各个国家和民族在历史长河中都形成了自身的文化，我国的红色文化在形成中创造性完成了马克思主义与中国优秀传统文化的有机结合，体现出鲜明的时代主题和中国元素，同时也为全世界社会主义文化领域贡献出来自东方的力量。

3.4 红色文化的形成及社会价值

红色文化形成的思想资源是马克思主义和中国优秀传统文化及中国化的马克思主义。红色文化包含了马克思主义基本理论，同时也体现了中华民族的优良传统和文化成就，是对中华民族历史和中国革命实践的记载。马克思主义中国化的理论成果构成红色文化的精神内核。在革命和建设中形成的红色文化有两大理论来源：一是马克思主义在中国传播形成的第一个重大理论成果——毛泽东思想；二是在新时期改革开放过程中形成和发展的具有中国特色的社会主义理论体系。

3.4.1 红色文化的形成

（1）红色文化形成的理论基础

马克思主义是红色文化的灵魂和基因，马克思主义是红色文化的思想资源。民族的历史文化影响民族的政治文化，一切政治文化都滋生在具体的历史文化土壤之中。"一切已死的先辈们的传统，像梦魇一样纠缠着活人的头脑。"[1]

中国优秀传统文化是红色文化生成的文化环境，也是红色文化生成的重要资源。由中国共产党缔造的红色文化，植根于中国优秀传统文化的现实土壤之中，传承中国优秀传统文化，本质上是一种创新。创新是弘扬和培育民族精神的永恒动力。

（2）红色文化形成的实践基础

探索民族解放、国家独立的革命过程是红色文化形成的土壤。在新民主主义

---

[1] 马克思恩格斯选集（第1卷）[M]. 北京：人民出版社，1995：547.

革命时期，中国一度面临着亡国灭种的危机，是中国共产党创造的红色文化，给了人民战胜困难的勇气和实现民族解放和国家独立的信心。正是因为有了探索民族解放、国家独立的土壤，红色文化才得以形成和发展。

无产阶级的壮大为红色文化奠定了充实的人力基础。中国的无产阶级是个庞大的群体，这类群体的特点是社会地位低下，但具有革命和战斗的基因和决心，在无产阶级的加入后，红色文化有了充足的人力资源，红色文化的阶级基础戛然而生。

中国共产党的诞生为红色文化注入了主心骨。中国共产党带着先进的马克思主义在中国诞生，代表了中国最广大人民的根本力量，担负起了中国革命领导者的重任，带领人民实现了民族解放和国家独立，正是这种先进性促使了红色文化的生成。

3.4.2 红色文化的社会价值

（1）政治价值

红色文化是一种政治文化，其政治价值在红色文化价值体系中居于主导地位。它集中反映了作为执政党的中国共产党的政治理念、政治思想和政治作风，是中国共产党政治文化形态最集中的体现，是巩固中国共产党意识形态领域执政地位的伟大政治工程。红色文化的政治价值在中国具体表现为：红色文化是中国共产党执政文化的基础，红色文化有利于培育人民群众政治认同感，红色文化为促进政治发展提供思想支撑。

（2）经济价值

红色文化的经济价值，从本质上我们可以将其解读为：实事求是、与时俱进、创造性地将马克思主义基本原理所蕴含的科学的世界观、方法论内化为人们的思想道德修养和科学文化素质，并将这种理念作为其内在的行为准则，不断增强人们对世界的认识能力和改造能力，以期最大限度地调动行为主体的积极性、主动性和创造性，从而为我国社会主义市场经济的健康运行提供不竭的精神动力和智力支持，促进其又好又快的稳定发展。具体来说，红色文化可以从思想上保证社会主义市场经济发展的基本方向，为社会主义市场经济的发展提供强大精神动力、创造优质环境，也是推进社会主义市场经济的重要手段。

(3) 教育价值

在我国形成的红色文化非常多,毛泽东思想、邓小平理论、"三个代表"重要思想、科学发展观、习近平新时代中国特色社会主义思想都带有红色文化,它们都具有教育引导的价值和意义。具体来讲,红色文化具有理想信念的导向作用、思想道德的教化作用、创新素质的锻造作用等。

红色文化的教育功能与受教育者之间的关系,在本质上是一种文化转换关系,通过红色文化的教育功能全面展现和提升受教育者的人性本质,促使受教育者能够更加自由地选择、确认、实现自身的价值理想。红色文化的教育功能在很大程度上影响和维系着社会历史的实践活动,是社会持续发展和个人不断进步的动力源泉,对人类文明的发展具有极大的创造价值。

3.5　红色文化育人理论溯源

探寻理论基础实际上是站在巨人的肩膀上,找到自己观点的理论依据,以此论证自己不是空口无凭。红色文化主要指的是中国共产党以人民为中心探寻的一种为人民服务的文化,这种文化首先建立在中国共产党信奉的理论基础之上,中国共产党信奉的理论就是马克思主义。

3.5.1　马克思主义经典作家对红色文化相关理论的论述

鉴于生活的时代背景、社会环境、国家性质等因素,马克思主义经典作家对红色文化并没有进行直接论述,但他们对教育的相关论述为红色文化育人提供了坚实的理论基础。

(1) 教育对红色文化传播的重要性

在《共产党宣言中》,马克思和恩格斯论述道:"难道你们(指资产阶级)的教育不是由社会决定的吗?不是由你们借以进行教育的那种社会关系决定的吗?共产党人并没有臆造什么社会对教育的影响;他们仅仅是要改变教育的性质,要使教育摆脱统治阶级的影响。"[1] 可以看出,这时候的马克思和恩格斯已

---

[1]　马克思恩格斯全集(第4卷)[M]. 北京:人民出版社,1965:486.

经对教育的重要性地位有了明确的认知,教育可是传播红色文化的温床。没有受过教育,人就无法开化。曾经有一位在西藏支教的女企业家,用自己的经费去支持边区孩子受教育,可是最初即使免学费也没有家长愿意让自己的孩子去读书,原因是孩子去读书后,家里就少了一个劳力。之后这位企业家用自己的经费告诉这些家长,"只要你们让孩子来读书,每个月给家庭补贴多少金钱",有了这种所谓的"优惠政策",才有孩子前来接受教育。可见,教育对文化传播的重要性。

(2) 教育对红色文化育人的重要性

马克思和恩格斯认为:"共产党一分钟也不忽略教育工人尽可能明确地意识到资产阶级和无产阶级的敌对的对立,以便德国工人能够立刻利用资产阶级统治所必然带来的社会的和政治的条件作为反对资产阶级的武器。"① 在这里我们不去探讨资产阶级和无产阶级的关系,只关注因为工人受到教育才能拿起武器去争取属于自己的利益。正是因为中国的无产阶级受到红色文化教育,才拿起了武器,在中国共产党的带领下,实现了国家独立和民族解放。

3.5.2 中国领导人对红色文化相关论述

中国领导人历来重视红色文化,对红色文化也有相关的论述,经过大量的文献查阅,笔者将从红色精神的内涵、红色历史的借鉴、红色文化育人的方式三个层面进行阐述。

(1) 红色精神的内涵

正确认识红色精神,才能拿起思想武器去改造客观世界。中国领导人历来对红色精神或者与红色相关的精神都有自己的独到见解。毛泽东曾经对井冈山精神发表过自己的看法,他认为:"不仅仅是艰苦奋斗,士兵委员会和支部建在连上意义一样深远。它们都是井冈山革命精神。"② 1996 年,江泽民在纪念红军长征胜利 60 周年大会的讲话中对长征精神的内涵进行了概括,长征精神"就是把全国人民和中华民族的根本利益看得高于一切,坚定革命的理想和信念,坚信正义

---

① 马克思恩格斯全集(第 4 卷)[M]. 北京:人民出版社,1965:503.
② 马社香. 井冈山的革命精神不要丢了[J]. 党的文献,2006 (3):21-24.

事业必然胜利的精神;就是为了救国救民,不怕任何艰难险阻,不惜付出一切牺牲的精神;就是坚持独立自主、实事求是,一切从实际出发的精神;就是顾全大局、严守纪律、紧密团结的精神;就是紧紧依靠人民群众,同人民群众生死相依、患难与共、艰苦奋斗的精神。"① 胡锦涛在全国抗震救灾总结表彰大会上指出:"在波澜壮阔的抗震救灾斗争中,我们用理想凝聚力量、用信念铸就坚强、用真情凝结关爱,大力培育和弘扬了万众一心、众志成城,不畏艰险、百折不挠,以人为本、尊重科学的伟大抗震救灾精神。"② 2020年9月8日,全国抗击新冠肺炎疫情表彰大会在北京召开,习近平在会上对抗疫精神的内涵进行了概括,他指出:"在这场同严重疫情的殊死较量中,中国人民和中华民族以敢于斗争、敢于胜利的大无畏气概,铸就了生命至上、举国同心、舍生忘死、尊重科学、命运与共的伟大抗疫精神。"③

(2) 红色历史的借鉴

中国历届领导人,对红色精神及与红色精神相关的精神都进行过概括和总结,对把握红色精神实质、加速红色精神内化进程,具有重要的借鉴意义。

毛泽东对红色历史有着浓厚的情感,他对历史的热爱不仅体现在他的诗文中,更体现在他的领导政策上,中华人民共和国成立初期,他号召全体党员干部和人民群众要"发扬革命传统,争取更大光荣"。一时间艰苦奋斗、勤俭节约的风气出现在国内的各个角落。同时他也号召党员干部要学习历史,以史为鉴,指导当下的工作和学习。他重视从历史人物中汲取智慧,他的政治成功与他的历史学素养有直接的关系。他对于历史的关心、重视和熟悉,超过许多政治家,对于历史有着深刻的思考和独特的见解。

邓小平曾经指出:"用革命的事迹来教育我们的子孙万代;像我们的前辈那样,像我们的先烈那样,永远当一个革命者,永远当一个为人民大的集体事业服务的社会主义者,永远当一个共产主义者。"④ 邓小平正是因为拥有弘扬革命精

---

① 在纪念红军长征胜利六十周年大会上的讲话 [EB/OL]. https://520xy8.com/Article/201509/103253.shtml.
② 胡锦涛. 在全国抗震救灾总结表彰大会上的讲话 [N]. 人民日报, 2008-10-09.
③ 习近平. 在全国抗击新冠肺炎疫情表彰大会上的讲话 [N]. 人民日报, 2020-09-08.
④ 李晋. 小平同志为《广西革命回忆录》题词 [J]. 广西党史, 2004 (4): 24-25.

神的思想，才有了中国的改革开放，才有了中国如今成为世界第二大经济体的实力。

江泽民指出："我们党在长期的革命和建设中，形成和发展了一套优良传统和优良作风。这是我们的政治优势，是我们治党治国的传家宝，任何时候都丢不得，丢了就要吃大亏。"① 这是把红色精神以及红色优良传统上升到了传家宝的高度。

胡锦涛在纪念红军长征 70 周年大会上的讲话中指出："我们继承和发扬红军长征的光荣革命传统，就要大力弘扬革命理想高于天的崇高精神，为建设中国特色社会主义提供强大精神支柱……我们一定要把长征精神作为加强社会主义精神文明建设的重要内容，作为在全体人民特别是青少年中进行理想信念和思想道德教育的重要内容，坚持不懈地发扬光大，把长征精神一代一代传下去。"胡锦涛直接提出红色文化应该作为教育内容的一部分。

习近平对红色文化或红色基因的论述很多，其中，他在党史学习教育动员大会上指出："在一百年的非凡奋斗历程中，一代又一代中国共产党人顽强拼搏、不懈奋斗，涌现了一大批视死如归的革命烈士、一大批顽强奋斗的英雄人物、一大批忘我奉献的先进模范，形成了一系列伟大精神，构筑起了中国共产党人的精神谱系，为我们立党兴党强党提供了丰厚滋养。要教育引导全党大力发扬红色传统、传承红色基因，赓续共产党人精神血脉，始终保持革命者的大无畏奋斗精神，鼓起迈进新征程、奋进新时代的精气神。"② 正是因为这次大会，全国上下掀起了党史学习教育的热潮，人民参与党史学习教育的程度空前提高，党史学习教育实效也取得了不错的成效。

（3）红色文化育人的方式

任何文化的传播最终目的都是以文化人，这才是文化存在的意义。中国的领导人也重视红色文化的育人功能。如何用以前的理论指导今天的实践，多位领导人都认为应该与时俱进，实事求是。2003 年，胡锦涛在考察江西时指出："伟大

---

① 江泽民. 论党的建设 [M]. 北京：中央文献出版社，2001：171.
② 习近平. 学党史悟思想办实事开新局 以优异成绩迎接建党一百周年 [N]. 人民日报，2021 - 02 - 21.

的井冈山精神集中反映了我们党的优良传统和作风。要结合时代的发展,结合党的历史方位和历史任务的变化,结合改革开放和发展社会主义市场经济的新实践,让井冈山精神大力发扬起来,使之在新的时代条件下放射出新的光芒。"① 这是胡锦涛同志结合井冈山精神提出的育人方式,教育引导我们要与时俱进,结合当前的历史方式和人物,传播红色文化。

习近平总书记也提道:"回顾我们党领导人民为实现新民主主义革命任务而艰苦创业的伟大历程,缅怀革命先烈的不朽业绩,就是要结合今天正在进行的社会主义现代化建设实际,大力弘扬党的光荣传统和优良作风,承前启后、继往开来,把老一辈无产阶级革命家开创的、一代一代共产党人和全国各族人民接续奋斗的伟大事业不断推向前进。"②

领导人们的讲话无疑不是强调了这两点:一是要重视学习红色文化。红色文化是我国老一辈革命家抛头颅洒热血,用自己的血肉之躯形成的,我们应该去学习和践行。二是要注重与时俱进,实事求是。大多数红色文化不是新时代的产物,我们在历史的今天去学习历史的昨天,如果一成不变就容易形成"八股"作风,不适应社会对文化的需求;反而我们应该随着时代的变化,对红色文化进行"巧妙"的学习,在处于"两个一百年"历史交汇期,我们需要传承红色基因,提振精气神,锤炼硬肩膀,增强真本领,为新时代中国特色社会主义的现代化建设注入强大的精神动力。

---

① 胡锦涛考察江西:发扬井冈山精神 全面建设小康 [EB/OL]. http://news.eastday.com/epublish/gb/paper148/20030902/class014800003/hwz1005456.htm.

② 习近平. 在纪念中央革命根据地创建暨中华苏维埃共和国成立 80 周年座谈会上的讲话 [N]. 人民日报, 2011-11-05.

第二篇

实践篇

第4章 陕西工院文化脉络

1921年，在嘉兴南湖的红船上，诞生了伟大的中国共产党，红色基因开始向全国传播。当它来到历史文化底蕴深厚的三秦大地时，不仅孕育出伟大的延安精神，也催生出一批具有浓厚红色基因的职业院校。作为一所拥有72年办学历史的院校，陕西工业职业技术学院坚持扎根西部，立足装备制造产业，秉承"追求卓越、争创一流"的精神品格，走出了一条"办有灵魂的教育、创有境界的文化、建有品位的学校、育有底气的人才"的高质量发展之路。七十二载兴学育才、文化润心，陕西工业职业技术学院踏上了"引领改革、支撑发展、中国特色、世界水平"的高水平高职院校建设新征程！

4.1 秦风汉骨积淀文化脉络（地域传统文化）

4.1.1 陕西的历史文化

陕西是中华文明的重要发祥地之一，其文化演变肇兴于史前时期，经过周、秦、西汉三次大发展，到唐代达到极盛时期，五代以后则失去了在全国的引领地位。陕西发现了大量史前时期文化遗址，这折射出其史前时期的文化已经非常发达。

陕西文化在周、秦、西汉时期得到了三次大的发展。由于这一时期全国的政治中心在陕西，因而陕西的政治、经济、文化具有引领全国的作用。

第一次发展是在西周时期。西周王朝是在陕西形成、发展并壮大起来的，公元前1136年左右，周文王把国都从周原迁到了丰（今西安长安区马王镇一带）。周文王死后，周武王继立，于公元前1133年又迁都于镐（今西安长安区斗门镇一带）。公元前1027年，周灭商，建立了西周王朝，这是在陕西境内建都的第一个全国性王朝，也使西安的建城史达到3 100多年。这一时期，陕西社会、经济、文化有了很大的发展，农具有了较大改进，休耕轮作制度逐渐推广，并已有了比较完整的沟渠灌溉系统。在手工业方面，当时有青铜冶铸、陶器制作、玉石和骨角制作、制革、纺织等。青铜器的制作水平在商代基础上有了新的发展和创新，不仅凝重、典雅、大方，同类型器物有了成组配套产品，而且青铜器上的铭文字数增多，最多发现有近五百字的，具有很高的文化与史料价值，也是中国古代伟大的书法艺术珍品。特别是在宝鸡地区经常发现青铜器窖藏，因而宝鸡被誉为"中国青铜器之乡"。中国的礼乐文明就是从这里起步并得到发展的，奠定了中国传统文化的基础，影响极为深远。

第二次发展是秦国和秦朝时期。周平王东迁时，由于秦襄公率兵护送有功，于是周把岐（今宝鸡市岐山县）以西之地赐封秦襄公，而当时的关中地区被戎族控制，秦人凭着坚强的毅力和不屈不挠的精神，稳扎稳打，一步步向东发展。公元前677年，秦将国都从平阳（今宝鸡市陈仓区）迁往雍（今宝鸡市凤翔县南），历时250多年。公元前383年，将都城向东迁往栎阳（今西安市阎良区武屯）。公元前350年，又迁都咸阳。

为了改变秦国落后的局面，继秦穆公"独霸西戎"成为"春秋五霸"之后，秦孝公继承先公遗志，支持商鞅进行变法。秦国是战国时期变法诸国中最为彻底的国家，极大地调动了农民和士兵的积极性，秦国很快发展起来，成为"战国七雄"之一，到秦王嬴政时完成了对六国的兼并，建立了中国历史上第一个统一的、多民族的中央集权制国家，并制定了若干巩固统一的措施，为社会经济的发展打下了坚实的基础。秦始皇陵出土的铜车马和兵马俑代表了其社会经济文化发展的最高水平。

第三次发展是西汉时期。西汉王朝建立以后，以长安为都城，陕西经济文化进入了快速发展时期。经过西汉初年的"无为而治"和恢复发展的经济政策，出现了"文景之治"的大好局面。到汉武帝时，西汉的国家实力达到顶峰，出现了"汉武盛世"。西汉时期陕西农业经济发达，主要得益于生产工具的改进、农田水利事业的发展和农业生产技术的提高。汉武帝时期搜粟都尉赵过创造了代田法，还创制了耧车和耦犁。这些新的耕作方法和生产工具的推广大大提高了农业生产效率。当时铁器已广泛使用于农业生产，并在全国产铁和冶铁之地设置铁官加强管理，在今陕西境内就设置5处。西汉时期，纺织业也有很大发展，朝廷在长安城内设有东、西织室，专门为皇室生产高级丝绸绫绢。1957年，在西安灞桥出土了西汉早期的纸张残片，是用大麻和苎麻纤维制成的，这是世界上目前发现最早的植物纤维纸。

西汉时期的政治中心长安城面积达36平方千米，其面积是同一时期罗马城的4倍，有约50万人口，是一个国际大都市。城墙高12米以上，下宽12~16米。长安城周围共有12座城门，每座城门各有3个门洞，宽约6米。城外有护城河环绕。城内有5座宫殿、8条大街、160个巷里，有东市、西市等市场。长安的文化教育事业也有长足发展，当时藏书很多。公元前191年，汉惠帝刘盈废除了"挟书令"，汉武帝"建藏书之策，置写书之官，下及诸子传说，皆充秘府"。著名的历史学家司马迁就曾参考这些藏书，在长安写成了中国第一部纪传体通史著作《史记》，被鲁迅誉为"史家之绝唱，无韵之离骚"。汉武帝在长安设立太学，起初仅有博士官置弟子50人，到汉成帝末年，学生增加到3 000人，并且形成许多学派，奠定了中国文化发展的基础。

西汉时期实行对外开放包容的政策，与不少国家建立了良好的互动关系。公元前138年，汉武帝派遣张骞率100多人出使西域。返回长安后，张骞报告了沿途经过以及西域各国的地理、物产、风俗习惯等各种情况，使西汉王朝对西域各国有所了解。公元前119年，汉武帝再派张骞率领300人，携带大量财物出使西域，从此丝绸之路畅通，长安成为东西方经济文化交流的中心，汉文化在西域得到了传播。

西汉之后，北方少数民族纷纷进入中原，在陕西建立了多个政权，先后有前赵、前秦、后秦、大夏、西魏、北周等王朝以陕西作为政治中心，是中国历史上民族融合的重要时期，文化上也有不少的建树。25年，刘秀在洛阳建立东汉王朝。关中仍保留"三辅"称号，长安仍维持京兆府的名义；汉中郡由益州刺史辖，治所在四川成都；陕北属并州刺史辖，治所在山西晋阳。东汉末年，关东军阀推袁绍为盟主，讨伐董卓。董卓挟汉献帝刘协西迁长安。192 年，王允、吕布等谋杀董卓。董卓部将李傕、郭汜、樊稠等攻入长安，"放兵房掠，死者万余人"。195 年，李傕、郭汜、樊稠又互相攻杀，陕西经历了一次大浩劫，"长安城中，盗贼不禁，白日房掠，人相食啖，白骨累积，臭秽满路。"三国时期，陕西关中属魏的雍州所辖，治所在长安；今石泉以东陕南各县，属魏的荆州所辖（今河南省新野县）；陕南西部为蜀的益州所辖（今四川省成都市）；陕北各处为羌胡各族的游牧地区。

313 年，晋怀帝被杀，司马邺在长安即位，是为晋愍帝。316 年，刘曜进兵关中，晋愍帝出降，西晋王朝从此灭亡。319 年，刘曜改国号为赵，定都长安，史称前赵。前赵时期，关中和商洛地区为其所辖。陕北由后赵占据，汉江上游为成国占据，今石泉以东地区为东晋辖地。328 年，后赵羯人石勒在洛阳生俘刘曜，次年进军关中，取长安，前赵亡。350 年，氐人苻洪乘后赵内乱，进军关中，次年其子苻健在长安称帝，史称前秦。357 年，苻坚即位。370 年，苻坚用谋士王猛的建议，迁燕地王公及鲜卑人 4 万余户到长安；次年，又迁关东豪强和其他少数民族 15 万户到长安和关中，关中经济较前有所恢复。386 年，姚苌乘西燕内乱攻入长安，改国号大秦，史称后秦。后秦时期，关中和陕北为其统治，陕南地区为东晋所占。417 年，东晋刘裕攻入关中，后秦亡。413 年，曾投奔后秦姚兴的匈奴人赫连勃勃在朔方之北、黑水之南，建国都统万城（今陕西省靖边县）。418 年，赫连勃勃率大军南下，攻陷咸阳，占据长安。419 年，赫连勃勃还都统万城，留太子守长安。425 年，赫连勃勃死。次年，北魏攻占了统万城和长安。535 年，鲜卑人宇文泰立王宝炬为帝，都长安，史称西魏。557 年，宇文觉称天王，建立北周。

581 年，北周杨坚废北周建隋朝。由宇文恺设计，在龙首原以南营建新城大兴城。大兴城平面布局十分规整，外郭城的东、西、南三边共设 9 个城门。城内靠北墙中央为宫城，正殿为大兴宫。宫城正南为皇城。城内还有 14 条东西向街道和 11 条南北向街道，将全城分为 109 坊，以朱雀大街为南北中轴线。隋朝立国时间虽然不长，但在制度文化方面的贡献是很大的，延续了 1 000 多年的科举制就是从隋代开始草创的。

618年,李渊正式称帝,定都长安,建立了唐王朝。唐长安城沿用隋朝大兴城的旧制,不断修建。据实测,唐长安外郭城近方形,东西长9 721米,南北宽8 556米,周长36.7千米,总面积84平方千米。城内由宫城、皇城、市民居住区等组成。宫城位于全城正中的北部,唐初只有太极宫。634年,李世民在宫城东北角禁苑内的龙首原上修永安宫,让其父李渊居住,次年改名大明宫。此后,唐朝历代皇帝都住在大明宫。714年,唐玄宗将原来的旧居改成兴庆宫,并几度扩建,从而在长安城内形成了三大宫殿区。皇城在宫城的南面,城内南北7街、东西5街,其间并列尚书省、太仆寺、御史台、鸿胪寺、都水监等百官办公的衙署。市民居住区以承天门大街为中轴,分为东西相等的两部分,形成规整的里坊结构。

唐长安城规模宏大,是当时世界上规模最大的都城。它布局严谨,可分为宫城、皇城和郭城三大部分,是中国古代封闭式里坊城市的典型,对边疆地方政权甚至东亚国家的城市建制都产生了重要影响。在唐代,京师长安不仅是全国政治、经济和文化的中心,也是当时世界上最繁华、规模最大的都会和东西方文化交流的中心。大明宫是唐高宗以后200余年的政令中心,是研究唐代历史和中国古代宫殿建筑艺术的重要实物资料。大明宫建筑瑰丽、气势恢宏,周长约7千米,面积3.5平方千米,是明清故宫面积的5倍,堪称中国古代最壮丽的皇宫之一,是东方古建筑艺术中的明珠。

唐代是中国古代的鼎盛时期之一,也是古代陕西文化最辉煌、经济最繁荣的时期。从"贞观之治"到"开元盛世",唐王朝表现出繁荣的景象。唐代长安城人口最多时超过100万,是当时世界上规模最大的城市。唐代手工业很发达,1970年在西安市何家村发现的两瓷窖藏文物计千余件,其中金银器270件,制作十分精美。1987年发现的法门寺地宫更展现出唐代手工业的高超水平。唐代的瓷器制作已成为一个独立的生产部门,唐三彩是陶瓷业的新品种。长安是当时全国的商业贸易中心,城内的东市和西市是专门经营商业的地方。西市有衣肆、坟典肆、药材肆、绢行、秤行等各种行业,还有专为大商人存放钱币的柜坊。由于铜钱携带不便,在唐宪宗时,长安出现"飞钱"(亦称"便换"),类似于现在的转账支票,为商品交换提供了很大方便。

唐代的科技文化也十分发达。著名医学家孙思邈收集了许多散落民间的秘方、单方。他所著的《千金方》是中国最早的医学巨著，对后世医学影响极大。唐代专门设有史馆编纂史书，二十四史中的《晋书》《梁书》《陈书》《北齐书》《周书》《隋书》《南史》《北史》等都是唐初编成的。京兆万年人杜佑编纂的《通典》是中国第一部专门论述典章制度的史书。名列"唐宋八大家"之首的韩愈在长安竭力推行"古文运动"，千古名篇《师说》就是他在长安写成的。唐代是中国古典诗歌发展的鼎盛时期，唐代的大多数诗人在长安留下了脍炙人口的诗篇。李白初到长安时，以一首《蜀道难》被誉为"谪仙人"，他在陕西创作了许多不朽的诗篇。"诗圣"杜甫的诗歌流传到现在的共有 1 400 余首，其中在长安创作的有 200 多首，《新安吏》《石壕吏》《潼关吏》等辉煌诗篇都是在长安一带写成的。白居易的《新乐府》《秦中吟》等数十首诗写于长安及其附近，著名的《长恨歌》是他在 806 年任周至县尉时写下的。杜牧著有千古名篇《阿房宫赋》和《过华清宫》等七绝。王维晚年在蓝田辋川居住，把自己的田园诗汇集成册，题名《辋川集》。

唐代书法艺术是中国古代书法史上的一个高峰，名家辈出，各具特色。西安碑林博物馆保留了欧阳询书写的《皇甫诞碑》，欧阳通书写的《道因法师碑》，褚遂良书写的《大唐三藏圣教序》，颜真卿书写的《郭家庙碑》《颜勤礼碑》《颜氏家庙碑》，徐浩书写的《不空和尚碑》，柳公权书写的《玄秘塔碑》，怀素书写的《东陵圣母帖》《千字文》。还有陕西麟游县九成宫遗址保存的欧阳询晚年精心之作《九成宫醴泉铭》。唐代教育十分发达，在长安城设立的国子监为最高教育机构，下辖六学，包括国子学、太学、四门学、律学、书学、算学。837 年，唐政府将《周易》《尚书》《毛诗》《周礼》《仪礼》《礼记》《春秋左氏传》《春秋公羊传》《孝经》《论语》《尔雅》等十二经刻石成碑，立于国子监之内，史称"开成石经"，现存西安碑林博物馆。

长安是一个开放的城市，曾与 300 多个国家和地区有交往，每年都有大批外国人通过陆路或海路来到长安。大明宫内的麟德殿是唐代宫廷接见外国使臣的重要场所之一。唐高宗李治与武则天合葬墓乾陵前的 61 尊王宾使臣雕像和章怀太子墓道东壁的礼宾图，形象生动地描绘了唐代中外友好往来的场面。当时在长安西市有许多波斯商人经商，专门设有波斯邸，近年在西安出土的多枚波斯钱币就是证明。据史书记载，在唐代，日本19次派遣唐使，来长安学习中国文化，唐代长安的外国留学生中，以日本学生为最多。西北大学历史博物馆新近收藏的日本留学生井真成的墓志，是当时中日文化交流的实证。

755年，"安史之乱"爆发，756年，唐玄宗等人仓皇逃出长安。此后，唐朝国势开始逐渐衰败。881年，黄巢率农民起义军攻入长安，在大明宫含元殿即皇帝位，国号"大齐"。904年，朱温强迫唐昭宗迁都洛阳，长安城遭到严重破坏。

唐以后，中国古代的政治中心东迁，从宋代开始，陕西由于失去了全国政治中心的地位，在全国的地位和影响力开始下降，经济和文化的发展受到一定制约。但由于其特殊的地理位置，陕西仍然是西北地区发展最快的地区。

北宋时期，陕北是军事重镇。由于长期的文化积淀，关中出现了不少思想家和军事家，如关学思想的代表人物张载，是中国北宋时期伟大的哲学家、思想家、教育家和军事家，是理学的奠基者之一，代表作有《正蒙》《易说》等。他创立的关学博大精深，几百年来一直影响着中国和世界，他提出的"为天地立心，为生民立命，为往圣继绝学，为万世开太平"以及"学贵有用，经世致用，笃行践履""学则须疑，守旧无用""仇必和而解"等观点，对后世影响最为深远。他的思想在宇宙论、认识论、人性论、社会和谐论等方面达到了中国思想史上空前的高度，对东亚文明的形成和发展有着重要的作用和影响，对中国哲学思想做出了重大的历史贡献。

1271年，忽必烈建国号为"元"。1972年，封第三子忙哥剌为安西王，建藩于陕西。

1368年，朱元璋称帝，国号为明。明代实行封王建藩，陕西布政使司境内有7个藩王，其中3个封在今陕西境内。明代对西安城进行了大规模的修整，修建了雄伟壮观的城墙，并在西安城内修建了两座气势雄伟的建筑——钟楼和鼓楼。明代初年，朱元璋曾试图将西安作为都城。1644年，李自成改西安为长安，号为西京，正式建国，国号大顺。1646年，清军占据陕西全境，1649年，将西安城东北部划作驻防城，通称满城。1900年，八国联军侵略北京，慈禧太后挟光绪皇帝逃到西安。《辛丑条约》签订后，慈禧等于1901年返回北京。

1911年10月10日,辛亥革命武昌起义爆发,陕西革命党人领导新军在西安起义响应,这是当时北方第一个响应起义的省份,起义军攻破满城,陕西军政府成立。

秦中自古帝王州,陕西文物甲天下。正是由于陕西是13个王朝的政治中心,所以文化资源品位高、存量大、种类多,文物遗存极为丰富,被誉为"天然的历史博物馆",仅古代帝王陵墓就有70余座。文物资源完整性、丰富性、至高性的特点,使陕西成为得天独厚、独具特色的文物大省。陕西有博物馆160座,馆藏各类文物100万件(组),文物点密度之大、数量之多、等级之高,均居全国前列。浏览这座"天然的历史博物馆",随处可看到古代城阙遗址、宫殿遗址、古寺庙、古陵墓、古建筑等,如被誉为"世界第八大奇迹"的秦始皇兵马俑,中国历史上第一个女皇帝武则天及其丈夫唐高宗李治的合葬墓乾陵,佛教名刹法门寺,中国现存规模最大、保存最完整的古代城垣西安城墙,中国最大的石质书库西安碑林博物馆。全省各地的博物馆内陈列的西周青铜器、秦陵铜车马、汉代石雕、唐代金银器、宋代瓷器及历代碑刻等稀世珍宝,闪烁着耀眼的历史光环,昔日的周秦风采、汉唐雄风从中可窥一斑。

除了这些物质文化遗产,在陕西地域文化中还具有众多富有特色的非物质文化遗产,其中秦腔、安塞腰鼓、陕北民歌、华县皮影等51项入选国家级非物质文化遗产保护名录,充分反映出陕西非物质文化遗产的悠久与丰厚。

4.1.2 陕西地域文化的特点

在中华民族五千年的文化版图中,陕西是一块既具有共性又具有独特个性的文化板块。由于长期作为中央集权统治下的政治中心,陕西文化代表了中国文化的共同特点,而特殊的地域环境也使陕西形成了独特的文化特点。

(1) 历史悠久,文化灿烂

陕西是中华民族光辉灿烂的古代文明发祥地之一。大约在100万年前,蓝田猿人就生活在这块土地上,开始制造和使用一些原始的工具,采集果实和狩猎,这是目前全国发现的时间最早、最为完整的猿人头盖骨化石。而距今20万年的"大荔人"头骨化石在中国及东亚地区早期人类演化史的研究中具有非常重要的地位,填补了中国历史上人类由蓝田人（今陕西蓝田县）向丁村人（今山西襄汾县汾河附近）过渡的空白，为研究汾渭谷地早期人类活动提供了重要线索。3万~4万年前，关中地区的原始人逐步进入氏族公社时期，半坡遗址就是6 000年前母系氏族公社繁荣时期社会生活的真实写照。在这里发现了彩陶文化，还发现了类似早期文字的刻画符号，也发现了人类早期祭祀的石柱，反映出当时祭祀文化的发达。

位于泾渭河流交汇处的杨官寨遗址的新发现，使学术界聚讼已久的庙底沟文化聚落问题有望得到解决。从现有发掘资料看，该遗址是目前所知庙底沟时期唯一发现有完整环壕的聚落遗址，加上其相对完好的保存状况，使它成为探索庙底沟文化聚落布局与社会结构等问题的最重要资料线索。渭河流域众多的文化遗址正是当时社会发展进步的写照。由于黄土高原和渭河水文环境的影响，陕西是中国农业生产开发最早的地区之一。大约在6 000年前，半坡人就在这里从事农业生产、饲养家畜、打猎捕捞、采集果实等劳动，当时种植的谷物主要是粟。

华胥文化、炎黄文化在陕西留下了重要的遗迹和影响。中国五千年的文明是从黄帝、炎帝开始的，海内外华人也都将黄帝和炎帝作为中华民族的祖先。中华民族的人文初祖轩辕黄帝的陵墓位于陕西黄陵县，另一位人文始祖炎帝的故里位于陕西宝鸡市，炎帝陵也位于陕西省宝鸡市，这两位始祖的圣迹都位于陕西境内，加之后来西安成为中国古代王朝都城的代表，因而这里成为中华民族根的象征和精神家园。

（2）民族文化的主流地位

陕西是中国历史上建都朝代最多和时间最长的省份，其文化具有辐射性，是民族文化的主流，为中华文明的创立和发展做出了杰出贡献，陕西文化具有非地域性的特点。

公元前11世纪，周武王灭商，在陕西建立了第一个全国性的政治中心——西周王朝。此后，又有秦、西汉、新莽、东汉、西晋、前赵、前秦、后秦、大夏、西魏、北周、隋、唐等13个王朝先后在陕西建都，时间长达1 100多年。此外，还有刘玄、赤眉、黄巢、李自成4次农民起义在此建立政权，共计11年。由此形成了陕西独特的都城文化和帝陵文化，中华文明与外来文明在这里不断碰撞、不断融合、共同发展，道教、佛教、儒家思想等都能在这里生根开花，陕西为中华民族创造了辉煌的历史文明，留下了丰富、宝贵的文化。

(3) 周秦汉唐文明居全国引领地位

从西周起，陕西就进入了一个新的历史发展时期。周族是陕西关中一个古老的部族，周人以周原为政治中心后，就有了文字记事，把与卜辞和占卜有关的记事文字刻在骨片和青铜器上，目前发现的西周甲骨文字达到 2 200 多个。最早从事耕种稷和麦的人，是陕西关中周人的祖先。到了西周末年，关中地区的农业生产有了新的发展，并向其他地区传播。周文化留给我们的制度文化很多，周人的分封制、宗法制、制礼作乐都对中国文化的形成与发展具有十分重要的影响。

秦文化包括秦国和秦代两个部分。秦文化博大雄浑、开拓进取，它制定的一系列制度至今仍然在影响着我们，秦阿房宫、秦始皇陵、秦都咸阳、秦长城带给我们的是无尽的思考。

汉代是中国第一个封建盛世，其文化体现出特有的"大汉气象"。汉代文化表现出多元性、统一性、包容性、和谐性与创造性特征，使中国传统文化具有了"博大兼容"的特点，既能坚持本土文化的传统，又能不断吸纳其他民族的优秀文化来丰富自己，为己所用，形成了以儒家思想为核心的大一统的封建文化。

唐代是中国封建社会发展的鼎盛时期，其文化处于当时世界先进水平。唐代是中国历史上少有的开放朝代，也是比较典型的多元文化并存的朝代。统治者能实行开放包容、兼收并蓄的对外政策，唐都长安是当时世界上人口最多，最为繁华、最为富庶和文明的城市，为世界各国人民所向往。唐朝文化不仅影响到亚洲文明的发展，而且促进了西方乃至世界文明的进步，同时也促进了本国经济文化的繁荣。唐代在积累了中国千余年封建社会发展的成果之后，再经过政治、经济、思想、文化上的一系列变革，达到政治文明、经济繁荣、文化昌盛、交通发达、国力强盛，高度的古代文明使其呈现出多元的景象。唐代文化是中华民族物质文明和精神文明发展的重要阶段，它不仅造就了中国封建时代文化的高峰，也登上了当时世界文化的高峰。

(4) 前期的开放进取与后期的闭塞保守反差巨大

陕西是中国对外开放最早的地区之一。2 000 多年前，长安就同许多国家有政治和经济等方面的交往活动，著名的"丝绸之路"就是以古长安为起点的。

汉代以长安为中心，同南亚、西亚、欧洲各国进行政治、经济、文化交流。唐代的丝绸之路更是畅通，对外联系更为活跃。

周、秦、汉、唐时期，由于其强大的国力和雄厚的基础，在文化上均实行对外开放、开拓进取的政策，善于吸收和利用外来文化，使本国文化在交流和融合中不断壮大，呈现出多元文化并存的现象。

但是到宋代及以后，陕西失去了全国政治中心的地位，陆上丝绸之路被海上丝绸之路所代替，工商业不如东南沿海地区发达。而且陕西长期作为中国政治中心，对生态环境和资源造成了很大的破坏，也影响了以后陕西的发展，导致陕西文化的开放进取性减弱，从而出现闭塞保守的文化现象。

(5) 多民族的汇融性文化

从商周时代起，鬼方、猃狁、白狄、匈奴、林胡、稽胡、卢水胡、鲜卑、氐、突厥、党项、羌、女真、蒙古、满等少数民族先后以战胜者的雄姿，纷纷走上陕北这块历史舞台，从而演出了一幕幕历史壮剧，使其成为华族（汉代以后的汉族）和其他少数民族融合与交流的"绳结区域"，在陕北形成了以秦、汉文化为主体，融合了北方草原文化等少数民族文化的独特文化个性。秦、汉以前，陕北一直是畜牧区，西汉以后，农牧业才大量发展，成为半农半牧区。一直到隋唐时期，陕北南界的黄龙山仍然是农耕区和半农半牧区的天然分界线，这种状况在宋代以后才逐渐有所改变。从陕北地名可以看出古代民族的地理分布和各民族文化交流融合的盛况。陕西成为历史上多民族文化汇融的地区。

对于世界上唯一具有数千年连续不断文明史的中国而言，陕西是当之无愧的文化与文明源头。中国农耕文化以及此后封建大一统，以至走向最辉煌的繁荣和鼎盛，先后有13个朝代以这里为政治中心，引领全国的文化，数千年来，在这里产生并上演了一部接一部惊心动魄的历史活剧。在这里，秦人结束了春秋战国长期的战乱，构建封建大一统的政治体制，延续2 000多年。之后，汉承秦制，又将儒家文化世俗化、礼仪化，使其与周文化的礼乐兴邦之理想相融合，从而构造出一套较完整的封建政治道德文化的经典内涵与标准，一直影响至今。唐人又以包容与大度的姿态扩大对外交流，遂使盛唐之气韵不仅体现在物质的丰稔上，还显示了文化空前绝后的辉煌，不但辉映域内，同时也光照域外。宋代以后的陕西虽然失去了唐代以前的风采,但仍不失为西北地区的文化重镇。

适宜农耕的自然地理条件使陕西洋溢着以农为本、固守土地、自强不息、豪放而又沉稳、老实而又倔强的独特精神气质。

将陕西人与秦俑对比,"秦俑与陕西人相似的脸上,如果你仔细端详,你一定会发现:那棱角分明的线条,那憨厚且有质感的微笑,那挺拔的鼻子和厚厚的嘴,除了表露出些许麻木之外,更多地镌刻着耿直、豪迈、坚韧、无所畏惧等气质特点。"

作家殷谦曾对苗圃在《走西口》中的表演这样评价:苗圃成功地塑造了冰清玉洁的豆花这个生动的人物形象,演得轻柔、平静、细密,将女性微妙而幽隐的心理活动表演得很彻底,耿直、乐观和豁达是苗圃的性格,也是西部人身上常见的一种精神气质。

苗圃曾经在拍摄《五月槐花香》时发高烧仍坚持上阵,拍《苍天有眼》时曾一个星期瘦了15斤。苗圃说,在外拍戏打拼多年,遇到困难挫折时,陕西人的"乐观、不气馁不妥协"对自己的影响最大。这个对自我要求十分严苛的女演员,拍戏时腿部肌肉撕裂会大大咧咧地说"我行",也会为了坚持自己的表演方式不惜和导演发生争执。"执着和直白"是苗圃形容自己身上所具有的陕西人特质,也让她成为在演艺圈中不同于其他花旦青衣的女演员。

4.2 革命建校传承红色基因(红色革命文化)

4.2.1 陕西红色文化主要内容

精神是一个民族、一个国家、一个社会不断发展的强大动力,是一个政党永葆生机的力量源泉,伟大的精神能够振奋人心、凝聚力量。文化是促使我们社会进步、国家发展的动力源泉之一,国家经济的发展、科技的进步都离不开科学文化的支持,同样地,一个政党的发展、一个民族的崛起也离不开红色文化的陪伴。我国的红色文化是我国党员进行整党工作的精神食粮。陕西作为革命根据地,是红色文化的起源地,人们在几十年的斗争中积累的相关经验和习俗共同构成的红色文化,具有深刻的内涵。

1912年中国共产党宣布成立之后,陕西率先组织青少年建立中国共产党青年团,在1925年陕西党组织建立之后,陕西人民就在中国共产党的领导下进行一系列的抗争。在国民大革命时期,陕西共产党就组织了多次抗议活动以及反帝爱国主义特色的相关活动,同时还建立了西北革命根据地。西北红军是中国共产党建立的第一批武装革命组织,是中国共产党革命开始的标志,是中国进行反帝反封建革命的第一面具有标志性的旗帜,同时,西北革命根据地是现如今还存在的最为完整的一块革命根据地,在中国的历史长河中占据着重要的地位。在抗日战争中西北革命军也贡献了不可撼动的力量,建立了陕甘宁抗日根据地,并不断向周围传播红色思想,鼓舞着一批又一批的中国爱国青年加入抗战的队伍中来,使中国工农武装成为一个整体,共同抗击敌人,保卫我们的家园。在抗战中形成了很多值得歌颂的事迹,还有沿用至今的全心全意为人民服务的思想观念,都是中国的精神文明;与此同时,延安也成为红色文化的中心,使得陕西更让人记忆深刻。解放战争的时候,毛主席带领中国共产党扭转全局,在延安与敌军殊死搏斗。这些都是历史的回忆,是具有历史价值的红色文化的起源。

4.2.2 陕西红色文化的价值

(1) 革命教育价值

在陕西产生的红色文化不但对陕西人民,更是对全中国有着深刻的教育价值,是中华儿女的精神财富。在老一辈的陕西人民心中,是中国历史上大大小小的革命创造了现如今的陕西,现如今的陕西红色文化,培育出陕西一代又一代的青年才俊,自强不息,为祖国贡献出自己的绵薄之力。陕西的红色文化影响着世世代代的陕西人民艰苦奋斗,与此同时也在勉励全中国的百姓艰苦奋斗,共同努力建设好我们的国家,秉承着全心全意为人民服务的信仰,艰苦卓绝,为祖国撑起一片天。

(2) 理想信念教育价值

每一个人都有自身的理想价值观念,理想价值理念支撑着我们生活中的点点滴滴，作为一个国家的政党也要拥有相关的理想信念，而红色文化就是中国共产党的理想信念，也是作为一个中国人的信仰。在经济全球化、科技发达的今天，每一个地区都有自身不同的特色，我们只有坚定自己的信念才能更加主动地向自己的目标进发。当我们来到陕西革命根据地，感受老一辈革命家的思想，我们的心灵也会受到感化，从中明白红色教育的意义所在。

（3）历史见证价值

陕西革命根据地见证了中国共产党的起源和发展，陕西革命中产生的红色文化是陕西革命军在几十年的斗争中所形成的具有历史价值的中国人民信仰的文化，是我国宝贵的精神财富。陕西的红色文化见证了中国革命军英勇杀敌、不畏艰险、保卫国家的英雄气概。现如今，完整的革命根据地仅剩下西北这一块了，其历史价值历史意义是不能用言语和金钱估量的，这就是中国宝贵的精神财富，是不能用其他东西来衡量的。

（4）经济发展价值

经济的发展离不开政治的保障，政治的稳定离不开文化的熏陶，在红色文化的大背景之下，我国的政治制度得到相应的保障，我国人民的相关福利也有质的改变，在红色文化的熏陶下，我国经济也在不断的发展。中国共产党在革命中产生的红色文化更是激励着我们年轻一代在社会中不断发展，红色文化中的不畏艰险砥砺前行激励着我们一代又一代的中国青少年不断努力，红色文化中的为人民服务影响了我们一批又一批的领导干部全心全意为人民谋取福利。在这样的历史大背景下，我国经济突飞猛进，科技也随之一同发展，这都是红色文化留给中国的宝贵精神财富。经济的发展是每个国家衡量自身综合国力的标准之一，随着红色文化的发展，中国人民心中激起慷慨激昂的抱负理想，每个人都在通过自身的努力帮助国家提高国家的经济实力，因此，红色文化也是具有较高的经济效益的。

习近平总书记在十九大精神研讨班开班仪式讲话中指出："不忘初心，牢记使命，就不要忘记我们是共产党人，我们是革命者，不要丧失了革命精神。"如今，我们国家进入新时代，"两个一百年"的奋斗目标清晰呈现，"中国梦"的实现是全体中国人民的共同的梦想。与此同时，我们也清楚实现理想目标的前进道路绝不会一片坦途,革命精神中不畏艰险、勇于胜利、无私奉献、勇攀高峰的精神实质,是新时期我们应对重大挑战、重大阻力、重大风险的精神堡垒,是新时期中国共产党继续坚持以人民为中心,全面贯彻党的根本宗旨和群众路线精神指引,是新时期坚定理念信念、不畏艰难险阻、战胜一切困难的强大精神力量。"革命是历史的火车头",在革命实践中凝聚的精神,是新时代中国共产党带领中国人民发展中国特色社会主义事业,全面建成小康社会,实现中华民族伟大复兴的力量源泉。新时代,我们党要充分弘扬革命精神,让革命精神继续成为我们中国人民新征程不竭的动力,进而做出新的贡献。陕西红色精神产生于土地革命时期,是以马克思主义理论为指导、以陕甘边革命根据地的革命实践为土壤孕育而成的精神果实。新的历史背景,作为中国革命精神的重要组成部分,继承和弘扬其精神实质,对于我们今天推进社会主义事业的发展,实现"中国梦",有十分重要的现实意义。

(5) 有利于弘扬爱国主义为核心的中国精神

红色精神是爱国主义为核心的中国精神的重要组成部分。陕西的近代史告诉世人,中华民族爱国主义的优良传统在抗战中得到了高度弘扬,陕西成为风云际会、英才汇聚的地方,是全国各地爱国民众施展报国热情的一片热土。我们要大力传承弘扬爱国主义的光荣传统,把爱国家和爱陕西统一起来,感悟烽火连天斗争岁月的不易和艰难,对比今天幸福生活的不易,铭记陕西红色精神的缔造历史,以陕西在中国革命的诸多贡献为荣,自励自勉,同心同德,通过不断地开拓进取艰苦奋斗推动陕西全面发展,铸造陕西发展的新辉煌。

(6) 利于丰富当代中国的精神文化生活

红色文化精神极大丰富了新时代追求美好生活的人民的精神需求,也是推动新时代中国特色社会主义建设、创造中国光辉未来的强大精神动力和思想保证。以照金精神为代表的陕西革命精神,根植于陕西人民的血脉之中,进一步挖掘、弘扬红色精神的时代价值,展现信仰之美,使红色基因和红色血脉融入我们陕西人民的世界观、人生观、价值观,坚定我们的理想信念,在陕西大地更好地举精神之旗、立精神之柱,建设精神家园,成为永久持续的精神力量。

(7) 有利于社会正能量的传播

在当前受多元文化的影响及复杂的国内外形势下，有部分敌对势力一直蠢蠢欲动，试图拿中国革命史、建国史大做文章，质疑甚至丑化领导人、英雄模范人物，蛊惑人心等等劣行频出。我们的红色文化就是对历史溯本清源，对其进行有力回击与谴责。陕西红色精神中蕴含着不怕牺牲、艰苦奋斗、无私奉献、为人民服务等核心精神，是引领时代的先进文化，对唱响主旋律起到了基础性和决定性的作用。陕西红色精神承载着党的政治优势、党的优良传统作风，彰显着革命先辈为党和人民伟大事业奋斗的不朽功绩。坚持传承红色精神、弘扬正能量，是历史赋予我们的庄严使命，是对社会中一切负能量的有力回击。

(8) 有利于引导青年人明确使命担当

艰苦奋斗是我们的传家宝。艰苦奋斗绝不是一时的权宜之计。那种认为"艰苦奋斗是老一辈的事，当代青年不需要艰苦奋斗"的观点，在理论上是错误的，在实践中是有害的。弘扬陕西红色精神就是引导教育青年人认识到物质生活条件的改善、社会观念的变化只是赋予艰苦奋斗以新的时代内涵和实践要求，但艰苦奋斗的精神是永远不会过时的；同时，讲艰苦奋斗，也并不是不讲物质利益，而是为了实现中华民族的共同理想，不怕吃大苦、耐大劳，不惜献出自己的一切。当代中国既面临着重要发展机遇，也面临着前所未有的困难和挑战。梦在前方，路在脚下。自胜者强，自强者胜。实现我们新时代的发展目标，需要广大青年锲而不舍、驰而不息的奋斗，不断书写奉献青春的时代篇章。

4.2.3 陕西红色精神当代价值的传承路径

(1) 发掘特色陕西红色资源

一是加强红色文化创意产品的开发推广。按照精神内涵为主，社会效益兼顾的思路，立足陕西地方特色，开发红色电子图书、旅游读本、音像制品等红色文化特色产品，在文化创意产业中融入陕西红色文化元素。

二是整合利用"照金精神""两点一存""延安精神"等为重点的红色名片，与各地旅游项目结合起来，将红色资源优势转化为经济优势。

三是促进红色文化与演艺、影视、传统手工艺等产业融合发展，打造有红色底蕴的文化品牌。

（2）拓宽陕西红色精神传播渠道，展现红色精神影响力资源结合

一是多渠道开展红色文化宣传。主流媒体、重要时段专栏、专题以多种形式及时报道红色文化资源等方面的新动态、新成果。重大节日组织相关活动，营造全社会弘扬和传承红色文化精神的良好氛围。

二是创新红色文化网络宣传模式。推进"互联网＋红色文化"建设，建立陕西红色文化数字资源库，建立红色文献资源数字传播体系。

三是将弘扬陕西文化融入公共文化服务体系建设。充实红色纪念馆、展览馆的收藏内容，依托各类图书馆、文化站等各种文化场所开展文化活动，打造陕西红色文化教研基地。

4.3 扎根行业培育大国工匠（工业文化精神）

4.3.1 工匠精神

工业是国民经济的主体，是强国之本、富民之源。文化以其强大的渗透作用影响着工业发展，发挥着凝聚力、创造力和导向力的作用。制造强国建设是技术创新、匠艺精进的过程，不仅需要耐心和意志，还需要资源、科技、文化的共同支撑。2016年李克强总理在政府工作报告中提出"工匠精神"，一时间"工匠精神"成为社会热议的话题。大家一提工匠精神，一般都先想起德国、日本等发达国家，殊不知，自古以来，工匠精神就是"中国气质"之一。

（1）工匠，是有工艺专长的匠人

工匠精神是工匠对自己生产的产品精雕细琢、精益求精，追求完美和极致的精神理念。工匠精神是工业文化中"工业精神"的一种重要表现形式，其内涵主要体现在：一是精益求精，注重细节，追求完美和极致；二是严谨，一丝不苟，不投机取巧；三是耐心，专注，坚持；四是专业，敬业。

中国自古就是一个具有创新传统和工匠精神的国度，有追求"精确"的传统，"差之毫厘，谬以千里"的说法就是例证。中国历来崇尚和尊重技术人才，

先秦的鲁班、李冰是以心灵手巧而成就事业的标杆人物；三国时期的"名巧"马钧虽不善言辞，却心灵手巧，擅长解决实际的技术难题；宋代的韩公廉成为将工匠传统与天算知识结合的工程师；明朝的宋应星，没能考中进士，却撰写出《天工开物》，被外国学者誉为"中国17世纪的工艺百科全书"，宋应星本人也被后人视为科学家。

（2）工匠精神内化于"德"

工匠精神以追求至善至美为价值导向，在工匠逐渐走向工业化的过程中，追求着工艺的完美，是真善美的统一。由于传统文化中对"德"的追求，美以善为基本标准。工匠精神之"德"亦在于尊师重道的师道精神，无论是传统的师徒模式或学徒模式，还是现代以高校、企业、研究机构为主要工业技术研究主体，都强调着对知识技术的关注和对技术人员的推崇。

（3）工匠精神凝结于"技"

工匠精神以"德"为风骨，以"技"为筋骨，追求着技术水平的保证和提升。首先，工匠精神包含在制造中坚持一丝不苟的精神，必须确保每个部件的质量。其次，它强调在创造中的精益求精。在长期的技术实践经验和对技术方法思考的基础上，对之前的技艺进行改良式创造，以得到"青出于蓝而胜于蓝"的效果。再次，知行合一的实践精神。工匠操持技术、制作器物和传授技艺，既包括对知识技能的掌握，也包括从技能到实践的转化。

（4）工匠精神外化为"物"

工匠精神不是理论的空话，其贯彻在工匠们精益求精的生产过程中，凝结在巧夺天工的精美产品上。浸润着工匠精神的工业产品，是物质价值的载体，更蕴含着技术和精神的传承。

中国古代各类手工匠人以精湛的技艺为社会创造价值，做出过不少重要的发明和创新，为中华文明的形成与繁荣做出了不可或缺的重要贡献。工匠们往往以打造精品为追求。例如，早在6 000多年前，中国人开始制作玉器，朱熹对《论语·学而》中的"如琢如磨"做了注解，他说："治玉石者，既琢之而复磨之；治之已精，而益求其精也。"这是中国思想家对工匠精神的精彩解说。

其实，在工业化早期阶段，德国生产的产品根本谈不上精致。德国人到英国展出产品,被要求标注"Made in Germany",相当于劣等产品的标签。这种标注产地的做法给德国人以很大刺激,他们立志要摘掉劣等产品的帽子,经过上百年努力才后来居上。曾几何时,"东洋货"也曾是劣质产品的代名词,现在日本产品却大都是世界精品。

精品的产出,当然需要制度作保障。中国很早就形成了标注制造者姓名的制度。人们都知道,秦始皇统一了度量衡,为控制产品质量、推行标准化生产奠定了基础。事实上,在秦始皇统一中国之前,秦国就实行了"物勒工名"制度。这种制度就是,要求器物的制造者把自己的名字刻在自己制作的产品上,以方便管理者检验产品质量、考核工匠的技艺。《秦律》中也有许多具体的惩罚规定。秦代制器,不仅要刻上工匠之名,还要刻上督造者和主造者之名,以便逐级追查产品质量的责任人。如果不刻写名字就要被罚款,做得好的,也有具体的奖励办法。由于有这样的制度,我们就不难理解,为什么秦朝能够制造出精湛的铜车马、兵马俑等艺术品了。

在中国历史上,工匠制度的传承发展,渐渐形成了特有的工匠文化和工匠理念,对工匠的行为有很强的约束力。以杆秤制作为例,工匠们相信:每个秤星代表北斗七星、福禄寿等,如果所造的秤亏顾客一两,制秤人就折寿一年。瓷器工匠也是如此,官窑(如龙泉窑)生产的好产品呈给皇家,出现次品就要砸掉。陶瓷界有实力的厂家都坚守一个传统:仿品不能当正品出售。

正是有"精益求精"的精神、有制度作保证,中国历朝历代才能不断产出名扬四海的精品,如玉器、青铜器、瓷器、丝绸等,铸就东方文明古国的灿烂文化。

现在,工匠精神之所以成为全社会广泛关注的热点话题,是因为它切中时弊、符合时需。在当代中国产业界和其他行业都应当弘扬或者说找回中国工匠"精益求精"的精神,全社会也要尊重能工巧匠的创造力和贡献。提倡工匠精神,并不是把每个人都培养成工匠,也不是让每个人都体验一下某种工艺形式,而是在学习、工作或生活中,选择一种或多种形式的媒介,让人们体会"匠心"感受,培养"严谨、敬业"的思想,去除浮躁心理和急功近利思维。在"工匠精神"技艺方面的切入点上,可采用某种普及面广、简便易行的方式推广,例如木作加工、竹制品创新、印染技术体验等，都有良好的群众基础和发展潜力。

我们可以进一步思考工匠精神是否就等同于传统手工艺，是否就只能由传统的装饰元素承载。在我们推广工匠精神的过程中总会提到一些具有这一精神特质的国家或民族，比如德国和日本。这两个国家都属于严谨、细致、耐心的，但呈现的方式各有不同。日本向来以其一系列国宝级的手工艺和传承为世人所熟知，同时，日本的设计也具备了淳朴、细腻、感人的特性。但这些具有工匠精神属性的特点并不只是体现在出自日本工匠之手的传统工艺产品中，也同样能从由工厂生产出来的产品上感受到。德国在这一方面更加显著。虽然德国是西方现代设计历史上的中心之一，并一向以制造业著称，但不同于日本的是，德国在当今被我们津津乐道的制造项目，基本上是在近现代逐渐积累起来的。这并不是一个聚集了大量传统手工艺匠人的国度，但这不能让我们否认德国设计所具有的工匠精神。因为工匠精神不仅存在于手工艺人身上，而且注入在整个设计过程中的极致认真的态度和造物时的非凡耐心，以及支撑这两方面的足够的智力。

4.3.2 工业文化

工业文化存在于工业主体的心理结构中，凝结于工业主体的心理活动中，它以意识、观念等各种精神现象的形态对人产生作用。这种内化于人的心理之中，进而形成的价值观念是工业文化价值的主观形态。工业文化从工业文明中孕育，从工业革命中发展而来，它是客观存在的生产力发展的产物，同时，工业文化的功能主要来自其对生产力以及在此基础上对生产关系的作用，工业文化功能作用的发挥是工业文化价值的来源，因此，工业文化价值的来源具有客观性。

工业文化的内涵十分丰富，涉及的领域也非常广泛，不仅包括人类社会在工业进化过程中不断积累下来的物质财富，也包括制度文明、精神文明等非物质财富。在工业文化形成、传播、发展的过程中，工业文化通过物质环境、精神产品、文化活动、政府、企业等不同类型的载体，发挥着引导和保障工业生产活动的作用。从文化性质来看，工业物质文化、工业制度文化、工业精神文化是工业文化存在的三种形式，也是构成工业文化结构的要素。工业制度文化反映了工业生产过程中人与人、人与物、人与生产的关系。工业精神文化由人类在工业生产实践和意识活动中长期育化出来的价值观念等因素所构成，是工业文化整体的核心部分。

校园文化引领、支撑着高校的发展，为高校思想建设提供着根基和保障，因此我国高校普遍十分重视校园文化的建设。在理工科高校中，校园文化的建设除了要发挥出校园文化的一般导向、规范、激励、示范等作用，还应该结合工业发展的实际情况，将工业精神与工业文化引入大学生的校园生活中。

建设制造业强国的根本是人才，高等院校是人才培养的摇篮和科技研发的高地。纵观世界一流高等教育机构，美国既注重培养专业技术人才和大批创新人才，也注重以社区学院的模式培养中等层次工程技术人才。德国长期坚持并推行学校和企业"双元制"教育，突出教育的综合性、包容性和层次性，为"德国制造"培养了大批高素质的专业技术人才和技能人才。我国理工科高校责无旁贷地应该成为我国实现宏伟蓝图的强力推进器。

在理工科高校中，以院士、科技创新领军人才为代表的制造业高端人才队伍逐步形成，拥有国际领先的重点学科、实验室、工程中心等，在科技创新、重大项目攻关等方面发挥了重要作用。同时，在高校的理工科教育中，应当重视工业文化理念的传播，提升大学生工业文化素养，营造浓郁的工业文化氛围，才能够使大学生进入工作之后更好地服务于工业化发展，引领工业文化走向更高的台阶。

4.3.3 在课堂教学中渗透工业文化

课堂教学是高校传授知识的传统方式，在理工科专业中开设与工业文化相关的课程，拟定相应教学大纲，通过介绍工业发展史、传统工业文化、现代工业文化、当代企业文化等方面，拓展学生专业知识面，贯彻理工科人才培养发展战略，有层次地开展工业文化教育，让学生无形中系统地感知工业文化的内涵，感受工业文化的魅力。在理工科高校中还可以通过公共必修课的形式系统地进行工业文化理论体系的讲授，或者可以在思想政治课程中，将工业文化作为德育教育的内容，纳入思想政治课教学的核心内容，让学生充分了解"大国工匠""工业4.0"等国家相关的工业发展政策，深入了解国家工业发展的现状。根据不同专业的学科特点，以选修课的形式，开展工业文化的课堂教学，将工匠精神、工业产业等相关内容引进课堂，提高工业文化知识的传播效率。

高校教师不仅要通过"言传"为学生传播工业文化知识，使学生获得对工业文化的认同，还应该在平时的"身教"中，将工业文化的意识显现于教学过程中，体现在与学生直接交往的过程中，起到潜移默化的效果。教师是工业文化融入高校理工科教育的关键，提升教师的工业文化理论水平，一方面要求教师要重视工业文化在理工科教育过程中的作用，结合自身专业特点，通过宽厚丰富的专业知识积累，采取学科渗透的形式，从不同角度、不同侧面融入工业文化，开阔视野，更新观念，将工业文化观念引入专业教学过程中；另一方面，学校也应当多为教师创造学习工业文化知识、深化工业文化认识的机会，安排相关教师进行继续教育，如访学、学术研讨会、进修等方式，学习和借鉴国内外的先进经验，使其形成系统的工业文化价值观。没有合格的教育工作者的输入，高校工业文化水平就难以得到提高。

4.3.4　在社会实践中树立工业文化精神

为避免在实践过程中只注重学生的专业技能，忽视学生的职业道德素质培养的情况，高校可以邀请国内优秀的企业家、劳动模范、技能大师等高水平工业技术人才到学校，进课堂，与学生进行工作经验交流，利用企业的优秀文化对学生进行职业道德、职业素质教育，搭建工业文化建设交流平台，让学校和企业之间切实地产生联系，形成合作共赢的文化关系，使学生在融入企业文化的过程中体会到工业文化对工业发展的巨大作用，从而为企业输送合格的人才。高校还可以选择优秀的工业企业，建立校企合作的工业实习基地，通过学生的实习活动，了解企业文化，体验企业文化在企业生产过程中的作用，将理论知识与实际操作相结合，在实践中进一步了解企业文化的内涵，在实践中完成大学教育的育人机制，丰富当代学生思想政治教育的内容，将职业道德教育落到实处。高校不能固守于封闭办学，要抓住校企合作的契机，通过社会实践活动，将工业实践基地建设成为学生认识企业、了解职业发展的一个窗口。学生在加深对工业理论知识理解的同时，树立职业道德意识，在企业文化中，逐步培养学生敬业、艰苦奋斗和脚踏实地的职业道德精神，提高学生的就业能力和社会适应能力。

4.3.5 在校园开展工业文化主题活动

结合不同地域的工业发展实际,在理工科教育中融入学校所在区域的特色工业文化,通过主题展览和文化长廊的形式,将该地区的优秀工业文化引进校园,让理工科院校的师生们直观地感受到当地浓厚的工业文化气息,营造一种工业文化氛围,使工业文化成为理工科高校校园文化的组成部分。在工业文化主题展览的过程中,学生通过搜集工业发展史相关图片、实物,能够增强对工业文化相关知识的兴趣。在校园中的工业文化元素,能够起到宣传工业文化的效果。

理工科高校要成为我国迈入先进工业国的"创造源",担负起科技创新的重任,要紧紧围绕工业发展的关键领域和重点领域,面向国家战略需求与科学技术前沿,发挥学科优势,解决国家重大科技难题,打造协同创新平台基地,助推国家产业升级转型。同时,理工科高校应当注重复合型人才的培养,以满足智能制造的时代要求,真正实现跨学科、跨专业的复合型人才培养。

4.4 开拓创新塑造大学精神(高职特色文化)

4.4.1 中华人民共和国成立初期的职业教育价值观

(1) 1949—1960 年职业学校发展迅速

中华人民共和国成立后,国家处于内外交困状态,国内外敌对势力都在敌视新生的国家政权。为了巩固政权,中国共产党领导人民开展了不同形式的政治运动,政治一直主导着社会发展的所有领域。中华人民共和国成立初期,我国的各类工业大多处于空白状态,经济建设虽然也需要技术工人,但政权稳定更为迫切。所以,为了解决城市的就业问题保持社会稳定,国家开始创办技工学校,主要目的是为旧社会遗留下来的大批失业工人解决就业问题。直到 1953 年我国实施第一个五年计划之后,技工学校才进入了新的发展时期。但遗憾的是,由于特殊时期的思想和认识问题,后来又提出了"无产阶级和资产阶级的矛盾、社会主义道路和资本主义道路的矛盾,是当前我国社会的主要矛盾",从而又重新走上了"以阶级斗争为纲"的发展轨道,阶级斗争仍然居于重要地位。1958 年 9 月 19 日下发的《中共中央国务院关于教育工作的指示》,明确提出"党的教育工作方针,是教育为无产阶级的政治服务。教育与生产劳动结合"。刘少奇提出了"两种劳动制度和两种教育制度"的设想,并解释了其存在的合理性:"半工半读问题是从中国条件、中国特点提出的。"因此,开始大量发展业余的文化技术学校和半工半读学校及农业中学,中等职业教育得到了迅猛的发展。1950—1960 年,技工学校从 3 所增加到 400 所,学生从 3 600 人猛增到 18.3 万人;中等技术学校从 500 所增加到 871 所,学生从 9.8 万人增加到 39.2 万人。但由于教育超出了当时国民经济发展的水平和需要,也违背了教育规律,加上"左"的政治倾向的影响,不仅教育质量难以得到保证,而且造成了严重的就业问题。

(2) 1961 年以后职业教育进入稳定发展阶段

1961 年 1 月召开的中共中央八届九中全会提出了"调整、巩固、充实、提高"的八字方针,对教育事业进行了调整和压缩,特别是对中等专业学校和半工半读农业中学进行了大规模调整,工矿企业的技工学校大部分停办。"文化大革命"开始后,我国社会进入了"宁要社会主义的草,不要资本主义的苗"的年代,教育包括职业教育几乎被摧残殆尽,成为政治的牺牲品。从这一时期职业教育发展的历程可以明显看出,发展职业教育虽然直接服务于经济建设,但最根本的目的在于满足政治的需要,职业教育的命运同政治休戚相关,兴衰成败取决于政治需要,表现出了强烈的政治驱动特征。同时,教育界根据马克思关于人的全面发展的学说,提出"教育要培养全面发展的人"这一提法主要也是从社会的角度来认识的。毛泽东提出的社会主义教育方针,即"使受教育者在德育、智育、体育几个方面都得到发展",是中华人民共和国成立后第一次提出要培养全面发展的人。

4.4.2 改革开放后我国的职业教育价值观

(1) 改革开放后我国职业教育的发展

①1985 年以前职业教育在恢复中发展。在中国经历十年浩劫之后,党的十一届三中全会拨乱反正,把党和国家的工作重心从以阶级斗争为纲转移到了以经

济建设为中心的正确轨道上来。面对千疮百孔的残局，邓小平同志高瞻远瞩，明确提出把科学和教育作为发展经济、建设现代化强国的先导。邓小平认为，职业教育、劳动者素质、综合国力水平及经济发展相互联系，职业教育水平在很大程度上决定着劳动者的整体素质水平。劳动者的整体素质水平又很大程度上决定着国民经济生产和服务的总体水平，决定着科学技术转化为现实生产力的程度。它肩负着提高千百万劳动者的素质，培养大批熟练工人、技术人员和管理人员的任务。对此邓小平曾深刻地指出："我们国家国力的强弱、经济发展后劲的大小，越来越取决于劳动者的素质，取决于知识分子的数量和质量。一个十亿人口的大国，教育搞上去了，人才资源的巨大优势是任何国家比不了的。"职业教育也在恢复中发展，在调整中提高。邓小平早在1978年4月的全国教育工作会议上就强调，要"扩大农业中学、各种中等专业学校、技工学校的比例"。1980年国务院批转教育部、国家劳动总局《关于中等教育结构的报告》，1982年党的第十二大特别提到要"加强中等职业教育"。

②1985年至90年代中期职业教育得到大力发展。20世纪80年代中期至90年代前期，中等职业技术教育出现繁荣局面，中等教育调整取得明显成效，中国职业技术教育进入了新的发展阶段。中国现代职业技术教育理论研究也进入了蓬勃发展的新阶段。1985年《中共中央关于教育体制改革的决定》中系统地做出了"调整中等教育结构。大力发展职业技术教育"的指示。1986年、1991年、1996年分别召开了全国职业教育工作会议；1991年国务院发出《关于大力发展职业技术教育的决定》；1996年，《中华人民共和国职业教育法》正式颁布实行。国家对职业教育的推动力度是史无前例的，在国际上也属罕见，职业教育事业也获得了空前的发展。

③90年代中后期职业教育招生数出现"滑坡"。1999年为扩大高等教育规模，高校普遍开始扩招，当年一次就扩招52万人，相当于当年一下子共办了50所万人大学，其后的两年又连续扩招，使2000年普通高校招生达200.6万人。2001年又招生250万人以上，高等学校在校生比1998年翻了一番。普通高校招生规模扩大，抢走了高职高专的一大部分生源；加之许多重点和普通本科高校大力发展本科成人教育，包括本科函授、自考、电大等，许多学生宁愿一步到位上这样的本科，也不

愿到高职读大专，这样又抢走了一部分生源，使高职院校生源不足。

（2）改革开放后的职业教育价值观

①满足经济发展需要的职业教育价值观。这一时期是我国经济和社会发生深刻变革的历史时期，由于经济建设对人才的渴求和人们压抑已久的创造性与工作热情得到激发，接受职业教育成为人们满足教育需求和参与经济建设的重要途径和手段，加上乡镇企业异军突起，特别是我国"经济体制由有计划的商品经济向社会主义市场经济转变，经济增长方式由粗放型向集约型转变"两个根本性转变的实施，为中等职业教育发展提供了良好的社会环境和人才需求基础。另外，在人才培养目标方面，1985年中共中央《关于教育体制改革的决定》指出：社会主义建设的宏伟任务，要求我们培养出各级各类合格人才，而"所有这些人才都应该有理想、有道德、有文化、有纪律，热爱社会主义祖国和社会主义事业，具有为国家富强和人民富裕而艰苦奋斗的献身精神，都应该不断追求新知。具有实事求是、独立思考、勇于创造的科学精神"。对人才素质的新要求也体现了新时期的职业教育价值观注重人的发展。

②功利主义的职业教育价值观。20世纪后半叶，激烈的国际竞争使市场逻辑成为国家政策教育由政治意识形态的工具转变为经济发展和国家竞争力的工具。到20世纪末教育产业化成为大势所趋，教育政策成为经济政策的一部分，不但教育适应和服务于经济建设的目标更为明确，教育本身甚至被当作一个产业。1999年高等学校扩大招生规模，目的之一就是希望以此刺激疲软的消费市场，拉动经济增长。高等职业教育作为与经济发展水平、劳动力培养、人力资源供给密切相关的重要组成部分，市场经济逻辑对高职教育的影响尤为明显。这段时间，国家大力发展高等职业教育的主要目的之一，就是满足社会对产业工人和生产管理人才需求和缓解就业压力。大力发展高等职业教育是缓解就业压力的有效手段，就业是高等职业教育的龙头。就业率是高等职业教育的生命线，在失业问题比较严峻的情况下，为缓解劳动力市场的就业压力，避免高失业率带来的大量的社会问题，大力发展高等职业教育是解决这一问题的有效手段。职业教育不仅为我国培养了大批实用型的产业技术工人和生产管理人才，而且在就业不充分的情况下，延缓了劳动力的初就业时间。从这里可以看出，推动高职教育大力发

展的动力是国家的经济发展状况对生产、建设、服务、管理第一线技术应用人才的需求和当时就业形势不乐观。国家的宏观人才战略影响了教育的价值和教育功能，其主要指向是教育的外在功能——满足社会对产业工人和生产管理人才需求和缓解当前就业压力。高等职业教育成为主要是满足社会"人力资源"需求的一种教育，其教育的工具价值尤为明显，而如何在高职教育中兼顾教育的工具性的同时提升和满足个人的可持续发展，这一极为重要的教育功能没有得到应有的发挥。

（3）21世纪初的职业教育价值观

①21世纪初我国职业教育发展概况。这一时期社会发展的核心是构建和谐社会，因为以经济建设为中心的改革思路和发展策略使我国取得了巨大的成就。国民经济保持快速增长，经济实力、综合国力和国际竞争力不断上升，人民群众的生活水平有了较大程度的提高。但是在发展经济的同时也产生了一些不可忽视的社会问题，如经济和社会发展地区不平衡性加剧，农村剩余劳动力转移问题等日益突出，严重的技能型人才短缺成为制约经济发展的"瓶颈"。在这种形势下，国家提出了科学发展观与构建和谐社会的目标，我国开始步入了全局性、可持续发展与和谐社会构建阶段。"以人为本"与"可持续发展"成为我国进入21世纪以后的重要战略手段和目标。为了建设和谐社会，保证国家经济和社会发展目标的顺利达成，国家发展职业教育的呼声空前高涨，职业教育的认识得到深化，地位得到提升，功能也得到拓展。在进入21世纪的短短5年内，连续召开了三次全国职业教育工作会议。2002年，国务院召开了全国职业教育工作会议，印发了《国务院关于大力推进职业教育改革与发展的决定》，提出"推进职业教育的改革与发展是实施科教兴国战略、促进经济和社会可持续发展、提高国际竞争力的重要途径，是调整经济结构、提高劳动者素质、加快人力资源开发的必然要求，是拓宽就业渠道、促进劳动就业和再就业的重要举措"，明确了职业教育的时代特征和任务。2004年，经国务院批准，教育部等七部门在南京再次召开全国职业教育工作会议，印发了《教育部等七部门关于进一步加强职业教育工作的若干意见》，对推进职业教育在新形势下快速持续健康发展提出了一系列政策措施。2005年11月，国务院又一次召开了全国职业教育工作会议，并做出了

《国务院关于大力发展职业教育的决定》，进一步明确提出："大力发展职业教育，加快人力资源开发是落实科教兴国战略和人才强国战略、推进我国走新型工业化道路、解决'三农'问题、促进就业再就业的重大举措；是全面提高国民素质，把我国巨大人口压力转化为人力资源优势，提升我国综合国力，构建和谐社会的重要途径；是贯彻党的教育方针，遵循教育规律，实现教育事业全面协调可持续发展的必然要求。"很明显，对职业教育在认识上有了提升，措施上也得到了加强。中央财政在"十一五"期间专项拨款 140 亿元用于发展职业教育．并于 2007 年实现了招生 800 万人，与普通高中招生基本相当。同时在功能上有了拓展，在发展方式上开始遵循教育规律，在目标上追求整体教育的和谐，并全方位为建设和谐社会服务。

②21 世纪人文主义的职业教育价值观。

a. 职业教育促进人的全面发展的价值观。长期以来，人们更多地强调职业教育为经济服务的社会功能，而没有提其作为一种教育活动的最核心职能——促进人的发展。进入 21 世纪，职业教育最终回到了"人"的价值观。职业技术教育同其他教育一样，是实现人的全面发展的一个具体的发展形式。首先，人的全面发展以人在不同经验方式中的发展为前提。职业技术教育通过精心组织各种教学、实践活动，为学生提供一个个具体的经验方式使之实现人的发展。其次，职业技术教育符合马克思提出的通过教育同生产劳动相结合来实现人的发展的原则。职业技术教育以职业生活为中心来组织教育教学工作，不囿于课堂、书本，而是既传授生产知识发展学生智力，又注重生产技能训练增强学生的体力，并有效地将两者在实践环节中融合起来．形成学生的综合职业能力。最后，职业技术教育在一般发展的基础上以每个个体的重点发展为出发点，充分尊重个人的选择自由，更有针对性地开发出个体的潜能资源，使人真正成为自身的主人。

b. 职业教育以人为本的价值观。胡锦涛总书记 2004 年 3 月 10 日在中央人口资源环境工作座谈会上的讲话中指出："树立和落实科学发展观，必须在经济发展的基础上推动社会全面进步和人的全面发展。"因此，在教育领域弘扬科学发展观、倡导教育"以人为本"的时代背景下，厘清"人"在职业教育中的应有意义、确立"以人为本"的职业教育，对推进职业教育具有重要意义。2006 年，国务院总理温家宝在教育工作座谈会谈道："大力发展职业教育，既是经济发展的需要，也是促进社会公平的需要，既面向经济，又立足以人为本，为提高全民素质服务。"因此。职业教育必须"以人为本"，注重人的职业性发展与全面发展的统一，走出把学生培养成单一的优良"工具人"或"机器人"的目标误区。以人的职业能力的终身发展与职业相联系的人的整体发展为着眼点进行目标定位，不仅要注意某一职业或岗位的专业技能和能力的培养，而且要注重学生职业适应能力、职业发展能力以及职业活动中的创造能力和解决问题能力的发展。

c. 职业教育实现人的可持续发展的价值观。职业教育要实现人的可持续发展与科学发展观中倡导的人的全面发展在本质上是一致的。职业教育培养的人才，既能适应当时社会的需要，满足个人发展的需要，又能保证身心充分、有序、协调发展，以保持全面、长久的发展能力，保证其在适应当时社会的同时，也为适应未来社会奠定可持续发展的基础。职业教育必须把人自身潜在的有利于发展的因素充分发掘出来，并使之逐步扩展、充实和完善，不断注入新的活力，使之全面、充分、和谐发展。因此，新时期职业教育的内涵应理解为：职业教育的功能开始从单纯的经济工具教育向人的全面发展教育转化。职业教育是以教育为方法、以职业为中介，实现个体生命开发的全面性和发展的可持续性，进而促进经济和社会的可持续发展的教育。

4.4.3 国外的职业教育特色

（1）国外职业教育的概况

美国、德国的教育体系十分完备，大体上可分为基础教育、职业教育、高等教育和进修教育四大类，而且各类教育体系的通道相互贯通。职业教育在整个教育体系中占有重要地位，是学生升学就业的主要渠道。他们的人才培养从3岁幼儿园教育开始，6岁进入小学，小学是四年制义务教育，小学毕业后可升往高小或初中，进行第一次分流，但都是接受基础教育。在基础教育结束后，学生可以从普通学校转入职业学校。如果是小学毕业后升入高小的，高小读5年毕业后的就业机会并不大，如想就业，仍然需要接受职业教育。初中读6年毕业后，可有多种渠道进入职业学校，接受为期2~3年的商业、技术和手工职业的职前培训，之后便可成为商业工业和手工业的中层职员,就业机会较大,并且以后还会有进修发展和个人开业或执业的机会。如果初中毕业后有进高等院校学习的意愿,也可通过两年左右的文化学习获得高等教育学习资格。初中毕业后的第二次分流,是根据不同职业的要求和学生及家长的意愿而定的。较高层次的职业教育(包括企业及其他各类职业教育机构的培训),必须以接受过较低层次的职前教育(培训)为基础,并应有一定的职业实践经验。经过职业教育(培训)的人员,既可利用已经学到的知识和技能,长期从事相应的职业,也可接受更高层次的职业教育;方法多种多样,既可以利用夜校进行培训学习,也可以是有了一定职业技能基础后的继续教育培训性质的脱产或半脱产培训学习,时间可因人而异灵活安排。职业教育的各个层次以及它们与基础教育之间,可以交叉和相互沟通,形成网络。他们的职业教育几乎是免费的,费用一般由政府和企业承担。正是这种经费来源和招生制度的统一,使得学校、培训中心无后顾之忧,从而激发其办学的积极性及使命感,因此他们职业教育的质量较高。

(2) 国外职业教育的特色

①德国职业教育的特色。

a. 独具特色的"双元制"管理体制与教学模式。"双元制"(也称双轨制)职业教育制度是德国职业教育的主要形式。所谓"双元制"职业教育模式是一种企业(通常是私营的)与非全日制职业学校(通常是公立的)合作进行职业教育的模式。这种模式采取由政府对职业教育进行宏观管理,各行业主管部门自治管理,生产单位组织和实施的三级负责制。"双元制"教学模式中的"一元"为企业,另"一元"为职业学校,其主要内容是:培养一名合格的实用人才,必须通过企业和职业学校两大系统的密切合作来进行。学生既在职业学校中接受职业的专业理论和文化知识教育,又要在企业中接受职业技能的专业知识培训。受培训者与企业签订培训合同后,以学徒身份在企业里接受职业技能方面的培训,同时获得职业学校的学生身份,在职业学校里接受专业理论和普通文化知识教育。学生在企业和学校的一般时间比为3∶2或4∶1。"双元制"职业教育模式的"双元"特性,还体现在两种不同的法律依据和两个不同的主管单位上。企业的职业培训作为经济方面的事务由联邦政府主管,主要遵守联邦政府颁布的

《联邦职业教育法》,而职业学校的教学则由各州来管理,受到州颁布的学校法的约束。

"双元制"职业教育模式的优点在于:一是理论与实践相结合,有利于职业培训质量的提高;二是充分调动了企业办学的积极性,使企业的各种资源得到充分利用,提高了职业培训效率。在德国的各类职业教育培训当中,"双元制"培训的比例要占到75%,进入职业学校也就意味着接受了"双元制"培训。"双元制"的作用是给学生以从事职业所需的知识和技能,是打基础性质的,将来他们无论从事哪一个层次的职业,都必须以经过"双元制"职业教育为必要条件。

b. 企业在职业教育中发挥了重要作用。这主要表现在以下几点:一是企业为职业训练提供场所。大企业都建有教学训练车间,小企业因资金、师资等条件所限,几家企业联合建立综合培训中心,为职业训练服务。供训练用的实验设备的先进程度与企业实际应用的设备处于同一技术水平。二是企业承担了少量课堂教学任务,以弥补职业学校因课时和师资等方面的限制而形成的不足。三是企业为职业训练提供详细的实习教学计划。四是企业为职业训练提供精通业务、受过良好职业训练、责任感强的实训教师。

c. 用法律来保证职业教育的管理和运行。德国坚持依法治教,颁布了许多职教法规,形成了一套内容丰富、互相衔接、便于操作的法律体系,有力地促进了职业教育的发展。1969年德国颁布了《职业教育法》,它包括上岗前和上岗后培训(转岗培训)的规定,对培训企业和受培训者的关系、双方的权利和义务的规定,对培训机构与人员资格的规定,对实施培训条例的监督和考试的规定,对职业教育的组织管理和职业教育研究的规定等。《职业教育法》对德国的职业教育起了极大的推动和促进作用。此后,德国又相继出台了与之相配套的法律法规。此外,各部门、行业、地方也相继出台了相关条例或实施办法。因此,德国职业教育在学校名称、培养目标、专业设置、学制长短、办学条件、经费来源、教师资格、教师进修、考试办法、管理制度等方面,都有明确而具体的要求;同时还设立了一套包括立法监督、司法监督、行政监督、社会监督在内的职业教育实施监督系统。这样使职业教育真正做到了有法可依、依法治教、违法必究,以法律形式完善了职业教育的管理和运行,促进了职业教育健康有序的发展。

d. 高度重视从事职业教育的师资队伍建设。德国建立了一套比较严格的制度来规范从事职业教育的教师的标准，比如对教师学历和资历、专业与职位的结合、教师本身的培训与进修、品德和技能的示范作用、严格的考核制度等方面，都做了详细的规定。与此同时，也十分注意教师的物质生活待遇。进门难、要求严、待遇高是德国职业教育师资队伍建设的主要特点。通过激烈的竞争，德国的职业教育教师大都具有良好的品质、广博的知识、精湛的技能、快捷的效率。德国职业学校理论课教师最低学历为大学本科（有的学校教师中有博士学位的占50%），至少有两年从事本专业实际工作的经验，经过两次国家考试合格，到学校任教还需两年试用期，两年试用合格后，政府终身雇用，享受公务员待遇，免交社会保险，年收入为 5 万~10 万马克。

e. 严格的考核制度是德国职业教育教学质量的有力保障。德国职业教育考试分为中间考试和结业考试两种，从考试内容上分为书面考试和实际操作技能考核两部分。中间考试也叫中期考试，在一年到一年半时进行，主要目的是通过考查学徒工的培训成绩来检查企业培训计划的落实程度。没有中间考试成绩者不得参加结业考试。中间考试和结业考试都按全国统一要求在统一时间内进行。考试由经济界的自治机构（工商会、手工业会）以及类似的单位组成的考试委员会主持进行，委员会的成员包括企业雇主与雇员的代表及职业学校教师。经考试委员会审核同意后发给结业证书。考试一般安排 4~6 个小时。如考试通不过，学生就不能从事所学行业的工作，须来年再参加一次考试。这种教考分离的考核办法和严格统一的管理机制，使德国职业教育教学质量得到了保障。

②美国职业教育的特色。

a. 职业教育标准体系的建立。构建标准体系是美国职业教育政策的重要组成部分，2006 年《珀金斯法案Ⅳ》的出台把其推到了一个新的水平。通过构建标准体系，美国职业教育教学质量得以提高，职业课程逐步获得了与学术课程同等的地位，学生更容易进行学习与就业流动。经过长期实践，美国在标准体系的构建方面积累了重要经验。相比之下，尽管近年来我国政府越来越重视发展职业教育，并投入了大量经费，然而我们的政策重心主要还是放在了实训基地建设、师资培训等所谓基础能力建设上，而标准体系的构建并没有受到足够关注。

b. 融入全民教育与终身教育思想，拓展职业教育服务对象。从职业教育服务对象而言，美国职业教育体系发展分为两条脉络：一是在横向上，职业教育逐渐"面向人人"，逐步倡导职业教育全民化；二是在纵向上，职业教育愈来愈重视个体生涯发展。一方面，美国职业教育体系发展过程就是职业教育培养对象从特定群体扩展到全民的过程。全民教育认为人人都有受教育的权利，主张教育要满足所有的人的基本学习需要。另一方面，美国职业教育体系的发展昭示着职业教育服务于个人终身发展的发展路向。在美国职业教育体系建立之初，职业教育主要是培养适合岗位工作的技术人才，属于终结性教育。

c. 强化职业教育立法质量意识，推进职业教育体系制度化。通过加强职业教育立法，推动职业教育发展，是美国职业教育体系建设最有力的举措，最成功的经验。从某种意义上说，一部美国职业教育体系的发展史就是一部职业教育法制史。《莫雷尔法案》出现的赠地学院"把高等教育从象牙塔中解放出来，开创了在高等教育中实施职业教育的先河"，赠地学院是美国人的创举，它是对欧洲大学模式的一种扬弃和创新。

d. 依据产业需求调整职教功能，促进职教与产业协同发展。在美国职业教育体系建设中，特别重视根据国家产业发展情况，适时调整职业教育功能，促使职业教育与产业发展相协调。现以美国高等职业教育发展为例，进行举证说明：美国高等职业教育发展分为三大阶段：第一阶段以赠地学院为代表；第二阶段以初级学院为代表；第三阶段以社区学院为代表。从历史上看，赠地学院、初级学院和社区学院是美国高等职业教育主体，也代表着美国职业教育发展的整体趋向。

4.4.4 国外职业教育对我国职业教育的启示

(1) 德国职业教育对我国职业教育的启示

①合理分流，因材施教，大力发展职业教育。在我国，由于长期受"重知识轻技术、重脑力轻体力"观念思想的影响，我们的社会、家长包括学生在内普遍还存在对职业技术教育认识上的偏见，觉得就读于职业技术学校、技术工种从业人员低人一等，是由于不能上普通大学而没办法的无奈选择，因此造成职业学校

招生较为困难，学生与家长求学的积极性不高，从而出现了一方面一般大学毕业生就业难，而社会奇缺的实用技术人才又出现很大缺口的现象。社会上人们普遍存在的观念和外部环境制约了职业教育的正常发展，因此，对学生生源进行合理分流，因材施教，大力发展职业教育，是改变目前人才培养模式单一化倾向严重的有效措施和方法。这需要整个社会观念的转变、教育结构的调整、人才培养观更新等全方位的共同努力。大力发展职业教育符合社会对人才的多层次、全方位需求的特点，能够更好地满足建设有中国特色社会主义事业对人才的需要。我们在职业教育中要明确办学的定位和人才培养的目标，在改变我们的办学理念、人才观和教育体制等方面多下功夫，采取有效的措施。

②校企联合办学，加强理论与实践的结合，发挥企业的重要作用。加强校企联合是随着时代发展，实施职业教育的一种重要形式，它可以进一步密切职业教育与劳动力市场的关系。因此，要把学生培养成为实用型的人才，就必须实行校企联合办学，突出实践性教学环节，加强学生动手能力的训练和培养。校企双方应努力加强对话，学校应主动采取行动，积极满足产业界的需要。企业和学校应当完善与校企合作有关的各项制度，建立完备的交流基础。政府应出台相关的政策法规进行保障和监督。

从德国的职业教育模式中我们可以总结出以下几条措施：首先，提高对职业技术教育的重视程度，加强立法，法律要明确规定企业参与职业教育是应尽职责；其次，学校要及时了解企业的新产品、新工艺，了解企业对人才需求的变化，及时调整和更新教学内容；再次，要聘请企业或行业骨干参与学校的教学改革、质量评估等工作，使学校的课程设置、教学内容、实践训练都能基本符合企业的实际需要；最后，要充分利用企业设备新、设备全和生产经验丰富的优势，在企业建立稳定的实习基地。

③加强职业教育师资队伍建设，使职业院校的教师向"双师型"迈进。德国的职业教师接受过上讲台前的专业培训，而且有一部分教师本身就是专业技术人员或者专家，因此，他们无论讲授理论还是指导实践，总能轻松自如，得心应手。大力培养和培训教师的实践能力和专业技能，是职业院校适应需要、满足要求的努力目标，因此要努力做到：一是鼓励教师继续深造或者读第二学历；二是

继续有计划按比例选派教师按专业对口到企业或学校进行实践能力提高和专业技能培养；三是在原来已建立联系的培训点的基础上，继续努力拓展和建立新的可供教师定期进行的培训点，从而逐步使专业教师既具有教学开发能力，又具有产业开发能力，使教师队伍向"双师型"目标迈进。

④建立有效的考核与监督体系。由于我国的职业教育大多还是由学校单方面独立负责和关门办学，因此考核的方式和方法往往是以学校的要求为标准，与行业和企业的要求、与职业用人单位的实际要求相去甚远。因此，应该学习德国的做法，建立教学培训与考核相分离的考核办法，建立有行业和企业代表参加的考试委员会，以行业、企业的标准和要求制定考核标准，只有教学培训与考核分离才能够客观地监督检查教学和培训的结果。

(2) 美国职业教育对我国职业教育的启示

①确立标准构建在职业教育发展中的战略地位。我国正面临职业教育如何发展的重大战略决策，政府对发展职业教育显示了从未有过的重视，并大大增加了经费投入。然而我国职业教育的关键问题在哪里？应该重点发展什么？这是各界非常关注的问题。目前的关注点主要放在了内涵与质量、职业教育的吸引力等，正努力通过加强实训基地建设、教材建设、师资队伍建设，增强职业教育办学的基础能力。这些建设的确非常重要，然而其依据是什么呢？我们看到，因为缺乏明确的目的，实训基地购买了大量无用的设备；由于缺乏对标准的研究，教材质量在原地徘徊；由于没有依据，巨额经费与大量教师时间的投入，取得的只是和教师工作关联度不高的培训。如果有了标准，则能大大提高资源使用的效率。因此当前我国职业教育发展中最大的战略问题便是教育标准的构建。

②科学构建、系统规划我国职业教育标准体系。标准体系构建的重要前提是标准本身的科学性。虽然我国尚未形成国家层面统一的职业教育标准，但这并不意味着我国没有标准构建行动。劳动部门的国家职业标准开发，从教育部到学校的人才培养方案、教学大纲（课程标准）的编制，都可以看作为一种初级阶段的标准开发行动。但我国职业院校教师对待标准的态度和美国教师完全相反，他们普遍对标准并不感兴趣，因为他们深感这些标准内容粗糙，不仅对其教学没有什么指导价值，反而大大制约了他们的创造空间。可见，要构建标准体系，首先

要加强对标准的科学研究,而这正是当前我国所缺乏的。

③建立强有力的职业教育标准实施监控体系。职业教育标准开发困难,其实施更为困难。从美国经验看,为了促进实施,他们不仅设计了大量宣传、培训和辅导活动,更重要的是建立了非常严格的监控措施,就连教师的授课计划也要得到审批。我国可以借鉴这一经验。虽然这很可能会遭遇很多困难,但为了国家战略和长远发展,这是我们必须要做的。

第5章
创新发展　扬帆起航

文化是一个民族的根和魂,高校承担着文化传承与创新的崇高使命。作为一种类型教育,传承红色文化、弘扬工匠精神是新时代赋予高职院校的神圣职责。办学72年来,陕西工业职业技术学院始终坚持社会主义办学方向,扎根装备制造业行业沃土,深入推进"文化强校"战略,传承第一任校长王达成提出的"用革命的精神,创办革命的学校"的办学初心,优选萃取陕西红色文化和工业文化精髓,依托国家示范、国家优质和双高院校建设等项目,创新构建政府、行业、企业和学校"四方聚力",育人路径、行动机制、实践平台、协同架构和反馈体系"五维联动"的"红色匠心"文化育人模式,打造了高职特色文化育人品牌。

5.1　凝练文化育人理念

学校以立德树人为根本,紧扣"技术技能工人到大国工匠"的培养目标,传承"用革命的精神,创办革命的学校"的办学初心,四方聚力、多维联动,积淀形成了以"红色"作底色,以"工业"为灵魂,以"卓越"为境界,以"匠心"作特色的"红色匠心"校园文化。

学校与政行企紧密合作,依托校企协同育人战略联盟等四大平台,有计划、分步骤地推进党旗领航工程、文化艺术节、高雅艺术进校园、"三走进"活动、楼廊道路文化群建设等十大载体贯通互动,构建了体现历史传承、时代特征和学校特色的"红色匠心"校园文化。

5.2 强化文化育人主体

完善学校章程，明确办学宗旨，建立依法办学、自主管理、民主监督、社会参与的现代大学制度；加强和完善党委领导下的院长负责制，进一步明确党委会、院长办公会、学术委员会、教职工代表大会在学校发展与管理中的职责，提高学校的办学质量和效率，实现科学决策、规范管理；加强学校学术组织建设，充分发挥教授和各种学术团体在学校专业建设、学术研究和党政管理中的重要作用，实现教授治学、学术自由；完善教学科研、行政管理及服务等各类人员的竞聘、晋升、奖惩等激励机制，充分调动全体师生员工工作学习的积极性和主动性；制定管理办法，规范校园宣传、文化活动和文化经营活动，做到有章可循；推进阳光治校，实行党务公开、院务公开、处务公开，接受师生员工和社会的监督，使学校的各类规章制度内化为师生员工的自觉行动，为学校发展提供有力保障。

加强领导班子作风建设，改进思想作风，强化理论学习，密切联系群众，在师生中树立起良好的人格魅力和行为风范；坚持立德树人的要求，努力提高教师综合素质，培养教师求真务实、严谨细致的教学态度和淡泊名利、无私奉献的精神情怀，以自己的高尚师德、人格魅力和学识风范教育感染学生，争做教书育人的楷模；加强学生的文明行为养成教育，不断提高学生的思想道德水平，培养学生爱校荣校的情感，帮助学生养成良好的行为方式和行为习惯，把学生的个性发展与全面发展紧密结合，实现德智体美相互促进和有机融合，使其成长为合格建设者和可靠接班人；要精心设计、认真组织好开学典礼、毕业典礼、奖学金颁发仪式等具有特殊教育意义的活动，激励学生勤奋向上、求实创新。在管理和服务人员中，倡导"管理育人、服务育人"的理念，培养爱岗敬业、高度负责的职业精神，养成公道办事、热情服务、讲求效率的工作作风。

物质文化是学校精神文化存在的物质基础，其存在形式包括专业建设、校园环境、人文景观、教学设施、各种办学条件等。一是着力建设结构合理、特色鲜明的专业群和人才培养模式,改善办学条件;二是加强校园基础设施建设,建设教职工活动中心和大学生活动中心,发挥文艺、体育、科技活动场所文化育人的功能,打造健康高雅的楼宇、场馆、道路文化,营造积极向上的景观文化,使劳动美、人文美、艺术美、自然美相协调,增强师生员工对文化环境的认同感;三是重视整合社会资源,争取将公益性的文化场馆设施建在校园,积极探索双向受益、合作共赢的校园文化服务公益文化建设的机制和途径。

5.3　丰富文化育人内容

5.3.1　立德树人的精神文化

根据"传承与创新、多样与特色"并重的思路,形成并不断丰富了历经升格改制、示范建设、两校合并进程中锤炼孕育的艰苦奋斗、创业奉献的优良传统和追求卓越、争创一流的学校精神,并使之与校训、校风、校歌、教风、学风等精神符号成为涵养广大师生的文化基因。配套实施校园精神文化"五好工程",即一批好课程、一组好作品、一套好书籍、一类好平台、一片好风气。建设了以教育部精品课程"美育与音乐鉴赏"为代表的素质教育必修课程 5 门,培育了以全国第五届大学生艺术展演一等奖《情系梁家河》为代表的省级艺术作品 21 项,出版了以《美育与大学生艺术素养》为代表的育人书籍 5 本,搭建了一类以"立德树人讲坛"为代表的精神文化平台 5 个,营造了一片以"三风"建设为核心的文明风气,学校荣获全国文明单位,创建了陕西工院独特的文化生态环境。

5.3.2　以生为本的制度文化

按照"以生为本"制度人格化的理念,以全省教育管办评分离改革试点单位、全国 27 所教学工作诊断与改进试点院校、全省高校章程制定试点院校为契机,在"一章八制"统领下,修订新的学校章程,以法律规制的形式厘清了组织架构、治校规范、权责关系、运行机制,确立了党委全面领导学校工作、院长负责行政工作、学术委员会和教学工作委员会行使学术权力助推教学工作、教代会民主监督学校管理工作。坚持按照价值引导、组织调控、文化互动、创新激励、舆情反馈五个方面的原则,修订或新订规章制度及规范性文件117项,构建起涵盖校园文化、思政工作、心理健康、养成管理、考核评价等一系列"于法周严、于事简便"的制度体系。建好、管好、用好违纪学生和表彰奖励学生2个信息库,形成奖优罚劣机制、动态调整机制,根据数据导向对相关学生号脉诊断,开出定制式"处方",实施一对一的教育指导,极大提升了教育管理服务的精准性。

5.3.3 形神兼备的行为文化

突出"理想教育与养成教育、重点教育与整体推进、外在管理与自我教育"相结合的方针,以加强和改进大学生思想政治教育为主线,坚持"抓活动、抓学习、抓骨干、抓社团、抓网络",形成理论学习制度化、团日活动常规化、主题教育系列化、实践教育阵地化、宣传服务信息化的"五抓五化,阶段分类式"言行塑造机制,着力打造出"三走进"(走进社会、走进企业、走进学生家庭)等10项精品文化活动,其中1项获得2017年"高职院校思想政治工作创新示范案例50强",3项入围省级辅导员精品项目,7项实践成果获评省级校园文化成果奖。实施"一院一品"工程,将知识学习、技能培养与人文素养、品德修养有机统一,培育出符合十个二级学院职业特质、岗位特点的十大专业文化,并以此为指引将其内涵外化为操行规范,强化学生的工匠精神、责任意识、价值观念,促进遵纪、守规、自律等优良习惯的养成。

5.3.4 活泼清新的媒介文化

顺应"互联网+"的时代要求,线上线下互融互动、相互贯通、相互转化,同步推行"六微"(微协会、微活动、微服务、微课堂、微论坛、微文化)计划,创建易班分站,推送陕西工院官微和团委官微,开办二级学院官微,链接陕西工院相关思政教育网站,新建心理健康教育与服务网络系统,开发移动图书馆APP应用程序,聚合构建"七位一体"的线上资源,集成打造"E"心网络第二课堂,真正使新兴媒介成为"校园文化发展的新形态""内外交流的新载体"

"学生发展的新平台""大学德育的新渠道""学校文化软实力的新拓展"。近年在"陕西大学生在线"综合评分连续名列前茅,获得"突出贡献奖",并连续8次荣获"十佳联络站"称号。学校、团委官方微博粉丝42 900多人,荣获"全国高校最受欢迎的百强校园媒体优秀校园媒体""中国职业院校新媒体百强院校"。

5.3.5 高雅暖心的物质文化

围绕"一个核心、四个维度"的整体布局,依托具有72年历史的建筑改造而成的校史馆,大力弘扬学校第一任校长王达成等老一辈革命先辈、建校前辈青蓝相继涵养积淀而成的创业奉献精神。立足空间布局、内化精神、功能设施、内外环境四个维度,1999年升格之初,在省内高校推出学校形象视觉识别系统工程,对校园文化诸因素从理念、行为和视觉上进行全方位的整合,通过无声文化标识突显学校形象;构建秦汉文化为根,革命文化为魂,统一与多样化有机结合,建成"仁义礼智信"国学广场、工业文化广场、同乐园广场,"工厂性"理实一体化教学楼群,汲取中国传统文化精粹命名校园建筑和道路,营造处处熏陶人的文化氛围,让师生内化于心、外化于行,不断增强价值认同、情感认同、使命认同。

5.3.6 相融相通的企业文化

遵循"跨界、融合、协作、共赢"的宗旨,牵头成立校企协同育人战略联盟,组建全国机械行业材料成型与控制技术职业教育集团、陕西装备制造职教集团,借助全国首批100所"现代学徒制"试点高职院校、全国集团化办学试点项目、全国首批"大国工匠进校园"试点职业院校,着力搭建育人共同体、利益统一体的资源共享平台,通力创设"润物细无声"的校企文化磁场,155家企业文化长廊和101名优秀校友风采展潜移默化,知名企业家、职业经理人开坛论道,杰出校友现身说教,企业文化精髓读本深受喜爱,曹晶等3个技能大师工作室应运而生,174个订单培养颇具规模,促使学生在校园文化、企业文化的双重浸润下成长成才,催生出"十大优秀毕业生""协同育人好师傅""协同育人好导师"三大育人品牌，日本欧姆龙、"亿滋中国"、宁波雅戈尔三大订单品牌，大国工匠进校园、校园展演进企业、技能竞赛月等三大活动品牌，6S管理模式、四双（双专业带头人、双骨干教师、双实训技师、双生活导师）管理模式、ISO管理模式等三大特色管理品牌。

5.4 优化文化育人路径

将"红色匠心"文化育人理念通过德智体美劳五个维度贯通到育人的全方位，通过线上线下结合、思政课与课程思政结合、教师引导与学生主动参与结合、学校教育与企业实践结合、制度约束与活动熏陶结合，实施"五心育人"工程，借助三观养成正心育德、借助大赛平台匠心育智、借助传统文化仁心育体、借助革命文化红心育美、借助社会实践润心育劳，构建"是非明、方向清、路子正"的育人格局。

5.4.1 实施分层教育，坚定培养理念——以先进文化导行

根据不同年级学生的特性，以立德树人为目标，学校构建了"WWH"分层递进培养机制，用"先进文化"引导学生言行：大一强调"What"，即"是什么"，强化学生的"感受认同"。通过主题班会、团日活动、党日活动等，引导学生学习并贯彻落实习近平新时代中国特色社会主义思想，帮助学生扣好人生的"第一粒扣子"。大二强调"Why"，即"为什么"，强化学生的"内化思索"。经过一年的学习与适应，引导学生对专业技能和工匠精神的领悟，帮助学生构建正确的价值标准和职业取向。大三强调"How"，即"怎样做"，强化学生的"外化践行"。经过两年的学习和实践，引导学生对未来职业、升学、工作等应该如何规划，从而有的放矢，让他们在实践中磨炼意志、增长才干、提升水平。

5.4.2 开展素质教育，强调技艺融合——用传统文化明理

按照"技术与艺术完美结合、智育与美育相融并进"的素质教育理念，学

校创新拓展了三类教育载体，将文化知识传承与文化实践创新有机结合。一是搭建一个平台。率先成立了美育部，将艺术教育纳入教学计划，面向全院学生开设"美育与音乐鉴赏""传统文化鉴赏""大学生礼仪美"等必修课程。二是丰富两个载体。一方面，通过美育系列讲座，开启音乐之门；另一方面以大学生艺术团为依托，定期举办民族音乐会、高雅艺术进校园、社团文化艺术节、大学生文化艺术节、宿舍文化艺术节、新生文化艺术节等，提升学生艺术素养、审美情趣、创新意识。

5.4.3 推进红心教育，打造三大平台——用革命文化立志

学校秉承20世纪50年代建校初期"用革命的精神，创办革命的学校"的思想积淀，打造三大实践平台。

搭建革命文化教育平台。依托思政课教学资源，将"红色革命文化"等选修课纳入人才培养方案，让学生在课堂、培训、讲座、研讨中，更加明确革命文化的时代内涵和价值定位。同时，学校深入挖掘办学传统中的红色基因，先后组建了校史志愿讲解团、开办《火种》电子刊物，让首任校长王达成等老一辈革命家的革命精神在校园里落地生根。

开创革命文化实践平台。学校依托17个爱国主义教育基地，以暑期"三下乡"活动为依托，通过走进革命根据地、纪念馆、博物馆、烈士陵园等地方，与老党员、战斗英雄、革命烈士后代进行交流后，让学生在实践中接受革命文化教育和熏陶，成为革命文化的忠实追随者与自觉继承者。

拓展革命文化服务平台。通过前两个平台的教育与学习，如何将所学知识应用于实践中，让革命精神永放光芒，这是值得探索的内容之一，因此学校充分利用建党日、国家公祭日、烈士纪念日等开展特色鲜明、吸引力强的主题和仪式教育，增强革命文化教育效果。同时，利用学生社团、校园广播、宣传栏和新媒体平台等展示革命文化，增进认知认同。

5.4.4 实施匠心教育，完善四项融合——以工匠文化精艺

依托牵头组建的校企协同育人战略联盟和行业职教集团，学校通过校企共育

人才、共建基地、共享资源，将工匠精神融入人才培养、将职业元素融入专业建设、将企业文化融入教学全过程、将企业环境融入学生日常管理，打造了具有职业特色的"四项融合"的工匠文化。

将工匠精神融入人才培养。通过举办优秀校友大讲堂、职业规划大赛、职业经理人讲座等，将崇尚劳动、敬业守信、精益求精、敢于创新的工匠精神引进校园，并结合学校办学历史和特色，搜集整理古今中外典型的工匠故事，细化出多个主题和类别，建立内容丰富、开放互动的"工匠故事资源库"，受到了学生的欢迎。

将职业元素融入专业建设。以企业需求导向专业建设规划，学校成立了由企业专家、技术骨干和专业带头人牵头的专业建设委员会，在教学改革、课程设置，教学内容等方面融入大量企业元素，校企双方合作确定培养目标、合作制定培养方案、合作打造教学团队、合作开发课程教材、合作实施双向管理、合作指导顶岗实习、合作开展订单培养、合作设立奖助学金、合作构建评价体系、合作跟踪职业发展，建立起了技术技能型人才培养机制，有效提升了学生的职业品德、职业能力、职业精神。

将企业文化融入教学过程。通过与欧姆龙、亿滋中国、京东方等国内外一流企业共建"订单班"，实施现代学徒制培养，学校将企业文化融入教育教学全过程，按企业标准强化学生职业能力、职业素质和职业精神教育，全力推进毕业生的零距离就业。毕业生在就业前就已经熟悉了企业的文化、产品性能、生产工艺流程、管理规章等，进入企业后可立即上岗工作，成为企业的技术骨干、管理中坚。

将企业环境融入学生日常管理。依托校企合作共建的"教、学、做"一体化实训中心，学校按照企业管理模式组织实习和实训环节，切实增强学生生产性的实践技能和整体职业素质，提升人才培养质量。同时，在学生日常教育管理中，学校出台《"6S"星级文明创建标准》，推行"6S星级管理"，将整理、整顿、清扫、清洁、素养、安全融入推广到学生的学习、生活之中，让学生在实践中养成良好的学习生活习惯，也锻炼了他们独立思考、解决问题的能力。

5.4.5 推进润心教育,营建多层体系——以文化活动强基

学校紧密结合办学历史、优良传统、发展理念、战略规划,凝练总结出"追求卓越、争创一流"的大学精神,并将其细化体现在学校的办学理念、校训校风、校歌校标上,寓于师生的日常教育管理中。

一是有效提升学校精神文化、制度文化、环境文化、行为文化建设水平,以文化建设塑造师生思想品格、提升人文修养、陶冶道德情操,使师生员工在日常生活和各种活动中感受到思想和文化的魅力,体现于陕西工院人的举手投足间。

二是以体现办学特色、职业特性、时代特征为主体的各类文化活动增强校园人文气息。通过每年举办"我们的节日"系列活动、职业教育活动周、校园文化艺术节等常规活动,组织开展"传承匠心、点赞工院,我能做什么"大讨论活动,"三秦楷模"先进事迹团巡讲、大国工匠进校园、高雅艺术进校园等主题性活动,提升校园文化内涵,引导师生向上向善向真。

三是构建"校企互融,全程育人"的特色校园文化。学校牵头组建陕西装备制造业职业教育集团和校企协同育人战略联盟,逐步推进"产业文化进教育,工业文化进校园,企业文化进课堂",打造校企融合、独具企业特色的高职校园文化品牌。连续十余年举办覆盖所有专业的"技能竞赛月",选拔学生参加全国各类技能竞赛,探索实践现代学徒制的实施体系和操作规范,引入企业 6S 管理模式,常年举办"企业家讲坛""优秀校友大讲堂""职业经理人讲座"等职业规划活动,培养学生逐渐具备现代企业文化气息的职业能力。

5.4.6 构建高校红色文化育人的"四化格局"

一是夯实规范化格局。高校红色文化育人规范化格局包括高校红色文化育人的制度规范和行为规范。要不断完善红色文化教育管理制度、教师岗位责任制等,为高校红色文化育人工作的开展提供制度保障。如教育者在讲述红色故事、传达红色精神时,应坚持实事求是的原则;在开展实践活动时,应克服随意性,对实践教学内容、时间作出整体规划和安排,做到内容精、时间省。同时,在高校红色文化育人过程中,要对教育者、教育对象双方的日常行为提出

要求。教育者在育人过程中要充分展现坚定红色文化自信的气场，明确拥护红色文化的积极态度，在日常生活中做到言行一致，充分发挥表率作用。教育对象要恪守合格社会主义建设者和接班人的标准，尊重红色文化，传承红色基因。

二是创新生动化格局。高校红色文化育人生动化格局主要包括教学氛围和教学内容的生动化。高校在红色文化育人过程中需要注重形式的丰富性、新颖性，要营造良好的教学氛围。良好的教学氛围能促使师生激发感官细胞，切身感受教育魅力。红色文化往往包含丰富的历史内容和社会内容，教育对象感受到的情感大多是从教育者身上传达出来的，这对教育者自身的表达能力、情感投入程度提出了较高的要求。讲故事是内容输出、情感传达的一种好方式，讲好红色故事能够激发受众的兴趣和共鸣，对青年学生的文化生活、文化消费产生"随风潜入夜，润物细无声"的效果，是增强高校红色文化育人生动性的有效方法。

三是稳固生活化格局。首先，要提高青年学生对红色文化的认知。革命圣地、革命英雄事迹是红色文化的体现，抗震救灾、脱贫攻坚也是红色文化的体现，时代不同，事件不同，但内核相同。消防战士不畏牺牲把人民群众的生命放在第一位、奥运健儿敢打敢拼敢闯、黄大年同志全身心投入的实干精神，和老一辈共产党人的开拓打拼、扎实能干是一脉相承的。其次，要将红色文化与励志成才教育相结合，突出红色文化中蕴含的拼搏、坚韧、勇敢等与青年学生成长诉求相适应的内涵，使青年学生在自我发展中充分认识到这些优秀品质的重要性，激发出将红色文化转化为成长养分的动力。

四是落实社会化格局。青年学生终将走出校园、服务社会，为国家发展、民族复兴贡献力量，按期完成社会化尤其是政治社会化尤为重要。高校红色文化育人要从个人上升到社会，不仅要有生活化格局还要有社会化格局。要通过红色文化的宣传让青年学生熟知国史国情、党史党情，在面对歪曲历史的错误言论时，有坚定、正确的政治立场、政治态度。除此之外，要通过红色文化的陶冶，使青年学生的政治情感、政治行为符合社会发展的需要，使社会主义核心价值观更好地被学生内化，使马克思主义理论深入青年学生的脑、心、行。

5.5 健全文化育人机制

5.5.1 加强对校园文化建设的领导

成立由学校党政主要领导任组长的校园文化建设工作领导小组，实行党委领导、党政共同负责、各职能部门具体落实、全院师生共同参与的校园文化建设工作机制。各党总支、党支部、团总支、团支部和学生班级都要从学校发展和人才培养的战略和全局高度，积极推进校园文化建设广泛、深入的开展。全面发动师生积极投身学校文化建设，努力营造学校文化建设的良好氛围。充分发挥工会、学生会、社区居委会等群众组织的作用，使促进文化建设成为汇集众智、凝聚众力的自觉行为。学校校园文化建设工作领导小组办公室要逐步建立和完善校园文化建设的项目立项、过程检测、结果评审制度，择优推荐文化成果参与省级、国家级遴选，并将校园文化建设任务纳入各部门精神文明工作考评指标体系进行年度考评。

5.5.2 加强校园文化建设的保障

校园文化建设所需年度经费，统一纳入学校财务预算，实行项目管理，确保校园文化建设各项工作顺利开展。学校要加强校园文化建设专项经费的管理与监督，建立健全工作制度，不断提高资金使用效益，在逐步改善物质文化条件的基础上，更加注重加强精神文化环境的塑造，树立正确的办学思想和教育理念，打造各具特色的校园文化品牌，使学校真正成为师生的精神家园。

5.5.3 构建"大思政"的协同育人格局

一是以"红色匠心"为抓手，把校园文化贯穿于教学、管理、服务的全过程，将校园文化建设与解决学生思想实际相结合、与促进学生创业就业相结合、与师生共同成长发展相结合，形成了打通课堂、联通社会、融通发展的实践育人机制。

二是形成"五员团队"文化育人协同架构。整合多方资源，构建"教职员、研究员、宣讲员、大学员、联谊员"聚合的"五员团队"，开展协同复合育人。囊括职教名师、大国工匠、杰出校友、品学兼优学生、社会楷模、卓越企业家等230人组成的育人团队，以榜样文化教育引领为根本，不断增强文化自信，使学生努力成长为能够担当民族复兴大任的时代新人。

三是构建"五元评价"文化育人反馈体系。按照以学生为本、促进其全面发展的理念，依托首批国家诊改试点院校，顶层设计制定学生"五元评价"反馈制度，通过对学生"操行学分、文化学分、素质学分、实践学分、创新学分"等质量重要指标加强学生发展的督查监测，诊断与引导学生综合素质与个性特长全面发展，提高学生对人才培养工作的满意度。

第6章 多彩文化 铸魂育人

学校自1950年建校以来，始终秉承第一任校长王达成提出的"用革命的精神，创办革命的学校"这一办学初心与使命，优选、萃取陕西孕育的红色文化和工业文化的精华，依托国家示范、国家优质、陕西一流高职院校等建设项目，坚持以"立德树人"为根本，秉承"以文化人、以文育人，服务学生持续发展"的宗旨，立足高职人才培养目标，结合青年大学生和装备制造行业特点，不断探索运用多种载体和多种手段，有机融合、优化、凝练，从"理想信念铸魂、道德品质立身、文化素质固本、职业素养筑基、创新创业健骨、劳动实践乐业"六个方面实施校园文化建设，铸魂育人。

6.1 不忘初心——理想信念教育铸魂

理想信念教育是思想政治建设的核心内容，是引导教育广大青年学生树立共产主义远大理想和中国特色社会主义共同理想的坚定信仰，是文化育人的"魂"，是落实立德树人根本任务的关键。

学校从1950年建校，到1999年改制升格为高职学院，再到2011年跻身国家示范性高等职业院校以及2019年进入国家优质专科高等职业院校并入选教育部、财政部中国特色高水平高职学校和专业建设计划建设单位A档（全国前十），在这72年的职业教育实践、23年的高职办学进程中，学校始终传承第一任校长王达成提出的"用革命的精神，创办革命的学校"的红色基因，通过线上线下结合、思政课与课程思政结合、教师引导与学生主动参与结合、学校教育与企业实践结合、制度约束与活动熏陶结合、传统手段与信息化结合，使理想信念教育入脑入心。

6.1.1 "建校—中专"时期（1950—1999）

陕西工院前身——咸阳机器制造学校是在中华人民共和国成立初期，国家面临医治战争创伤，恢复国民经济，争取财政经济状况基本好转的形势下创办的。在国家三年经济恢复和第一、二个五年计划期间，在理想信念教育方面，学校发扬革命战争年代"勤俭办一切事业"的精神，营造爱国爱校的文化氛围，自力更生、艰苦创业，坚定地贯彻党的教育方针和政策，积极开展教育革命，支援抗美援朝活动，加强学生思想政治教育工作，树立了团结紧张、勤奋学习、朴素踏实、严守纪律的优良校风，形成了理论与实践相结合的办学特色。

（1）用革命的精神，创办革命的学校

如何将培养的人才与适应国家工业快速发展的需要相结合，是建校之初的首要任务。面对一穷二白的建校环境，以及新校园到处野草丛生、沟渠交错、旧砖瓦窑随处可见、出入行走非常困难的情况，学校动员全体师生，提出了劳动建校的口号，知难而上，利用工间课余及节假日休息时间开展义务劳动。正是全校师生如火如荼的艰难拼搏，塑造了师生的革命精神，形成了学校的优良传统。

（2）全校师生开展支援抗美援朝活动

1950年10月19日，抗美援朝战争爆发，西北高工11月15日成立。为支援中国人民援朝志愿军，彻底打垮以美帝为首的侵略，刚刚筹建的西北高工全体师生员工在校领导的指挥下展开了一系列轰轰烈烈的支援活动。

①积极组织、学习抗美援朝时事；

②"节衣缩食"支援抗美援朝；

③申请参军、参加军事干校；

④开展爱国主义学习生活竞赛运功；

⑤系列时事宣传、募捐活动。

当时，全校师生员工自发、志愿进行捐助。有人每个月捐献五成单位工资，有人每天节省2两米,有的节省零用以及家中的菜金,也有的表示戒吸纸烟,有的学生志愿把伙食节余及吃肉的钱节省下来,全部按月捐献;学校全体教职工还集体决定捐助一日工资。在这次运动节衣缩食以支助抗美援朝运动中,全校300名师生员工共计捐出现金536万元。学校通过实际行动开展支援抗美援朝活动,让广大师生学有所得、学有所悟,将弘扬伟大抗美援朝精神融入校园文化建设,在全校师生当中营造了爱国爱校的浓厚文化氛围,增强了师生爱国热忱、保家卫国的革命理想信念。

(3) 多措并举加强学生思想政治教育工作

学校从创建起,就确定了政治与技术相结合的教育原则,把学生思想政治工作放在首位。在中华人民共和国成立初期的历次运动中,学校组织师生学习领会精神,走向社会开展各种宣传活动,增强了师生热爱祖国、热爱党、热爱社会主义的信念,树立起为祖国工业化而勤奋学习的志向。

在思想政治教育中不断探索工作规律,重点抓好马列主义基本理论教育、革命人生观教育、社会主义教育,抓住政治理论课、入学教育、日常教育和毕业教育等环节开展活动,使学生树立起爱国主义思想和集体主义荣誉感。

发挥班主任在班级工作的主导作用和积极性极为关键。学校逐步建立了有利于学生健康成长的思想政治工作队伍,健全了政治辅导员工作制度,加强了对班主任工作的领导和对学生课外活动的辅导,通过课堂教育、报告讲授、课外活动和个别谈心等方式加强对学生的理想信念教育。

6.1.2 "高职—示范"时期(2000—2010)

学校改制获准后,办高职学院对我们来说是全新的事业,与传统中专教育和普通高等教育相比,它的要求更高,任务更艰巨,规律更复杂。因此学校正式成立后,院党政领导班子要求全院教职工必须转变观念、提高认识、统一思想、树立信心、积极探索、边干边学,既要总结继承多年办学的成功经验,又要开拓新思路、研究新问题、掌握新方法。学校成立时,经国务院批准的教育部《面向21世纪教育振兴行动计划》已经启动,这个计划对高职教育规定了许多重要任务,提出要在全国创建30所示范性职业技术学院。学校意识到这又是一次难得的机遇，在部署 2000 年工作时及时提出，要充分利用已有的良好基础和内外各种有利条件，力争使新学院高起点出发、高标准运作，办出水平和特色，并积极创造条件，力争早日进入骨干示范性高职学院的行列。为了达到这一目标，学校成立后在校园物质和精神层面作了重要部署。在理想信念教育文化育人方面，进一步加强学校党的建设和思想政治工作，进一步改进和完善德育工作，加强学生的道德教育、纪律教育和理想信念教育；确定校园精神文明建设总目标，推出"理论武装工程"，扎实推进"三走进"活动，开阔了党员干部、思想政治教育工作者的视野，充分地了解了国情民意和学生思想实际，有力地增强了思想政治教育工作的针对性和实效性。

(1) 推进理论武装工程，加强师生思想政治教育

学校充分发挥党委中心组学习带头作用，将集中学习与个人自学相结合、专题学习与实践探讨相结合，组建校内理论宣讲团开展基层理论宣讲，邀请校内外学者专家为师生进行理论讲座辅导，通过网站、新媒体、宣传橱窗等载体加强红色理论宣传教育，推动党的理论政策入脑入心；围绕立德树人根本任务，夯实思政课主渠道作用，积极开展好"立德树人"论坛等品牌性思政活动，着力提高师生的理想信念和思想政治素质，努力营造校园红色文化传播与教育的氛围，使红色文化在大学校园中处处可见、可感、可学，从而使大学生在潜移默化中接受熏陶，在寓教于乐中接受教育，真正落实全员育人、全过程育人、全方位育人。

(2) 实践带动德育，形成思政教育整体合力

通过"三走进"活动，引导教师自觉把社会主义核心价值体系融入育人全过程，促进了思政教育整体合力的形成。广大党员干部、思政教育工作者在活动中，扑下身子抓学习、深入基层做调研，普遍接受了一次思想上、心灵上的洗礼，党性观念得到增强、理想信念得到升华、团队凝聚力得到提升。学校教师以"三走进"活动为动力，将全心全意为人民服务的宗旨落实在"办人民满意的教育，做人民满意的教师"上，努力提高教育教学质量，培养社会需要、家长满意的合格人才。

6.1.3 "优质—双高"时期（2011—2020）

2011 年学校跻身"国家示范性高等职业院校"，2018 年获"国家优质高职

院校", 2019 年跻身 "国家优质专科高等职业院校" 并入选教育部、财政部中国特色高水平高职学校和专业建设计划建设单位 A 档（全国前十）。在发展中，学校紧跟时代步伐，坚持与时俱进，始终全面贯彻党的教育方针，秉承 50 年代建校初期 "用革命的精神，创办革命的学校" 的思想积淀，落实立德树人根本任务，倾力实践 "办有灵魂的教育、建有品位的学校、创有境界的文化、育有底气的人才" 的办学方略，并通过对 "艰苦奋斗、创业奉献" 优良传统的系统总结和科学凝练，形成了以 "红色" 作底色，以 "工业" 为灵魂，以 "卓越" 为境界，以 "匠心" 作特色的 "红色匠心" 校园文化。在理想信念教育文化育人方面，依托三大平台将革命文化传承教育贯穿始终。

（1）创新革命文化教学平台

学校开设思政课、课程思政、企业文化课、艺术素养课、"E"心网络课 "五课"，组建思政专题网站、心理健康教育网站、学校和团委官微、大学生思政教育温馨港等平台，积极拓展课程思政、工作思政的有效载体。依托思政课教学资源，学校将弘扬践行延安精神作为教育教学的重要一环，将 "红色革命文化" 等选修课纳入人才培养方案，让学生在课堂、培训、讲座、研讨中，更加明确革命文化的时代内涵和价值定位。同时，学校深入挖掘办学传统中的红色基因，先后组建了校史志愿讲解团、开办《火种》电子刊物，让首任校长王达成等老一辈革命家的革命精神在校园里落地生根。

（2）构建革命文化实践平台

学校积极响应党的十九大报告中 "继承革命文化" 的实践要求，持续推进 "党旗领航工程" 和 "青年马克思主义者培养工程" 等，与八路军西安办事处、习仲勋陵园、马栏革命纪念馆、照金革命纪念馆、延安革命纪念馆等共建爱国主义教育基地，依托联合共建的 17 个爱国主义教育基地，扎实开展以革命文化为主旨的社会实践活动，定期组织师生开展暑期 "三下乡" 活动，走进博物馆、烈士陵园，走访老党员、战斗英雄、革命烈士后代，参加红色采风、军事训练、志愿服务等活动，让学生在参观调研、访谈宣讲和社区服务中了解社会、认识国情，进而达到坚定理想信念、增强历史使命感和社会责任感的实践育人目标。

(3) 强化革命文化拓展平台

学校党政领导班子成员带头为学生做"一带一路"专题讲座,定期举办"国旗下的成长"主题教育、"立德树人"论坛、"大国工匠进校园"、"同读一本书"活动和"我为学校和谐发展做贡献"大讨论,形成"工院大讲堂"等一大批主题教育活动品牌。学校在建党日、国家公祭日、烈士纪念日等开展特色鲜明、吸引力强的主题和仪式教育,增强革命文化教育效果。同时,利用学生社团、校园广播、宣传栏和新媒体平台等展示革命文化,增进学生的认知认同。

6.2 诚信敬业——道德品质教育立身

道德品质教育是指教育者有目的、有计划、有组织地对受教育者施加一定的影响,促进受教育者的道德认识、情感、意志和行为习惯的形成与发展的教育,让受教育者养成谦虚、谨慎、诚实、正直、勇敢、勤劳、俭朴、敬业等优良品质。

从1950年建校到2019年跻身国家优质专科高等职业院校并入选教育部、财政部中国特色高水平高职学校和专业建设计划建设单位A档(全国前十),在72年的发展中,学校历经建校创业、重点中专、改制升格、水平评估、两校合并、示范建设、优质创建等进程,始终全面贯彻党的教育方针,落实立德树人根本任务,坚持以社会主义核心价值观为引领,突出以生为本,以养成教育为导引,培养学生崇德修身的品质。实施大学生"形象塑造工程"、"文明修身工程"、"一院一品"文化育人工程、"思想领航工程"、"传统文化引领工程"以及"五心"育人工程(正心、仁心、红心、匠心、润心)等项目,持续提升学生的道德品质。

6.2.1 "建校—中专"时期(1950—1999)

建校初期,国家经济发展落后,学校坚持秉承"用革命的精神,创办革命的学校"的红色基因,坚定地贯彻党的教育方针和政策,加强和改进学生养成教育,培养学生良好的思想道德素质和行为习惯,开展"形象塑造工程",引导学生丰富内在人文素养，规范外在言谈举止，在日常的学习和生活中逐步实现"五文明"，树立团结紧张、勤奋学习、朴素踏实、严守纪律的优良校风，全面提升学生综合素质和校园文化内涵。

(1) 落实全面发展，树学生形象

以德育为首位，教学为中心，学校教育的任务就是挖掘学生身上的潜能，把学生培养成社会需要的各种人才。要让学生成才，首先必须让学生树立自身的良好形象，因此，学校在学生中接续开展"爱国·奋斗"学习活动、"爱国·奋斗"精神岗位践行活动，突出学用结合、知行合一。

①开展"爱国·奋斗"学习活动。学校组织学生利用晚自习、班会、时事课等，广泛开展形势教育，进行理想、信念和爱国主义教育。主要内容是：回顾过去，增强信心；立足现实，坚定决心；展望未来，树立信心，将爱国主义教育具体落实到热爱学校、热爱班级、热爱家乡之中，落实到成才教育之中。同时注重挖掘典型事迹和先进人物，组织师生对"两弹一星"精神、"西迁精神"等典型进行学习研讨，注重用感人的故事、生动的案例，教育引导广大学生努力做爱国奋斗精神的传承者、党和人民事业的接班人。

②推进"爱国·奋斗"岗位践行活动。学校积极拓展实践育人渠道，引导、鼓励、支持毕业生到中西部地区和艰苦边远地区就业创业，自觉在国家经济社会各项建设事业中激扬青春、奉献社会。

③制定学生道德行为规范准则。注意学生个体的文明举止、修养水平的逐步提高，注意个体的礼仪常规，这是现代社会是否是文明人的重要标志。为此，学校制定学生行为准则：校内，尊敬师长，尊重老师的劳动，虚心接受老师批评，主动树立劳动的权威与威信，友爱同学，互相尊重，以礼相待，相互关心、帮助，注意人际交往中的诚实与守信，注意自尊与尊重他人；校外，应像在校内一样文明礼貌、助人为乐、孝敬长辈，从而树立起学生的良好社会形象。

6.2.2 "高职—示范"时期（2000—2010）

改制建院后，经过转轨定制，学校很快进入高校管理轨道，各项工作全面推进，呈现良性发展态势。特别是近三年来，在评建工作的有力促进下，学校上下认识统一、思路明确、措施得力、工作扎实,学校的改革建设发展取得了更为显著的成效,人才培养水平不断提高,校园整体面貌焕然一新,赢得了社会的广泛认可和普遍赞誉。按照中央和省委对高校的要求,学校进一步改进和完善德育工作,加强学生的道德教育、纪律教育和法制教育。学校确定校园精神文明建设总目标,推出"文明修身工程",使校园文化生活形成健康向上、高雅文明、丰富多彩和生动活泼的良好氛围。

(1) 持续推进"四早"计划

学校以"四早"活动为依托,紧紧围绕文明养成教育,积极开展"国学经典诵读"活动和"课前三分钟演讲"活动,推广英语协会"英语角"晨读、晚读,使早睡、早起、早餐、早读深入学生。

(2) 开展"六青春"活动

学校以"五四"评优和青春榜样、自强之星评选为载体,分类别分层次组织开展"六青春"活动:"青春邀约访谈活动、"青春榜样"选树活动、"青春风采"展示活动、"青春学子"说学活动、"青春故事"宣讲活动和"青春梦想"描绘活动,充分发挥"评选+示范+带动"的激励育人体系的作用,带动青年学生成长成才。

(3) 开展"励志、修身、爱校、尚学——文明修身月"系列活动

以学校团委为主,联合相关部门,重点开展"我们身边的不文明行为"调查问卷活动、"创造文明宿舍,营造温馨公寓"活动、"明礼修身,遵纪守法"——12·4法制日宣传活动、纪念"12·5"国际志愿者日"爱心暖人心文明我先行"志愿者活动、中华美德"忠孝诚信,礼义廉耻"文明礼仪教育活动、"文明诚信应试、杜绝考试作弊"主题团日活动、"发现身边的美"——评选系列典型活动以及"校园曝光台——不文明行为大家看"等活动,引导学生讲文明、懂礼仪、知荣辱、会宽容、乐助人、思进取、勇担当,逐步培养学生养成良好行为习惯。

6.2.3 "优质—双高"时期(2011—2020)

国家示范性高职院校建设以来,学校始终坚持"育人为本、德育为先",多措并举,立德树人,将社会主义核心价值观外化于行、内化于心,成为师生言行

的内在驱动力,全力服务学生成长成才和职业生涯持续发展。在道德品质教育文化育人方面,相继推出"思想领航工程、传统文化引领工程、五心育人工程"等,探索思想教育新模式。

(1) 实施"思想领航工程"

学校全面深化培育和践行社会主义核心价值观活动,立足青年学生的思想实际,以主题教育活动为载体,开展"我们的节日"文化活动、"我为核心价值观代言"、"青春志愿行"、"校园好风尚"随手拍等系列活动,形成"抓活动、抓学习、抓骨干、抓社团、抓网络",理论学习制度化、团日活动常规化、主题教育系列化、实践教育阵地化、宣传服务信息化的"五抓五化,阶段分类式"思想教育模式。

(2) 实施"传统文化引领工程"

开展元宵节、清明节、端午节等传统节日特色活动,以项目促团建、以品牌促典型,开展宿舍文化节、学雷锋志愿服务月、文明修身月、诚实守信月、书画摄影艺术节等系列活动,使广大学生健康、快乐地学习、成长,达到文化育人目的。

(3) 实施正心教育,分层递进培养

以先进文化导行、加强和改进大学生思想政治教育为主线,学校构建了"知—思—行"分层递进培养机制,用"先进文化"引导学生言行,加强学生道德品质教育。

①一年级突出"知,是什么",强化学生的"感受认同"。围绕社会主义核心价值观、爱国爱校等主题,学校开展"中国梦·工院梦·青年梦"等主题教育,成立优秀辅导员讲师团和大学生骨干宣讲团,深入开展"双团双巡"等巡回宣讲及实践活动,帮助学生扣好人生的"第一粒扣子"。

②二年级突出"思,为什么",强化学生的"内化思索"。围绕专业教育、工匠精神的培养,开展职业教育活动周、立德树人论坛、大国工匠进校园等活动,帮助学生构建正确的价值标准和职业取向。

③三年级突出"行,怎样做",强化学生的"外化践行"。围绕职业精神、创新创业教育,开展"与信仰对话——校园人生分享会""走进社会、走进企

业、走进学生家庭"等活动,全过程渗透人才培养环节,教育学生以实际行动践行核心价值观,让他们在实践中磨炼意志、增长才干、提升水平。

(4) 推进润心教育,"一院一品"营建多层体系

学校立足装备制造行业文化和陕西地域文化的基础,秉持"以学生为中心"的理念,落实"立德树人"根本任务,培育和建设融思想教育、文化熏陶、实践育人于一体,凸显时代性、符合青年特征、具有专业特色的文化品牌项目,逐步形成"一院一品"的校园文化建设格局,全方位打造校园活动品牌,进一步提高全校师生的道德素养和文明水平。

学校通过实践形成了"校团委要有重点,院团总支要有中心,班级团支部和社团要有参与"的"三要"目标和"目标实、措施实、效果实"的"三实"要求,构建"一院一品"评价体系,强调各基层团组织以"一院一品"项目建设为载体和引领,挖掘品牌潜力、凝练活动特色、创新活动内容与载体,不断扩大活动规模、细化活动方案、丰富活动内容,形成了全校团学组织积极组织、青年学生踊跃参与活动的良好氛围。

各二级学院在此基础上,结合本学院特色和学科特点,在院系内部开展自主评比,精中取精,优中存优,形成了信息学院"青果计划"——辅导员素质能力提升工程、SXPI 信言信语育人平台、智慧助老实践活动,财经与旅游学院每日一学一体会活动,商贸与流通学院商贸新视界育人平台,电气工程学院电器维修协会,汽车工程学院感恩教育实践活动,土木工程学院"1+X"证书 BIM 培训,材料工程学院宿舍 6S 管理,化纺服学院"汉服社",航空学院"品读红色家书 传承信仰力量"系列活动,机械学院以学科专业为依托、"以赛促学、赛学互长"技能大赛等思想教育类、学风养成类、创新创业类、文化艺术类、社会实践类、公益服务类 6 大类 12 项特色活动,覆盖全校 200 余个团支部、15 000 余名团员青年。

6.3 素质优先——文化素质教育固本

文化素质是指人们在文化方面所具有的较为稳定的、内在的基本品质。

学校坚持以文化人,以文育人,增强学生文化自信。将文化育人纳入人才培养方案和文化育人实施方案,采取四项举措提升学生文化素质。一是开设文化素质课程。在全校开设"美育""音乐鉴赏"等必修课3门、选修课92门,2学分,发挥课堂主渠道作用。二是举办专题讲座。以美育讲堂为主体,每年开展美术、音乐、舞蹈等专题讲座30多次,活跃校园文化氛围。三是以大学生艺术团为依托,通过校园文化艺术节、高雅艺术进校园等活动提高学生艺术素养。四是实施环境育人工程。构建包含校训、教风、学风、学校精神的MI系统,涵盖师德师风、行为制度的BI系统和校徽、校旗、校歌的VI系统,并推广应用。建设校史馆、国学广场、企业文化长廊,把"明德""至善""精艺"等传统文化元素融入楼宇命名,实训基地布设体现校企文化融合。

6.3.1 "建校—中专"时期(1950—1999)

校园文化是学校优良传统的结晶,是学校赖以生存和发展的根基和血脉,是构成学校核心竞争力的重要因素。学校秉承"勤奋踏实、严谨务实、团结协作、开拓创新"的装备制造业精神内涵,探索构建了以美育课程为载体,以多形式、多层次校园审美活动为依托,砥砺技艺、追求真善美人生为特色的文化教育模式。

(1)开设文化素质课程

学校美育课堂立足通识,为学生素质提升打下基础。早在1986年,学校在"机制专业大改"中便将"美育""音乐欣赏"作为学生的选修课和部分专业的必修课开设,在培养学生人文素养、提升学生综合素质方面发挥了较好的作用。同时,学校每学期面向全院学生开设"中国名画欣赏""乐理知识概要""芭蕾艺术""影视欣赏""形体修塑"等6至8门艺术选修课。

(2)举办美育专题讲座

每年召开"开启音乐之门"的美学、舞蹈、音乐、美术等领域的专题讲座10余次,其内容越来越丰富,深受学生喜爱。必修课、选修课、报告讲座等相互补充的美育课程体系对于构建和谐校园、提高高职学生的综合素质、促进学生的全面发展发挥了重要的作用,有很高的推广价值。

(3) 开展系列校园文化活动

学校依托大学生艺术团,以践行校训和"追求卓越、争创一流"校园精神为指导,设计和开展文化艺术节、主题教育等一系列校园文化活动。唱校歌、讲校史是新生入学教育的第一课。全员参与、项目众多、内涵丰富的文化艺术节、社团文化节、宿舍文化节,以学生为主体,设计方案、组织实施、点评研讨。通过歌舞综艺展示、发明制作展、书画摄影比赛等校园文化活动和各类学术研讨、文化沙龙,既积淀学生正确的审美意识,又促进乐于奉献、团结协作、奋发上进的优良校风形成,充分发挥美育在弘扬社会主义核心价值观中的积极引导作用。同时,围绕节假日、纪念日开展系列主题教育活动,譬如以"保护环境,学会生存"为主题的环保教育、"爱我中华,兴我中华"为主题的爱国主义教育、"千名学生下社区"的志愿服务社会等,将典型的教育学习形式与艺术文化内涵相融合,较好地塑造了学生美的心灵,既丰富了学生课余生活,又提升了学生艺术素养。

多形式组织课外活动,丰富学生的学习生活。在学生中组织各种课外科普小组活动,作为课堂教学的补充,是提高学生素质的重要环节。学校建校后,有45.8%的学生参加了各种兴趣小组活动。1964年秋,学校靠自己的力量,调动了半数以上的师生员工,排练了大型音乐舞蹈史诗《东方红》,在校内外多次成功演出,振奋了全校师生,轰动了咸阳市。当时的这一壮举,不但充分显示了师生团结奋进的精神面貌,也展现了学校素质教育的丰硕成果。

(4) 抓环境建设,树学校形象

参照现代管理经营方式,运用形象战略,向社会广泛宣传,迅速树立学校形象,这是学校展示精神理念和办学实力、提高社会知名度的一种重要方式,也是占领生源和就业市场、推动可持续发展的基础工程。1999年年初,学校抓住改制的有利时机,委托专业公司策划设计了学校 CI(形象工程)系统,并利用各种机会,在各种适当场合运用 CI 系统的各种物化标识件,强化形象宣传手段,体现环境育人。

6.3.2 "高职—示范"时期(2000—2010)

近年来,学校遵循以美治性、以美启智、以美正德的思路,探索构建了"文艺养心、文化化人，巧手打磨技艺人生"的特色校园文化：以审美教育工作机制为引领，以"文艺养心、文化化人"育人体系为核心、以能力训练平台为载体，培养学生强技博能、创新创意、服务社会的综合素养，力促学生在全面发展中个性化成才，成为"有技能有文化、有思想有创新、有激情有真善"的高素质的技能型人才。

(1) 建立审美教育工作新机制

高职学校的审美教育不是停留在艺术技巧传授的层次，而是一个综合性的体系，使之成为一种素质教育和通识教育。

①学校成立艺术教育委员会，院长担任主任，党委副书记、教学副院长担任副主任。设立了艺术教育中心。

②建设了5个专门的艺术场所、配备了150余万元的艺术设备，每年划拨专门的艺术教育经费。

③从学生实际出发，制定美育大纲，按照不同年级不同的审美教育内容形式，分阶段提出美育的目标和措施。

④建设了一支学有专长、配合默契的校内教师与外聘艺术专家相结合的美育教学工作团队，获全国优秀美育工作者3人次、教育部优秀指导教师7人次、陕西省优秀指导教师15人次，创建了良好的美育教育"软"环境。

(2) 构建"三通一渗透"育人体系

2005年，学校在高职高专人才培养工作水平评估中，大胆提出"三通一渗透"的人才培养新理念：公共基础课、专业基础课、毕业学年的实践环节全部打通，渗透公共关系、应用文写作、美育与音乐鉴赏等人文素质类课程。

学校作为陕西省唯一一所高职类学分制试点的院校，将学生的素质拓展模块和学生毕业挂钩，即规定学生在校期间必须取得1个美育必修课学分和2个校园文化活动素质拓展学分，还可通过美育讲堂和美育选修课取得选修课学分，并以素质拓展证明书的形式将学分记载于学生个人档案中。

(3) 搭建美育培育培训平台

①构建美育课程，注重课堂育人。学校构建必修课、选修课、美育讲堂等相互补充的美育课程体系。通过开设"美育与音乐鉴赏""大学生礼仪美"

"中国名画欣赏""形体修塑"等6至8门艺术选修课,举办"美育讲堂",内容涉及美学、舞蹈、音乐、美术等多个领域,每年共计一万余名次学生参加讲座,实现了"审美教育与职业教育""艺术教育与全面素质教育"的融合。

②拓展美育实践,重视课外拓展。每年3至5月份开展校企情深文艺演出、校园原创短剧小品大赛、书画摄影作品展览、志愿者进社区、高雅艺术演出等20余项具有原创动力、文化内涵和企业特质的文艺活动。

6.3.3 "优质—双高"时期(2011—2020)

2015年以来,立足高职院校办学实际和人才培养目标,学校依托国家优质、陕西一流高职院校建设项目,落实《高校思政工作质量提升工程实施纲要》要求,秉承"以文化人、以文育人,服务学生持续发展"的宗旨,倾力办有灵魂的教育、建有品位的学校、创有境界的文化、育有底气的人才,用传统文化打造"仁心教育",构建了具有鲜明高职特色的校园文化育人环境,服务于学生成长成才和职业生涯的永续发展。

(1)开展仁心教育,创新三类载体——用传统文化明理

按照"技术与艺术完美结合、智育与美育相融并进"的素质教育理念,学校创新拓展了三类教育载体,将文化知识传承与文化实践创新有机结合。

①搭建传统文化教育载体。学校在省内高职院校率先成立了美育部,将艺术教育纳入教学计划,面向全校学生开设美育与音乐鉴赏、传统文化鉴赏等必修课程。

②丰富传统文化讲座载体。为了拓宽课堂教学的内容,学校常年开展美育类系列讲座,从最初的"开启音乐之门"发展到今天的"美育讲堂",讲座内容、涉及领域、受益学生逐年递增。

③拓展传统文化活动载体。以大学生艺术团为依托,学校定期开展多层次文化艺术活动,定期举办民族音乐会、高雅艺术进校园、社团文化艺术节、大学生文化艺术节、宿舍文化艺术节、新生文化艺术节等"有形培育",提升学生艺术素养、审美情趣、创新意识。

(2) 实施环境育人工程

学校瞄准"人文校园、书香校园、绿色校园、景观校园、和谐校园"的建设目标，系统推进、分步实施，有效提升了校园文化环境的格调和品位，彰显了文化环境的人文底蕴和育人功能，让学生在潜移默化中接受文化环境的熏陶感染。

①总体设计，系统布局。把校园环境建设纳入学校发展总体规划，形成以主干道"成才大道"为中轴线，教学区、运动区、生活区等层次分明，广场、道路、园林、校史馆综合布局，企业文化长廊、优秀校友展示、LED电子屏有效补充，融使用、审美、教育功能于一体的校园文化环境。

②塑造景观，营造氛围。确定了体现特色、彰显使命的校徽、校旗、校歌，于1999年启用视觉识别（VI）系统，使之与校训、校风、教风、学风等精神符号成为涵养广大师生的文化基因。紧扣人文环境建设的主题，按照"四季有绿、三季有花""木成林、花连片"的构想，建成了樱花道、牡丹园、银杏林、菊花台、悬铃木行道等校园自然景观，同时设置各种文化石、文化雕塑以及凉亭、廊架等景观小品，创造优美雅致的校园绿化环境；校园建筑、道路分别以传统文化命名；建设了国学文化广场、校史馆等文化设施；编撰《校园文化读本》《企业文化读本》《印象工院》等文化读物，在具象环境中传递了学校办学理念、精神底蕴与人文内涵，使学生潜移默化地接受文化熏陶。

③校企融合，文化共荣。建成企业文化长廊、优秀校友风采展示等一批校企文化融合基地，催生出"协同育人好师傅""优秀校友大讲堂"等3个文化育人品牌，形成了欧姆龙、亿滋等校企合作典型案例，真正让学生不出校门就能完成从学生到工匠的无缝切换。

④一院一品，春色满园。以"红色匠心"文化为统揽，立足装备制造业行业特色，依托192个校内实训基地，营造浓郁专业文化氛围；探索建立了专业文化、技能文化、职业文化、企业文化与工院精神深度融合的传播辐射机制，培育出符合各二级学院职业特质、岗位特点的专业文化，让"红色匠心"文化成为激励全校师生工作学习热情的有效载体，也催生了一批具有重要影响力的校园文化品牌。

6.4 育训结合——职业素养教育筑基

职业素养是指职业内在的规范和要求，是在职业过程中表现出来的综合品质，包含职业道德、职业技能、职业行为、职业意识等方面。

学校从创建到跻身国家"双高"建设院校，在72年的职业教育发展过程中，以"跨界、融合、协作、共赢"为宗旨，实施产教融合、校企合作，积极引入以企业价值观、企业精神、企业认同感、质量意识、敬业精神、合作精神、权益意识等为主要内涵的企业文化，助力学生成长成才。牵头成立580家企业参与的校企协同育人战略联盟、陕西装备制造职教集团，搭建三大育人平台；组建240个企业订单班，在全校实训基地推广欧姆龙订单班"5S"管理经验；实施匠心教育，完善四项融合；形成了企业文化进校园、企业工匠进教室、企业标准进方案、企业项目进课堂、企业管理进班级、企业大赛进基地的校企合作"六进"育人新机制，弘扬装备制造业精神，培育学生职业品格和素养。

6.4.1 "建校—中专"时期（1950—1999）

立足能力培养，重视实践教学，培养学生具有较强的工程实践能力，是机械中专教育的关键。实验、实习、课程设计和毕业设计则是教学计划中规定的重要教学环节，是教学中理论联系实际、培养学生实际技能的必要方式。在一机部的领导和支持下，学校不断充实实验、实习设备，培养配备实验及实习指导教师。到1956年，学校已经做到了按照教学计划和教学大纲规定的项目、要求进行实验和实习，并不断改进相应的教学方法。为了落实学生在社会工厂的生产实习和毕业实习，建立了厂校联系合作制度，在学生下厂前就制订好实习计划和实习任务书，使实习教学有目的、有任务、有计划、有安排地进行，保证了学生生产实习和毕业实习的顺利进行。这种做法，不仅密切了厂校关系，也为教学理论联系实际，教育与生产劳动相结合，锻炼和培养师生职业技能创造了有利条件。

6.4.2 "高职—示范"时期（2000—2010）

1998年国家提出"要大力发展装备制造业"，陕西把装备制造业作为支柱产业优先发展，"技能素质高、创新能力强、发展后劲足"的行业人才更是日趋紧俏。作为陕西装备制造业职教集团牵头单位，学校以全国高职示范院校建设为契机，秉承"勤奋踏实、严谨务实、团结协作、开拓创新"的装备制造业精神内涵，搭建学生实践能力训练平台、校企合作办学平台，校际交流互动平台，培育了大批行业急需的"留得住、用得上、干得好"的高素质技能人才，弘扬装备制造业精神，培育学生不断养成"勤奋踏实、严谨务实、团结协作、开拓创新"的职业素养。

（1）搭建学生实践能力训练平台，提升职业素质和专业技能

①"实验室—实训基地—校办工厂"，三层递进培养学生专业技能。学校建成4个省级实训培训基地，97个校内实验实训室。学生通过感受、模拟、安装、维护、制作等反复训练，不断提高技能熟练程度，也锤炼了从事装备制造业必需的"严谨、务实、吃苦、踏实"的职业素质。同时，校办实习工厂从运行机制到管理模式全面采用企业化模式运行，建立了"基础训练—仿真训练—实际操练"的学生能力梯层培养机制，引进具有丰富实践经验的工程师担任专业教师，在真实的企业运行环境和文化氛围中，实现学生与工作环境的全过程零距离接轨。

②"课堂教学—创新竞赛—社会实践"，立体化培养学生职业素养。课程建设是实现"校企合作"的核心。学校根据企业用人要求制订教学计划、设置教学内容，并以能力培养为核心、以职业岗位标准为参照，形成了"一个基础、两个追加"的课堂教育模式，即各专业以应用文写作、英语、艺术、体能课为基础，不同专业"追加"源自企业的职业道德、企业文化、工作态度等岗位需求的"软性"课程，再把企业最新技术、设备、工艺等"硬性"要求"追加"到专业教材中，实现"育人"与"用人"的匹配性对接。

a. 创新竞赛：坚持"以赛促教、赛教结合，以赛精艺，技艺共长"，支持、鼓励学生参加创新创意类技能竞赛。校内每年开展的"CAD制图""钳工车工比

赛""电子产品设计与制作"等专业技能竞赛多达 20 项,不仅强化学生专业技能,更塑造了学生"技高为荣、创新为乐"的职业品格。

b. 社会实践:围绕节假日、纪念日举办系列主题活动,大学生文化艺术节、社团文化节、宿舍文化节等校园文化活动有声有色。"服务企业、工学相长""千名学生进社区""校企联姻庆五一"等主题活动引导学生"刻苦求知、扎根行业、服务社会",努力成为具有健康个性、全面发展的职业人。

(2) 搭建校企合作办学平台,实现三个融通

①实现专业布局与岗位需求融通。学校以行业职业能力标准和国家职业资格等级证书制度为依据,把专业办在企业的"兴奋点"和职业岗位的"紧缺口"上,聘请装备制造企业专家任教学指导委员会委员,全程参与人才培养,共同制定课程标准、优化专业布局。先后与西安钟表研究所联办"精密计时仪器设计与制造"专业,与陕西省机械研究院联合开设高职高专目录外"粉末冶金技术专业",力促学生、学校、企业三方共赢。

②实现企业资源与学校资源融通。整合学校和企业两种异质资源,共享实训基地与人才资源、共同开展应用技术研究与服务,使企业实现经济效益,学校分享企业资源。学校先后与陕西法士特齿轮有限公司、陕西康佳电子有限公司等 32 家企业签订校企合作协议,为西安人人乐超市有限公司、浙江双环传动机械公司等 11 家单位开办"订单班",宝鸡众喜水泥等多家公司还为学校提供了设备援助并设立百万元奖学金,"学生入学即就业,毕业即可上岗,上岗即可顶岗"这一办学实践不断得到发展。

③实现校园文化与企业文化融通。文化的融合是校企合作持续、稳定发展的润滑剂。学校积极导入企业文化元素,帮助学生尽早适应现代企业的管理理念和方法,完成从"学生"到"员工"的平稳快速过渡。为此学校举办两周一期的"企业高管讲坛""优秀校友讲堂",定期举办以装备制造业发展趋势和技术前沿为内容的学术报告会。如陕西省机械研究院院长杜芳平、陕西秦川机床工具集团董事长龙兴元等一批著名企业家做客校园,20 多名优秀校友回校"讲成长、谋发展、论创业",72 家企业文化理念构成的"企业文化长廊"落户校园,都让学生在喜闻乐见中感知企业文化,提高职业素养。

(3) 搭建校际交流互动平台,打造职教集团办学优势

①依托职教集团,实现文化引领共赢发展。由学校牵头联合 30 家研究所、职业院校、骨干企业,组建了"陕西装备制造业职业教育集团"。依托职教集团平台,衍生出订单培养、工学交替、项目导向、顶岗实习等特色鲜明的教学模式。当时学校与集团成员签订了多个校企合作协议,达成一批校企技术合作项目意向。一方面鼓励、支持学校教授、学者参与企业技术攻关、产品研发和职工培训等项目,另一方面邀请姜大源、马树超等职业教育专家和企业管理大师来校讲学,与集团成员共享最新职教理念、企业管理方法、企业战略思维,提高学生职业素质。

②加强校际联动,发挥国家示范性高职院校多元辐射作用。作为国家示范性高职院校,学校以挂职锻炼、专题讲座、对口交流等方式重点对眉县职业教育中心、陕西理工学校等 14 个院校实施对口支援,加强院校、校企文化多元交融。依托"陕西省中等职业院校骨干师资培训基地",培训中职骨干教师 1 100 多人次,培训秦川机床工具集团等企业员工上千名,承担完成 2 435 人次的短期认证培训和职业资格技能鉴定工作,组织数千名学生赴企业和兄弟院校顶岗实习、文化交流,发挥了国家示范性高职院校的引领、辐射和文化传播和育人功能。

6.4.3 "优质—双高"时期(2011—2020)

高等职业教育的层次与类型定位,决定了高等职业院校的校园文化建设具有高等教育的"高等性",职业教育的"职业性",面向生产、管理、服务第一线的"企业性"等特征。基于高等职业教育的办学特征,学校校园文化建设构建以服务学生职业素质培养为目标,坚持"技术与艺术完美结合、智育与美育相融并进"的素质教育理念,以市场导向为基础,不断探索工学结合、校企融合的校园文化育人路径,依托牵头组建的校企协同育人战略联盟和行业职教集团,大力推行"产业文化进教育,工业文化进校园,企业文化进课堂",把学校的教育功能与企业的生产需求相结合,使学校办学出特色、学生有特长,走上健康的良性循环的发展道路。

(1) 将工匠精神融入人才培养

学校与紧密合作型企业建立了战略合作关系，按照企业的人才需求，与企业共商合作人才培养方案，技术主管直接参与人才培养标准的制定，使学校的人才培养标准与企业人才需求规范相融合。校企联合推行现场教学。依据企业要求，在订单培养中，灵活运用"三三式"教学安排，培养设置三个阶段：第一、第二阶段培养专业能力，第三阶段运行培养计划，实现原培养计划和订单培养计划的合理衔接。融入职业素质培养，实施企业化授课方式。校企合作组成教学团队，采用一体化方式，指导学员按"小组计划—共同讨论—团队工作—成果发布"的企业化工作路径实施教学。

(2) 将职业元素融入专业建设

结合企业创新发展和区域产业转型升级的需求，按照"对接产业、服务产业、强弱兼顾、分类指导、协同发展"的专业建设思路，形成了专业错位发展、特色发展、创新发展的新机制。将学生能力的培训与今后工作岗位职业标准对接。在学校实训室模拟生产第一线的生产过程，让学生提前了解生产活动、不良的检查、直方图制作等企业岗位必备能力。按照企业岗位任职要求，校企双方联合构建评价体系，建立起一整套与国际质量体系、职业技能标准、员工素质要求、生产现场评价等相结合的人才培养质量评价体系和激励机制，如欧姆龙成品外观检查教学内容。

(3) 将企业文化融入课程体系

按照企业的产业升级和对人才需求的要求，在制定订单班学生培养目标时，结合企业产品技术特点和专业人才要求，引入国际质量认证、生产现场优化、全套或部分企业技术培训包、整体引进企业文化教育。如亿滋订单班确定"食品机械""食品工艺""精益生产""技术英语""公益工坊"等6门课程，并对原有课程进行重组或删减，形成对接企业工作过程的全新课程体系。

(4) 将企业管理融入学生日常管理

联合实施双向管理，实行双班主任制。在订单班学生管理上打破常规，实行双班主任机制：一方面选派经验丰富、表现优秀的教师担任订单班日常管理工作；另一方面，企业派遣高级管理干部对学生进行管理，将企业管理理念渗透到每个学生,实现企业需求与学生培养的无缝对接。

6.5 实战导向——创新创业教育健骨

创新创业教育以培养具有创业基本素质和开创型个性的人才为目标,不仅是以培育在校学生的创业意识、创新精神、创新创业能力为主的教育,而且要面向全社会,分阶段分层次地对创业群体进行创新思维培养和创业能力锻炼的教育,创新创业教育本质上是一种实用教育。

在学校 72 年的办学过程中,随着学校内涵建设的逐步推进,坚持贯彻党的教育方针政策,通过搭建实战平台,培养学生创新创业能力;建成大学生创新创业基地、小麦公社仓储配送中心、淘宝创业工作室、创客空间等 17 个创业平台;设置创新创业学分(4 学分),开设线上、线下课程各 5 门,将创新创业教育融入人才培养全过程;组建科技创新类社团 28 个,涌现出智能微电网工作室、新能源协会、"C+创能空间"等一批知名创客项目,提升学生创新创业能力。

6.5.1 "建校—中专"时期(1950—1999)

学校 1950 年建校,1999 年成功改制升格为高职院校。国内高校创新创业教育开始实施起始于 20 世纪末,1998 年清华大学举办首届创业计划大赛,成为第一所将大学生创业设计竞赛引入亚洲的高校。2002 年,高校创新创业教育在我国正式启动,20 年来,创新创业教育逐步引起了各高校的重视。因此在学校中专建设期间,创业教育还未形成规模和体系,直至升格为高职院校后,在国家有关部门和地方政府的积极引导下,逐步进行有益的探索和实践。

6.5.2 "高职—示范"时期(2000—2010)

2008 年学校成为国家示范性高职院校立项建设单位,使学校站在了新的历史起点上。学校在示范建设过程中,高度重视大学生创新创业工作,夯实学校改制前的薄弱环节,遵循国家创业教育发展战略,尊重职业院校办学规律,以

"培养创新创业意识，完善创新创业能力，服务创新创业实践"为宗旨，不断丰富创业教育内涵，采取多种举措开展创新创业教育，帮助学生实现就业、创业梦想。

(1) 依托基地建设，培育学生创业梦想

学校依托各类企业及校友资源，按照企业市场运营机制，以企业岗位需求为前提，面向在校学生采取推荐加应聘的方式与企业开展合作，利用寒暑假为学生提供就业创业见习机会，拓展就业创业平台，已先后建立大学生就业创业见习基地12个。值得一提的是，结合自身装备制造办学特色，2009年1月，学校与浙江淘宝网络有限公司、西安铭创网络科技有限公司三方投资30余万元共同建成淘宝创业工作室，按照企业模式进行运营、部门及岗位设置，使学生的电子商务综合能力得到锻炼，企业认知、职业素养、团队协作、沟通能力和创业素质等得到了提升，为学生集体创业、个体创新提供了实战型场所。

(2) 树立创业典型，分享成功创业经验

学校每年不定期开展"激扬青春·创业英雄进校园""创业沙龙""创业教育报告会"等品牌活动，提升学生职业素养，培养创业意识；每年举办各类报告会10余场，校内与校外并举，既邀请社会上的一些创业成功青年典型来校做报告，也安排毕业于本校的校友回母校为学弟学妹进行现身说教，进一步拉近在校学子和创业青年的距离，鼓励在校毕业生积极尝试自主创业、自主择业。同时还鼓励往届毕业生积极返回母校联系，帮助学校对应届毕业生进行就业指导工作。活动开展以来，累计参与人数约7 000人次。

(3) 借助社团活动平台，开展创业教育活动

学校成立了大学生创新创业和科技协会，指导学生科技协会、创新创业协会等学生社团在校内外开展各类创业教育活动，例如创业知识答辩赛、电子商务竞赛等活动，推动学生的创业热潮，使创业活动的形式更加丰富。

(4) 打造精品课程，宣传推广创业理念

学校科学修订人才培养方案，将就业创业类课程列为校级公共必修课，结合案例教学、调研参观、工作见习等方式，系统传授大学生创业相关知识及经验。通过参与政府招标，学校成为咸阳市首批定点创业培训机构，为学生开展创业培

训，学生不出校门就能获得创业指导，取得创业证书。

6.5.3 "优质—双高"时期（2011—2020）

自 2011 年以来，学校以"大学生创新能力培养综合改革试点学校"为契机，同时主动适应"互联网＋"和"中国制造 2025"的时代需求，立足高职特质、学校特色和专业特点，内生驱动自我变革，建设以创新为特质的校园文化生态，以创新引领创业，以创业带动就业，以国务院对加强创新创业教育的明确要求为指导，以提高人才培养质量为核心，以开展创新创业训练活动为抓手，将创新教育融入人才培养全过程，用"创"文化弘扬"正"青春，让创新文化成为培养现代技术技能人才的源动力、产教融合协同育人的凝聚力和学校创新发展的助推力，具体做法如下。

（1）构建播种子、闻花香、摘果实的培养机制

①创智启蒙，开阔视野（播种子）。面向全体学生，将在校三年分为大类通识、专业培养和多元提升三个阶段，通过通识学术、交叉复合和就业创业三条路径，满足学生创新实践和创业启蒙的不同需求。

②体验训练，培养能力（闻花香）。面向有兴趣、有潜质的学生，通过"创意、创新、创业"三类活动，聚焦覆盖面和参与度，优化训练计划和项目，借助不同类型竞赛遴选发掘成果和团队，积极予以重点培育。

③对接市场，创新实战（摘果实）。面向拥有成果和团队的学生，利用线上线下平台进行分级、分类、分层次孵化，有针对性地配备专业导师，提供技术支持、资金支持和跟踪服务，提高落地转化成功率。

（2）打造小舞台、操练场、大熔炉的实践平台

①打造能力淬炼的"小舞台"。依托校内 183 个集专业教学、科学研究、技术开发、技能训练于一体的校内创新创业基地，实施基于一年级创新实训项目、二年级创新课程设计项目、三年级创新毕业设计项目的学习计划，让学生早进实训室、早参与科研项目、早申报专利，实现实境训能；依托连续 11 年举办的技能竞赛月，设置 69 个赛项，90% 的学生参与其中，实现以赛促能；作为陕西省大学生创新创业营承训单位、咸阳市首批定点创业培训机构附设学校，学校对有

需求的学生进行综合认证，实现专项强能。

②打造实战训练的"操练场"。引企入校建成 HOUJUE 影像、服装设计定制、化妆品制作、机械设计、材料成型等工作室集群，由学生作为主体承接市场项目；开办花样年华咖啡厅、汽车美容中心、连锁超市等体验店，由学生作为经理人进行校园实体运营；利用淘宝、京东商城、BPO 客服中心等众创空间开展 O2O 合作，由学生作为企业员工进行产品研发和营销；最后走进校外双创基地，让学生在社会环境多变因素的考量中全真实战。

③打造孵化培育的"大熔炉"。按照"校内孵化器＋校外加速器"的思路，学校以校企共建的创新创业中心为载体积极创建项目孵化室、创新工场和创业苗圃，实现作品转换商品、成果转化效益；同时与陶行知教育基金会、行知创客（北京）创业服务有限公司、北京幸福之星教育科技有限公司合作建立全国大学生创新创业工程示范基地，对接中国中小企业协会、国省市生产力促进中心等机构寻求成果转化企业，让一颗颗创新创业的"金种子"找到合适的土壤生根发芽、开花结果。

（3）实施资源、科研、文化三项融合计划

①实施校企联合育人计划。借助学校牵头组建的陕西装备制造业职业教育集团，按照"资源融通、协同互助、共同受益"的思路，开办订单班总数达到 98 个，受益学生超过 4 000 名；吸纳企业高技人员组成学业和创业"双师结构"教学团队，采用双重身份、双向兼职、双方考核的方式，推行专业建设"双带头人"机制、课程建设"双骨干教师"机制、顶岗实习"双导师"机制，有效实现了"教室—工作室、教师—师傅、学生—员工、学业—业绩、就业—创业"的重叠并行。

②实施产学协同培英计划。依托学校应用技术研究所，联姻陕西省机械研究院等科研机构建立产学研协同创新机制，面向中小型企业，以校企联合开展研发攻关、联合承担重要课题、联合进行技术服务、联合申报成果专利为纽带，推进科技、教育、产业的多种形式融合互动，创建成为中国纺织服装人才培养基地、陕西省模具人才培养基地、西安高新区技能人才培养基地等区域性创新人才培养基地，大连机床集团、陕西科仪阳光检测技术服务有限公司、咸阳雅兰集团

等企业产品研发中心，全国机械行业先进制造、日本 DMG、日本欧姆龙等技术服务中心和成果转化中心，极大地丰富和拓展了创新创业的教育和实践平台。

③实施校企文化融合计划。借助"互联网+"大学生创新创业大赛、大学生科技创新大赛、大学生创业设计大赛，学校坚持"工匠精神"企业文化和"企业家精神"创新创业文化的双重浸润，先后建成由 93 位杰出校友的创业实例和奋斗格言组成的"优秀校友风采展示、杰出校友走廊和创新创业之星风采橱窗"，常年举办"企业家讲堂""职业经理人讲座""校友论坛"，邀请知名企业家和职业经理人开坛论道，创新创业讲堂、文化读本应运而生；充分发挥第二课堂育人功能，大力繁荣校园创新创业文化活动，组建相关科技创新类社团 86 个，学生参与率达到 90% 以上，涌现出"丝路茯茶""香港晶晶兔"等一批在校知名创客项目和"新媒体创意大赛""创业设计大赛""互联网应用创新大赛"等品牌赛事。

（4）搭建组织、课程、服务三大保障体系

①构建三层组织领导体系。学校成立了校领导挂帅的创新创业工作领导小组，负责统筹创新创业教育资源，对创新创业教育改革进行顶层设计；创业教育专家咨询委员会，负责为开展创新创业教育提供整体咨询，评估和改进创业教育实践；创新创业教育指导教师队伍，由专业带头人、优秀校友、企业家辅导员等组成"导师团"，负责对创新创业教育项目及实训平台的建设进行规划，指导学校创业教育和创业实践活动的开展。

②构建"1+5+X"的课程体系。学校有针对性地将创新创业的知识体系、精神理念、职业背景等嵌入以课程为基础的专业技术的语境之中，突出核心课程与相关课程结合、专业课程与跨专业课程结合、必修课与选修课结合、文化课程与实践活动相结合，形成了一门必修课（大学生职业发展与创新创业指导）为主、四门基础课（心理教育、生涯规划、创新思维、创业基础）为支撑、X 门素质拓展选修课和社会实践为补充的课程体系，并将其纳入人才培养计划予以实施。

③搭建政策、资金和一站式服务体系。按照"于法周严、于事简便"的原

则，修订、制定《创新创业学分积累与转换办法》等 23 项相关规章制度；形成"学校专项基金—社会公益基金—校友资助基金—企业奖励基金"的接力资金扶持机制，资金总额达到 600 余万元；建立创新创业信息服务综合系统，对自主创业学生实行持续帮扶、全程指导、一站式服务。

6.6　知行合一——劳动实践教育乐业

劳动实践教育是发挥劳动实践育人的功能，强化学生劳动观念，弘扬勤俭、奋斗、创新、奉献的劳动精神，强调全身心参与、手脑并用、亲历实践的劳动过程。要在充分发挥传统劳动育人功能的同时，紧跟科技发展和产业变革，体现时代要求，还要充分发挥学生的主动性、积极性，鼓励创新创造。

围绕人才培养目标，在劳动实践教育育人方面，学校主要采取以下措施：一是提出"劳动建校"的口号，贯彻教育方针，开展教育改革。二是举办社团文化艺术节、社团巡礼等品牌活动，打造了春雨爱心社、电器维修协会等品牌社团 12 个，形成"雷锋热线"、小橘灯"暖心衣橱"等品牌活动 11 项。三是开设劳动教育课，2 学分。四是制定《关于学生劳动教育实践活动实施方案》，开展"教师净化美化专项"实践活动，每年组织 20 多支暑期"三下乡"社会实践服务团队开展"三走进"活动，通过参加社会实践活动，使学生了解社会、认识国情，增长才干、奉献社会。

6.6.1　"建校—中专"时期（1950—1999）

（1）提出"劳动建校"的口号

建校后，为适应国家工业快速发展之急需，学校规模须尽快扩大，但蔡家坡旧址校舍狭小，周边无发展余地。因咸阳即将发展为新兴工业城市，学生实习较为便利，又有西北工学院为邻，师资、实验室、实习工厂均可借用，于是迁校到咸阳。迁校之初，新校园到处野草丛生、沟渠交错，旧砖瓦窑随处可见，出入行走非常困难。为了早日完成建校任务，全校师生总动员，提出了劳动建校的口号，知难而上，利用工间课余及节假日休息时间开展义务劳动。师生们披荆斩棘、拓石掘土，在很短的时间内修建1 700米长的主干道、100亩大的运动场，开垦了348亩荒地，种菜栽花，不仅为师生创造了基本生活空间和工作学习条件，也为学校二、三期大规模基建工程铺平了道路。建校初期含辛茹苦的蹉跎岁月、如火如荼的艰难拼搏，塑造了师生的革命精神，形成了学校的优良传统——用革命的精神，创办革命的学校。

（2）贯彻教育方针，开展教育革命

毛主席在1957年指示："我们的教育方针，应该使受教育者在德育、智育、体育几方面都得到发展，成为有社会主义觉悟的有文化的劳动者。"1958年9月，中共中央、国务院发出《关于教育工作的指示》，明确指出："党的教育工作方针，是教育为无产阶级政治服务，教育与生产劳动相结合。"按照上述精神，在当时"大跃进"形势的推动下，继50年代初的专业调整和教学改革之后，教育战线又掀起了一场"教育革命"的热潮。当时学校"教育革命"的活动主要包括勤工俭学、大办工厂、真刀真枪搞毕业设计以及开展群众性的教学改革运动等。

①开展勤工俭学。教育方针提出后，学校坚决贯彻"勤俭办学、勤劳生产、勤工俭学"的办学方针，勤工俭学活动很快启动。1957年，广泛开展师生校内外服务性活动，组织师生参加实习工厂的生产劳动，并成立了各种学生勤工俭学小组。1958年年初，根据上级指示，学校决定即将进行毕业实习的五八级学生延长学制一年（由三年制改为四年制），全部下实习工厂劳动。这级学生下厂后，分布在实习工厂各个部门和生产、检验、调度等各个岗位，有些承担了关键零件的加工制造任务，有的不仅参加产品生产，而且和工人、技术人员一道，解决了不少技术问题，培养了能力，增长了才干。

②大办工厂。当时，学生除下厂参加生产劳动外，还投入大办农业的热潮中去，在校园内垦地、打井、种菜、养猪，副食产品自给有余，大大改善了师生的伙食，也培养了学生的劳动观念。

③"真刀真枪"搞毕业设计。随着教育革命的深入，对学生毕业设计进行了改革尝试。学校加强了组织领导，提出"既要全面培养，也要真刀真枪"的要求，先后组织应届毕业生和教师深入咸阳、西安、宝鸡等地的工厂和科研单

位，采取"领导、教师、技术人员、学生和工人"五结合的办法，"真刀真枪"搞毕业设计，探索与生产实际相结合的道路。

④开展群众性的教学改革运动。根据上级指示精神，针对教学中脱离生产、脱离实际的现象，学校发动了群众性的教育改革运动。对教学计划、课程设置、课程内容等进行了较大调整。增加了劳动课，削减了基础课，强调理论联系实际、教学结合生产；在教学方法上，强调师生到工厂进行现场教学，开展调研，参加实际工作，请工人到学校讲课等。这场教育革命，加强了生产劳动教育，把劳动作为课程，列入教育计划；在教学中强调理论联系实际，加强了教学与生产的联系，推进实习、毕业设计与生产实际相结合。运动中，广大师生积极投入，打破了在学习苏联经验基础上建立起来的一套固有的教学体系和运行机制，试图创出我国中专办学的自立之路，精神可贵，大方向基本正确，具有积极的历史意义。

6.6.2 "高职—示范"时期（2000—2010）

(1) 社团为先，搭建校内实践平台

学校依托现有"理论学习型、学术科技型、社会公益型、兴趣爱好型、体育竞技型"等五类51个结构合理、规模适中、特色鲜明的学生社团，积极探索和拓展学生社团的育人功能，打造了一批优秀社团骨干，形成了一批品牌项目，社团实践活动成为校园中的一道靓丽风景。

自2006年以来，学校连续举办了十届社团文化艺术节。每年利用两个月时间，全体学生社团总动员，围绕"构建和谐校园，优化校风学风，缤纷校园生活、培养创新思维"等主题，开展50余项人文素质、创意创新、爱心奉献、竞技体育类活动，搭建了社团活动风采展示平台，为学生社团发展注入活力、创造条件、搭建舞台、营造氛围，也形成了健康高雅、文明和谐、独具特色的校园社团文化景观。

学生社团巡礼也是学校每年定期开展的规定活动之一。"理论学习型、学术科技型、文学艺术型、体育健身型、兴趣爱好型、社会公益型"等51个社团在学校成才大道展示，每年学校领导前来参观。社团是校园文化活动的重要阵地，是学生展示才华、锻炼能力、拓展综合素质的良好实践平台,参加社团活动可以让学生在学好功课的同时,也能参与社会实践,以理论做指引,把所学的知识转化为社会实践,丰富了学生的校园文化生活,为加强校园文化建设做出了贡献,达到了实践育人的良好成效。

(2)理实一体,拓展校外实践平台

按照"就近方便,按需组队,突出重点,重在实效"的原则,学校每年从全校选拔优秀大学生组成多支服务队,通过"社会调查、参观考察、重温历史、义务支教"等多种形式开展社会实践活动。自 2005 年以来,12 500 余名工院学子踊跃投身到暑期三下乡社会实践活动中,先后赴延安宝塔区、安康迎凤乡、乾县梁山乡、旬邑排厦乡、长武彭公乡、泾阳兴隆乡、三原大程镇等地开展社会实践,并与三原县东周村、渭城区石羊村、礼泉南坊镇等结成帮扶对子,建立了 10 余个校外社会实践基地,让广大学生在实践中经受锻炼,开阔视野,丰富阅历。

"行是知之始,知是行之成",通过将社会实践与学生专业教育有机结合,既以所学理论指导实践,又在实践中验证理论,提高了社会实践的专业性和针对性,使学生的专业知识得到了检验,专业能力得到了提升,专业色彩突出的活动内容和形式使参与的学生在实践过程中大大增长了才干。学生在实践中验证了书本知识,也发现了自身专业学习的不足。通过社会实践有效地整合了学校和社会的资源,调动了教师、学生参与实践和科研的积极性,实现了学生自身素质提高与学校科研成果的"双向受益"。

6.6.3 "优质—双高"时期(2011—2020)

(1)"线上+线下"教育协同融合,推进劳动理念入脑入心

①开设劳动素质与卫生课程。学校将劳动素质与卫生课程纳入人才培养体系,面向全校学生开设,设置 2 学分,以具体实践活动形式为载体,加强对学生的劳动教育。

②制定《关于学生劳动教育实践活动实施方案》。统筹推进劳动教育实践活动的宣传教育、组织实施、考核评价、条件保障等工作,制定了"劳动与安全"

操作指引，确保劳动教育实践活动扎实开展。

③开展"学生教室净化和美化专项行动"特色劳动实践活动。此项专项活动从 2020 年实施以来，各二级学院团总支先后组织召开"劳动最光荣，争做先行者""净化教室环境，共创文明校园"等系列主题团日活动。以班级为单位，制定班级劳动任务清单和劳动公约，组建劳动兴趣小组，团学干部带头示范，按照教室劳动任务单，对标教室净化与美化评分标准，利用周一下午或者节假日集中组织，完成学校 265 间教室的净化和美化劳动实践活动。引导广大学生树立以美化校园环境为己任的校园风尚，体会劳动的喜悦，积极投身劳动实践活动，营造"劳动光荣、劳动崇高、劳动伟大、劳动美丽"的校园文化，让劳动精神开枝散叶、落地生根。

④加强宣传教育，营造劳动光荣的文化氛围。各二级学院团总支围绕"活动方案"，充分利用学校官网、微信微博微视频等新媒体平台，通过宣传板、宣传栏推出"教室净化与美化劳动实践活动"专题宣传，立体化宣传劳动教育，唱响"劳动光荣创造伟大"的主旋律和最强音。学校还举办"劳模进校园""优秀毕业生（劳动榜样人物）报告会"，线上与线下相结合，让学生零距离接触劳动先进典型，切身体悟"幸福是奋斗出来的"，增强劳动积极性、主动性和责任感、自豪感。

（2）开展"三走进"社会实践活动

自 2010 年开展"三走进"活动以来，学校每年组织 20 多支暑期"三下乡"社会实践服务团队深入社会，组织党务干部、学生工作干部和思政课教师深入企业和学生家庭，进行专题社会调研，了解用人单位人才需求状况，摸清学生思想实际，紧密契合"校风、教风、学风"建设，丰富学校、企业、社会、家庭四位一体育人模式，创新思想政治教育方法，全面体现了"全员育人、全方位育人、全过程育人"的"三全"特色。

①精心安排，全院联动，组织得力。学校党委专门成立由主要领导担任组长，宣教部、学工部、院团委、就业处、马克思主义学院和各二级学院分工负责的"三走进"活动组织架构，并召开协调会议，划拨专项经费，制定实施方案，组织调研活动，撰写调研提纲，同时，在舆论宣传、后勤保障、通联推广等方面

给予大力支持。

②悉心走访,注重实效,工作到位。学校每年组织 20 多支暑期"三下乡"社会实践服务团队深入社会开展主题教育活动,在全校党务干部、学生工作人员、思想政治理论课教师遴选 150 多人组成 26 支调研队伍,分赴陕西、四川、重庆、北京、天津、长三角等地区的用人单位和陕西境内 120 多个学生家庭进行毕业生回访和学生家访实践活动。

走进社会——暑期"三下乡"社会实践服务团队围绕"党史学习、四史宣讲、红色教育、乡村振兴、教育扶贫、志愿服务"等系列活动实践主题赴延安、习仲勋陵园、马栏革命纪念馆、八路军驻西安办事处纪念馆、黄帝陵和华西村以及学校对口帮扶的贫困县区,通过听取专家辅导报告、分组研讨、参观革命旧址、感受现代文明等形式系统地接受国情民意和革命传统教育,既开阔了师生的工作视野和思路,又丰富了思政教育教学的素材和经验,增强了思想教育的实效性和针对性。

走进企业——走进各类企业开展毕业生"跟踪回访",了解学生实际工作能力,听取企业对学校教育教学改革的意见和建议,搜集校企合作的意向和最新用人信息,推介应届毕业生资源,服务学生顺利就业,指导学生正确择业,帮助学生自主创业。

走进学生家庭——精心选取陕西籍的困难学生家庭作为调研样本,学生辅导员克服重重困难走进学生家庭,向家长反馈学生在校学习生活情况,与家长共商学生教育的对策,为困难学生家庭送去温暖和关怀,帮助弱势学生群体顺利完成学业。

(3) 品牌引领打造志愿服务平台

学校志愿服务大队连年组织开展以"志愿引领道德风尚,爱心点亮青春梦想"为主题的宣传与实践活动,以品牌化的志愿服务活动为依托,着力加强校风、学风、教风建设,全面提升学生的人文素养与道德情操,打造了电器维修协会、一加春雨爱心社、鸿鹄暖阳社等一批优秀志愿服务品牌。电器维修协会坚持周周有计划、月月有行动,深入社区、街道、广场为民众义务维修家用电器。一加春雨爱心社常年坚持在敬老院、福利院、特殊儿童学校开展爱心互动、义务帮扶。学校还结合学雷锋纪念日、国际志愿者日组织师生志愿者开展"传播志愿精神，争当文明使者"志愿活动。另外，学校还积极应用"互联网＋"，构建以弘扬志愿服务精神为主题的校园文化信息矩阵，引领学生认知发展和行为规范养成，积极弘扬时代主旋律，形成网上网下相结合、课堂内外相促进的校园文化建设新模式，让师生人人都参与创建、传播文明。

第三篇

成果篇

第 7 章
精神引领 特色鲜明

陕西工业职业技术学院在 72 年的发展中，历经建校创业、重点中专、改制升格、水平评估、两校合并、示范建设、优质创建、双高 A 档等进程，始终全面贯彻党的教育方针，落实立德树人根本任务，倾力实践"办有灵魂的教育、建有品位的学校、创有境界的文化、育有底气的人才"的办学理念，并通过对"艰苦奋斗、创业奉献"优良传统的系统总结和科学凝练，形成了以"红色"作底色，以"工业"为灵魂，以"卓越"为境界，以"匠心"作特色的"红色匠心"校园文化，并按照"理念引导、模式构建、实践推广"的思路，将其细化为"明德、笃学、精艺、强身"的校训、"博爱、严谨、求实、创新"的校风、"厚德、博学、爱生、乐教"的教风和"尊师、勤奋、自律、拼搏"的学风。这些表达着一代代陕西工院人的价值追求、行为规范和精神内涵，体现着陕西工业职业技术学院对学校功能、文化建设的哲学思考，也表征着学校对职业教育的身份认知和文化自觉。

7.1 凝练形成校园文化核心理念

文化育人，首在精神。精神文化是学校在长期的发展和实践中积淀的内涵最深刻、影响最深远、意义最深厚的文化产物，受到全校师生的普遍认可与传播。它是学校办学初心、办学定位、历史传统、办学理念等方面的凝练，也是学校最具本质和特色的精神气质和风格特色。精神文化虽然没有具象的表现，却时时刻刻存在于校园，影响着学校的每一位师生。随着学校的不断发展和师生学习的深入，校园中的精神文化也在发生着变化，并且外化为学校管理制度、校园文化环境，体现为学校的校风学风、师生的精神风貌。精神文化是学校发展的核心和灵魂，也是学校文化中最本质、最核心的内容。具体而言，学校的精神文化主要包括办学理念、学校精神、历史传统等重要元素。

7.1.1 发展理念——办有灵魂的教育、建有品位的学校、创有境界的文化、育有底气的人才

发展理念是学校的办学思想、教育观念和价值追求的集合体，是对办什么样的大学和如何办大学的总体看法，也是对学校使命、功能、内部管理和外部关系等的理性认识。在72年的发展历史中，陕西工业职业技术学院紧紧围绕立德树人这一根本任务，形成了"办有灵魂的教育、建有品位的学校、创有境界的文化、育有底气的人才"的办学理念和"红色匠心"校园文化核心理念。

（1）办学理念

校园文化是大学精神的载体，是大学精神产生的土壤，也孕育了大学的办学理念。办学理念既是一种精神力量、一种文化氛围、一种理性目标，决定了师生群体的行为举止，指导着学校的办学方向，定位了学校的形象品牌，又是学校整体发展的一种价值追求、一种精神共识，不仅指导学校快速健康发展，也体现出对学校未来改革发展方向的一种期待。对内是纲领、对外是旗帜，对历史是总结、对未来是展望。

①办有灵魂的教育。学校在发展中，依托办学理念，紧紧围绕"争创一流、追求卓越"的学校精神和"明德、笃学、精艺、强身"的校训，从教育、教学、科研、管理等层面出发，全方位、多角度推进学校教育事业发展。积极优化校园物质环境，重视发挥美育课程的主渠道作用，鼓励师生积极进行科技研发和技术技能提升，优化师资结构，全面推行"双师"素质教师培养机制，鼓励教师下一线企业进行实践锻炼、参与企业科技创新和技术培训，为实现办有灵魂的教育提供保障和发展方向。

②建有品位的学校。学校注重职业性与艺术性互融，以能力培养为核心，以

职业岗位标准为参照，形成了"一个基础、两个追加"的课堂教育模式，将体育、美育、劳育作为基础课的重要组成部分，推动素质教育向纵深发展。积极将学校文化与企业文化相融合，把企业文化的精神纳入艺术活动中，开展"企业高管讲坛""优秀校友讲堂"等活动。搭建"实验室—校内实训基地—校办实习工厂"三级配套并向校外实训基地、产业基地延伸的实践教学体系与"基础训练—仿真锻炼—实际操练"三层递进的学生能力培养机制，激发学生的创新灵感。

③创有境界的文化。学校将地方历史文化精髓融入人才培养体系中，结合行业属性和职业特点，积极优化校园物质环境，构建了以行业文化为引导，由校园自然环境、视觉文化、人文环境组成的校园物质文化体系。在校园内，重点建设集美观、实用、富有行业文化内涵为一体的校园环境，并通过视觉识别设计的静态符号传达动态的校园精神内涵，以生动的造型和图像构成审美的视觉语言。开展具有现代工业特色、体现校企合作的校园文化建设系列活动。在人才培养过程中，着力传承工业精神、发扬工业传统、提升职业素养、吸纳企业文化，为培养现代工业企业急需的高素质高技能人才创造了良好育人环境。

④育有底气的人才。学校对学生就业构建"领导主抓、中心统筹、重点下移、全员参与"的就业工作体系，每年均由学校领导带队对就业单位、毕业生进行回访调研，并不定期举行百余场专场招聘活动。学校毕业生就业率维持较高水平。用人单位对学校毕业生综合评价的称职率为99.84%，对毕业生的评价是："专业基础扎实，文化素养高，动手能力强，定位准确，吃苦耐劳，安心一线工作，发展后劲足。"用人单位对毕业生的普遍赞誉，也使学校招生就业工作呈现出"出口畅、进口旺"的良好态势。

(2) 育人理念

学校始终坚持社会主义办学方向，扎根装备制造业行业沃土，深入推进"文化强校"战略，传承第一任校长王达成提出的"用革命的精神，创办革命的学校"的办学初心，优选萃取陕西红色文化和工业文化精髓，依托国家示范、国家优质和双高院校建设等项目，创新构建政府、行业、企业和学校"四方聚力"，育人路径、行动机制、实践平台、协同架构和反馈体系"五维联动"的"红色匠心"文化育人模式，打造了高职特色文化育人品牌。

①目标设定。围绕立德树人根本任务，立足大工业的办学背景，聚焦培养"合格公民—合格大学生—大国工匠—社会主义建设者和接班人"的目标，确定了"红色匠心"的核心文化理念，明晰了文化建设的宗旨。

②内涵设计。一是整合陕西丰富的革命人物、革命故事、革命遗迹和革命精神，以"艰苦奋斗、解放思想、实事求是"的红色传统打底；二是基于学校72年的工业背景，结合装备制造业特点，以"谦虚谨慎、自力更生、敢为人先"的工业文化铸魂；三是传承"用革命的精神，创办革命的学校"的初心，以"追求卓越、争创一流"的工院精神定格；四是整合新时代匠行、匠技、匠魂、匠品要求，以"精益求精、开拓创新、知行合一"的工匠精神增色，四者有机融合、凝练定型为"红色匠心"的内涵。

③建设模式。按照"理念指导、路径贯通、实践推动"的思路，把"红色匠心"育人理念通过"教学链"和"实践链"传导到各专业人才培养方案和文化育人实施方案上，落实在课程、教材、教师、艺术活动、社会实践等具体载体上，构建形成了"六融合五贯通"文化育人模式，成为具有高职特色、工业风格的文化育人特色模式，体现了"育""学"结合，知识、素质、能力协调发展的人才培养特色，被省内外160多所学校学习借鉴应用。

对接陕西装备制造业，行、企、校紧密合作，牵头成立校企协同育人战略联盟等三个集团化合作育人平台，形成了企业文化进校园、企业工匠进教室、企业标准进方案、企业项目进课堂、企业管理进班级、企业大赛进基地的校企合作"六进"育人新机制。建成"汽车4S一体化实训基地"等一批合作育人基地；催生出"十大优秀毕业生""协同育人好师傅""协同育人好导师"等三大育人品牌、"日本欧姆龙班""亿滋中国班""汉达模具班"三大订单品牌。合作育人经验20多次在全国机械行业会议宣传推广，联盟成员扩大到580多家企业，育人品牌广为彰显。

7.1.2 学校精神——追求卓越、争创一流

学校精神是学校在长期的教学、研究、实践中积淀而成的一种群体意识。从宏观层面看，与大学精神相类似，学校所创造的精神文化是人类智慧的结晶，也

是高层次的文明成果，具有人类社会文明的普遍性。从微观层面看，每一所学校都有独特的印迹，学校是由每个作为个体的人所构成的群体，形成了具有特色的学校精神。从宏观和微观两方面来看，学校精神由普遍意义的学校精神和独具特色的学校精神组成。

（1）普遍意义的学校精神

普遍意义的学校精神源自学校文化传承与创新的基本职能，是经过历史积淀形成的，与其他人类精神一脉相承，包括开放精神、批判精神、自由精神、超越精神等，这些具有普适性的精神通过校园文化渗透到了职业院校各个层面，影响着学校的方方面面。

①自由精神。马克思指出："人类的特性恰恰就是自由的自觉的活动。"自由是人类意识的本质体现，自由精神在学校具体体现为追求真理的精神。学校是进行学术研究的学习共同体，对于真理的追求是人类认识和改造世界的自由自觉活动。追求技能精进既需要学校师生内心世界的无限自由，也需要学校组织和社会为孕育真理提供自由而宽松的环境。尤其对于职业院校来说，给予学生一定的自由空间和时间，有助于提升学生的实践经验和动手能力。因此，普遍意思的大学精神首先就体现为学术自由精神。

②批判精神。马克思主义否定之否定原理，在人类精神上就体现为批判精神，人类认识也是在批判和否定中向前发展的。人类社会的发展进步离不开大学的独立批判精神，大学超越功利，以理性精神在批判中保留、传承和创新人类文化。学校是学习知识和提升技能的场所，批判精神普遍存在于学校各个阶段的学习生活中。

③开放精神。开放精神是人类生存的必然选择，学校作为发展文化的主要载体，必须也必然是开放的。不管是中国古代的稷下学宫还是西方世界的柏拉图学园，再到现今的学校，学校不断开放，从过去的象牙塔到现在的社会核心景观、轴心机构，从只招收本国学生到现在各国学生共处一室，简言之，一个学校的发展史就是一部学校不断开放、吸纳百川的历史。

④超越精神。超越精神是人类不断解放自身、发展进步所秉持的重要精神之一。没有这种超越精神，人类社会就会裹足不前。对学校而言，超越精神是学校

不断发展进步的内生动力,在面对各种风险和挑战时,学校所表现出的跨越学科差异、体制藩篱、时空界限,在包容中追求完美,正是超越精神的完全诠释。

普遍意义的学校精神,使得学校发挥着引领人类文化前进方向、促进社会文明进步的重要意义和功能,成为人类文化传承与创新的最核心使命和最重要机构。

(2) 陕西工院精神

大学在人才培养、科学研究、社会服务、文化的传承与创新以及对外交流等方面发挥着重要作用,它所孕育的大学精神是大学的核心和灵魂,对大学的发展起着重要的推动引领作用。

"追求卓越、争创一流"的陕西工院精神,传承自建校 72 年来陕西工院人"艰苦奋斗、创业奉献"的优良传统,体现于"从严治校、质量立校、特色名校、人才强校、科研兴校、文化荣校"的办学理念,细化在"明德、笃学、精艺、强身"的校训、"博爱、严谨、求实、创新"的校风、"尊师、勤奋、自律、拼搏"的学风和"厚德、博学、爱生、乐教"的教风上。其中,"追求卓越"是陕西工院精神的核心要义,是全校每一位师生、每一个单位、每一项工作的极致追求,也是以高度的责任感和敬业精神不断自我突破,追求完美、追求极致、追求卓越的一种状态,更是学院健康快速发展潜在的核心竞争力所在。"争创一流"是陕西工院精神的永恒标杆,是学校不断追赶超越的信念支撑,也是陕西工院人树立一流宗旨、聚焦一流标准,努力实现更高速度、更可持续、更有质量发展目标的应有之义。

——初创图存,工院精神萌芽初显。1950 年,第一任校长王达成在开学典礼上发出了"用革命的精神,创办革命的学校"的号召,成为工院精神的萌芽。在这一精神的感召下,第一代陕西工院人凭着对社会主义祖国的热爱和对党的教育事业的忠诚,筚路蓝缕、艰苦创业。最终两度跻身"国家级重点中专学校"行列,实现了学校发展历史上的首次跨越,"追求卓越、争创一流"的陕西工院精神也绽放出第一朵艳丽的花蕊。

——升格改制,工院精神落地生根。1999 年,学校抢抓国家大力发展高等职业教育的机遇,在西北地区率先举办高等职业教育,实现了学校发展历史上的第二次跨越。2002 年,陕西工院人将工院精神加以具体化,演化为凝聚人心、催人奋进的"七种精神",即:解放思想、实事求是的精神,爱岗敬业、吃苦耐劳的精神,紧跟时代、勇于创新的精神,知难而进、一往无前的精神,刻苦钻研、精益求精的精神,艰苦奋斗、求真务实的精神,淡泊名利、无私奉献的精神。"追求卓越、争创一流"的陕西工院精神在一代代陕西工院人的不懈奋斗中落地生根。

——铸就辉煌,工院精神逐步成熟。2005年,学校以"优秀"等级通过了教育部高职高专人才培养水平评估,跻身省内一流职业院校行列;2008年,学校立项建设"国家百所示范性高等职业院校",跻身国家一流职业院校行列;2010年,与陕西纺织服装职业技术学院合并,实现了专业层次、办学规模、资源整合和内涵全面提升,成就了办学史上的第三次跨越。"七种精神"也进一步凝练为"求真务实、努力拼搏、与时俱进、敢为人先"的精神品格。2013年,通过深入调研、广泛讨论,正式将其凝练为"追求卓越,争创一流"的陕西工院八字精神。这也标志着陕西工院人在实践中的共同追求和取向进一步成熟。

——勇于创新,工院精神成就一流。"十三五"时期学校制定了"省内引领发展、国内铸就卓越、国际打造品牌"办学目标。2018年荣获"国家优质高职院校"荣誉称号,同年马拉维共和国总统阿瑟·彼得·穆塔里卡率代表团考察访问学校。2019年,新校区开工建设,10月15日,中共中央政治局常委、国务院总理李克强在位于咸阳的正泰智能电气西北产业园调研考察,与学校2005届毕业生翁二龙亲切交谈。21日下午,中央政治局委员、国务院副总理孙春兰来学校进行视察,对学校"四有三突破"特色、"双主体四递进"实训教学模式给予充分肯定。同年,学校入选中国特色高水平学校建设单位(A档),西部唯一。2020年开始,学校积极试办高职本科专业。

"追求卓越,争创一流"是陕西工院宝贵的精神财富。纵观陕西工院的发展历程,从办学层次的跨越到跻身省内、国内一流高职院校行列,再到内涵质量的不断提升,无一不体现了这种"追求卓越,争创一流"的精神。正是在这八字精神的指引下,一代代陕西工院人历经坎坷而意志弥坚,几经周折而初心不改,始终围绕服务国家战略培养人才的目标、紧随中国制造业振兴的步伐,在机遇与挑战中砥砺前行,创造了不朽的业绩,实现了自身的价值,成就了事业的辉煌。

7.1.3 形象识别系统

大学文化无时不在、无处不在。任何大学精神都会被凝练成为一种文化符号，即外在表征。一方面是个性的标志性表征，包括校名、校徽、校旗、校色等。另一方面，是能够展示大学理想、人文价值和行为规范，包括校风、学风、校歌等。文化符号构成一个整体，彰显了学校的气质、精神、意志，甚至是信仰。

（1）校名

中文名称：陕西工业职业技术学院，简称"陕西工院"。

英文名称：SHAANXI POLYTECHNIC INSTITUTE，缩写为"SXPI"。

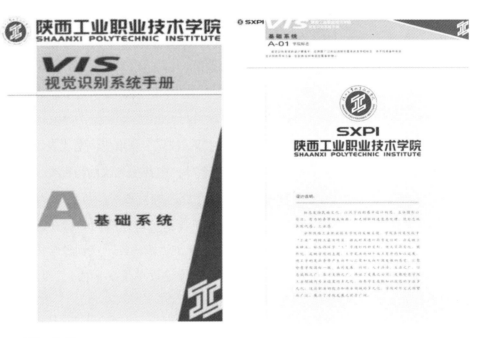

（2）校徽

校徽主体图形由圆形蓝色背景和居中的"工"字图形组成，圆形蓝色背景上有"陕西工业职业技术学院"中文草书，下有"SHAANXI POLYTECHNIC INSTITUTE"英文字样。蓝色展现学校深厚的办学底蕴，"工"字彰显学校明晰的办学定位。

（3）校旗

校旗主色为白色，尺寸为1 920 mm×1 280 mm，居中印制蓝色校徽和学校中英文名称。

各二级学院院旗和相关部门旗帜主色分别设置，尺寸为1 920 mm×1 280 mm，居中印制蓝色校徽和学院中英文名称或部门名称。

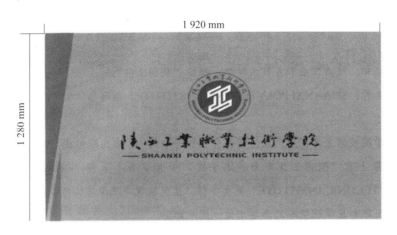

（4）校歌

历史名城，秦岭北望，

明德笃学，桃李芬芳；

智育美育，相融并进，

和风化雨，茁壮成长；

追求真理，我们矢志不渝；

创新发展，我们奋发图强；

扎根装备制造行业沃土，

在祖国的大江南北播撒阳光。

关中之中，渭水之阳，

精艺强身，志在四方；
技术艺术，完美结合，
知识熔炉，百炼成钢；
实现跨越，我们勇挑重担；
报效祖国，我们扬帆起航；
勇做新时期的能工巧匠，
为民族的伟大复兴再铸辉煌。

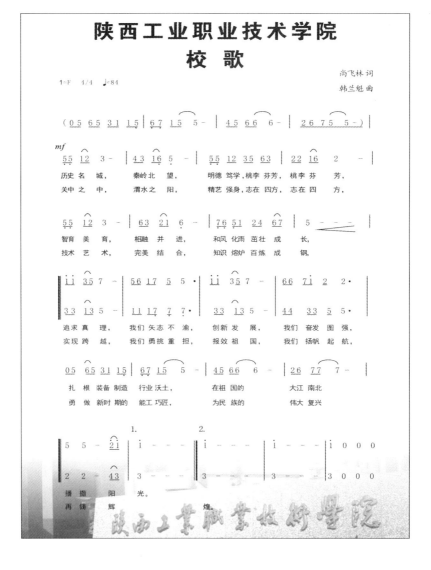

（5）一训三风

校训：明德、笃学、精艺、强身；

校风：博爱、严谨、求实、创新；

教风：厚德、博学、爱生、乐教；

学风：尊师、勤奋、自律、拼搏。

第 8 章
制度护航 以文化人

制度是一个组织存在和发展的基础，俗话说"无规矩不成方圆"，制度对组织内成员的行为起到约束作用，也是组织目标得以实现的保障。制度与文化有着密不可分的关系，制度以表征权利和义务规则为核心内容，其精神内核就是制度背后所体现的文化内涵，即制度文化。

学校作为一个文化组织，必然会建立符合自身发展的制度和管理体系，进而形成具有自身独特性的制度文化。校园文化建设的一个重要任务，就是根据学校的理念、精神，设计或建构与之相适应的制度文化体系，并通过制度的规范、约束、激励优化资源配置，形成更加科学、更加高效的运行机制，全方位地服务于人才培养和学校发展。

8.1 《陕西工业职业技术学院章程》

序 言

陕西工业职业技术学院是 1999 年 3 月经教育部批准，由创办于 1950 年的国家级重点中专——咸阳机器制造学校升格改制而成的省属全日制普通高等学校。2010 年 1 月，与陕西纺织服装职业技术学院合并组建成新的陕西工业职业技术学院。2011 年 6 月，成为国家示范性高等职业院校。

学院秉承"明德、笃学、精艺、强身"的校训，坚持"办有灵魂的教育，建有品位的学校，创有境界的文化、育有底气的人才"的办学理念，立足陕西，面向西北,辐射全国,依托装备制造业和纺织业,面向整个工业领域,服务区域经济、社会发展和行业人才需求,为社会培养了大批"下得去、留得住、用得上、干得好"的生产、建设、管理、服务一线的高素质技术技能人才,积淀形成了"博爱、严谨、求实、创新"的优良校风,"艰苦奋斗、创业奉献"的优良传统,"追求卓越、争创一流"的学院精神。

为实现学院确定的"省内领先、国内一流、国际知名"的奋斗目标,规范办学行为,推进依法治校,建立和完善现代大学制度,根据《中华人民共和国高等教育法》《中华人民共和国职业教育法》《中国共产党普通高等学校基层党组织工作条例》《高等学校章程制定暂行办法》以及有关教育行政法规,结合学院实际,制定本章程。

第一章 总 则

第一条 学院中文名称:陕西工业职业技术学院,简称"陕西工院"。英文名称:SHAANXI POLYTECHNIC INSTITUTE,缩写为"SXPI"。

第二条 学院举办者为陕西省人民政府,陕西省教育厅主管。

第三条 学院注册地址:陕西省咸阳市文汇西路12号;官方网址为:http://www.sxpi.edu.cn/。

第四条 学院具有独立法人资格,依法享有教学、科研、行政及财务自主权,独立承担法律责任。

第五条 学院坚持社会主义办学方向,贯彻党和国家的教育方针,遵循高等职业教育规律,主动适应经济社会发展需要,努力办人民满意的高等职业教育。

第六条 学院校徽主体图形由圆形蓝色背景和居中的"工"字图形组成,下有"SXPI"字样。蓝色展现学院深厚的办学底蕴,"工"字彰显学院明晰的办学定位,"SXPI"为学院的英文缩写。图示如下。

第七条 校旗主色为白色，尺寸为 1 920 mm × 1 280 mm，居中印制蓝色校徽和学院中英文名称。图示如下。

第八条 学院校歌为尚飞林填词、韩兰魁谱曲的《陕西工业职业技术学院校歌》。

第九条 学院以每年的十一月十五日为校庆日。

第十条 学院实行中国共产党陕西工业职业技术学院委员会（以下简称学院党委）领导下的院长负责制。

第十一条 院长为学院的法定代表人。

第二章 举办者与学院

第十二条 学院办学活动接受举办者的领导和监督。

举办者享有下列权利：

（一）依法决定学院的设立、变更和撤并；

（二）依法确定学院的领导体制；

（三）按照有关规定，任免学院负责人；

（四）指导学院的改革与发展，并实行监督管理；

（五）评价监督学院的办学水平和教育质量；

（六）法律法规规定的其他权利。

举办者应当履行下列义务：

（一）指导学院工作，为学院改革发展提供必要保障；

（二）支持学院依法自主办学、自主管理；

（三）按照国家规定，保证办学经费，逐步增加办学投入；

（四）支持学院开展人才培养、队伍建设、学科与专业建设、科学研究等活动；

（五）维护学院合法权益不受侵犯；

（六）法律法规规定的其他义务。

第十三条 学院享有下列权利：

（一）依法自主办学，依照章程自主管理；

（二）根据社会需求设置和调整专业；

（三）自主制定人才培养方案，积极开展校企合作，大力推行工学结合，加强专业建设、"双师型"师资队伍建设和校内外实训基地建设，改革人才培养模式，组织实施教育教学活动；对受教育者进行学籍管理，实施奖励或者处分，颁发相应学业证书；

（四）根据市场和社会需求、办学条件，合理确定办学规模报省政府核定，制定招生方案，调节招生比例，招收学生、学员；

（五）按照国家有关规定，评聘教师和其他专业技术职务，调整工资及津贴分配，实施岗位聘任管理；

（六）学院以立德树人为根本任务，依法开展教书育人、科学研究、社会服务和文化传承活动；

（七）依法开展与境内外高等学院和科研文化机构之间的科技文化交流与合作；

（八）根据学院实际需要和精简、效能的原则，确定内部组织机构的设置和人员配备；

（九）对举办者提供的财产、国家财政性资助、受捐赠财产依法自主管理和使用，依法收取学费及有关费用；

（十）法律法规规定的其他权利。

第十四条 学院履行下列义务：

（一）遵守国家的法律、法规；

（二）遵守学院章程；

（三）贯彻国家的教育方针，执行国家教育教学标准，保证教育教学质量；

（四）保护受教育者、教师和职工的合法权益；

（五）为受教育者提供必要信息；

（六）保护学院的资产不被侵占、破坏和流失；

（七）遵守国家收费规定，公开收费项目、标准；

（八）实行校务公开，民主管理；

（九）依法接受政府及其主管部门、师生员工和社会的监督；

（十）法律、法规规定的其他义务。

第三章　管理体制

第一节　学院党委

第十五条　学院党委按照《中国共产党章程》《中国共产党普通高等学校基层党组织工作条例》及其他有关规定，统一领导学院工作，坚持民主集中制的原则，集体讨论决定学院建设、改革和发展的重大事项，支持院长按照《中华人民共和国高等教育法》的规定，积极主动、独立负责地行使职权，确保学院教学、科研、行政管理等各项任务的完成。

第十六条　学院党委履行下列职责：

（一）宣传和执行党的路线方针政策和决议，坚持社会主义办学方向，依法治校，立德树人。

（二）领导制定学院发展规划；审议确定学院基本管理制度，讨论决定学院改革发展稳定以及教学、科研、行政管理中的重大事项。

（三）审定学院年度财务预算并讨论决定大额资金使用。

（四）讨论决定学院内部组织机构的设置及其负责人的人选，负责学院中层干部的选拔、教育、培养、考核和监督工作。

（五）落实党建工作责任制。加强学院党组织的思想建设、组织建设、作风建设、制度建设和反腐倡廉建设，建设学习型党组织。

（六）领导学院的思想政治工作和德育工作。

（七）加强对二级学院工作的领导，建立健全二级学院党政集体领导、分工合作、共同负责的领导体制。

（八）领导学院工会、共青团、学生会等群众组织和教职工代表大会（以下简称教代会)。

(九) 做好统一战线工作。对学院内民主党派的基层组织实行政治领导,支持他们依照各自的章程开展活动。支持无党派人士等统一战线成员参加统一战线相关活动,发挥积极作用。

(十) 组织制定、修订学院章程。

(十一) 其他需要党委会决定的重大事项。

第十七条 党委会按照民主集中制的原则,依照议事规则,履行职责。党委会由党委书记主持或经党委书记委托的党委副书记召集并主持。

第十八条 根据《中国共产党章程》和《中国共产党党内监督条例》的规定,中国共产党陕西工业职业技术学院纪律检查委员会是学院的党内监督的专门机构,在学院党委和上级纪委的领导下,围绕学院中心工作,检查党的路线、方针、政策及院党委决议、重大决策的贯彻落实情况,协助学院党委加强党风建设和组织协调反腐败工作,保障和促进学院各项事业健康发展。

第二节 院 长

第十九条 院长在学院党委领导下主持学院行政工作,全面负责学院的教学、科学研究和行政管理工作,落实党委决定的相关事项,向教职工代表大会报告工作。

院长的主要职责:

(一) 提请学院党委会讨论决定学院发展规划和重大事项,以及教学、科研、人事、外事、学生教育和管理、财务、基建、后勤等各项行政工作中的重大问题,并组织实施党委的决议。

(二) 组织拟订学院发展规划,制定具体规章制度和年度工作计划并组织实施。

(三) 组织实施学院的教育教学活动,推进教育教学改革,优化教育资源配置,确保教育教学质量。

(四) 在党委的领导下,组织实施校园文化建设、师德建设以及学生思想品德教育和学风建设。

(五) 组织拟订学院内部组织机构的设置方案。推行学院内部管理体制改革，建立科学规范的运行机制；拟订岗位设置方案，聘任与解聘教师以及内部其他工作人员，审定增减人员计划，决定人员调入、调出和引进接收；组织拟订学院人事制度改革方案、内部津贴和工资分配方案，决定对教职工的晋升、奖励或者处分。

（六）根据党管干部原则，按照权限和程序推荐副院长人选，代表学院任免（聘任、解聘）内部行政机构负责人。

（七）组织指导招生和毕业生就业工作。对学生进行学籍管理，按规定对学生实施奖励或处分，向毕业生颁发学历证书。

（八）主持拟定和严格执行内部财务制度和年度经费预算方案，监控财务收支状况，筹措办学经费；依法保护和管理校产，维护学院合法权益；对举办者提供的财产、国家财政性资助、受捐赠财产依法管理和使用；提高非经营性资产的使用效益，对经营性资产负有保值、增值责任。

（九）组织开展对外交流与合作，代表学院对外签约、接受各种捐赠。

（十）组织处理和解决教代会提案，保证教职工参与民主管理和监督，维护学院师生员工的合法权益。

（十一）拟订学院章程，经教代会审议、党委会讨论通过，报教育行政部门审定后执行。

（十二）履行法律法规和学院章程规定的其他职权。

第二十条 院长办公会议是学院行政事务的研究决策和实施监督机构。由院长或受院长委托的副院长召集并主持，实行集体讨论、院长决定的制度。

第三节 学术委员会

第二十一条 学院学术委员会是由高级专业技术职称的在职人员组成的学术咨询、审议机构。

第二十二条 学院学术委员会履行下列职责：

（一）审议学院科学研究计划、学术交流计划、科学研究项目立项与结题、教学改革和科学研究成果等有关学术事项；

（二）组织评议学院的重要学术论文、著作等，并提出奖励建议或意见；

（三）审议学院科技创新团队建设及其规划；对外推荐优秀学术人才、科研项目、科研成果，推荐院外重要学术组织的任职人选等；

（四）审议学院重大科技学术活动和国际学术交流等工作事宜；

（五）指导各二级学院学术委员会工作，组织全院性的学术活动，推动学术交流，活跃学术氛围；

（六）负责学院学术规范、学术道德、学术风气的建设与维护；

（七）受理学术争议；

（八）受院长委托审议和处理其他与学术有关的事务。

第四节 教学工作委员会

第二十三条 学院教学工作委员会是学院教学工作的指导、研究、咨询、监督和审议机构。

第二十四条 学院教学工作委员会履行以下职责：

（一）审议学院教学改革与发展规划、专业建设与发展规划、各专业人才培养方案、师资队伍建设规划、教学实训室建设和实践教学基地建设规划、大型实验教学设备采购计划；

（二）审议教学改革措施、教学质量评估措施、教学管理制度，并对执行情况进行督导；

（三）审定各类教学改革项目的管理办法、各类教学成果评定标准和办法，评审教学成果、重点建设专业、教学团队、精品资源共享课、教学名师等奖项；

（四）受院长委托，对学院教学工作中的重大问题开展调查研究，向院领导提出咨询意见和具体建议；

（五）指导全院教学工作，参与教学评价，提出推进教学改革的建议；

（六）指导教学改革工作，组织有关教学改革经验交流，推广教学改革方案或成果；

（七）指导各专业教材建设，审议教材建设方案，参加教材评优工作；

（八）指导实验、实习、实训，参与实训基地建设的论证与检查工作。

第五节 教职工代表大会

第二十五条 学院实行以教师为主体的教职工代表大会制度，依法保障教职工参与民主管理和监督，维护教职工合法权益。

教职工代表大会行使下列职权：

（一）听取学院章程草案的制定和修订情况的报告，提出修改意见和建议；

（二）听取学院发展规划、教职工队伍建设、教育教学改革、校园建设以及其他重大改革和重大问题解决方案的报告，提出意见和建议；

（三）听取院长工作报告、财务工作报告、工会工作报告及其他专项工作报告，提出意见和建议；

（四）讨论通过学院提出的与教职工利益直接相关的福利、院内分配实施方案以及相应的教职工聘任、考核、奖惩办法；

（五）审议上一届（次）教代会提案办理情况的报告；

（六）按照学院规定和安排评议学院领导干部；

（七）对学院工作提出意见和建议，监督学院章程、制度和决策的落实；

（八）讨论法律法规规章规定的以及学院与工会商定的其他事项。

第二十六条 学院教职工代表大会根据《学校教职工代表大会规定》的要求开展工作。

第二十七条 学院尊重和支持教职工代表大会参与学院民主管理和监督，落实教职工代表大会有关决议和提案。

第二十八条 学院工会为教职工代表大会的工作机构。

第六节 学院机构

第二十九条 学院制定学院机构和编制设置条例。

学院根据精简、效能的原则和实际工作需要，设置党政工作机构，决定其权责配置。学院党政职能机构根据学院授权履行管理和服务职责。

第三十条 学院根据工作需要设置专门委员会或领导小组等临时和非编机构，协调和处理特定事务。

第三十一条 学院可结合实际按规定程序报批设立各类管理、研究、培训、鉴定、考证等附设机构，组织开展相关工作。

第三十二条 陕西装备制造业职业教育集团是以学院为牵头单位成立的非营利性职业教育联合体，旨在充分发挥不同主体支持和参与职业教育发展。

第七节 群众组织

第三十三条 学院依法设立工会、共青团、学生会等群众组织。

第三十四条 工会、共青团、学生会等群众组织在学院党委领导下按照各自章程在法律、法规和学院规章制度规定的范围内独立开展活动，参与学院民主管理。学院为群众组织提供必要的活动条件。

第三十五条 学院设立校友联谊会，以多种方式联系和服务校友，凝聚校友力量，参与、支持学院建设与发展。

第八节 决策与规章制度

第三十六条 学院建立科学化、民主化、规范化的决策制度，科学、合理界定党委会、院长办公会、学术机构的决策权限，制定决策机构的议事规则。

学院重大事项决策，除依法应当保密的外，决策事项、依据和结果要实行校务公开，在决策过程中应当听取民主党派和群众组织的意见。

下列重大事项，决策机构应当事前组织专家进行必要性、可行性、合法性论证：

（一）关系学院发展的重大事项；

（二）专业性较强的事项；

（三）涉及学院重大权益的事项；

（四）涉及师生重大权益的事项。

学院建立法律顾问制度和内部审计制度，对学院重大决策提供合法性、合理性论证与咨询。

第三十七条 学院管理制度是规范学院运行机制和机构设置，维护学院教育教学秩序、科研秩序、社会服务秩序、工作生活秩序、校园安全秩序而要求学院决策机构、管理部门、师生员工共同遵守的规则和办事规程。

学院根据法律法规，依据学院章程，按照规定的程序，制定管理制度。

学院党委、院长办公会审议通过的，涉及学院、学生学员、教职工权利义务的、适用于全院范围内的管理制度，是学院的基本管理制度。

第三十八条 学院基本管理制度的制定、修改和废止应当按照规定的程序进行，其他规范性文件的制定按照公文处理办法进行。

第三十九条 学院设立政策法规工作机构，管理、审查学院管理制度。

第四章 二级学院

第四十条 二级学院（部）是学院的下属教学科研、学生管理单位，在学院党委、行政的领导下自主开展教学、科研及学生管理活动，对本单位的工作全面负责。

第四十一条 二级学院（部）的基本职能：

（一）全面负责本院（部）教学、科研和师生的思想政治工作；

（二）在学院核定的编制内，提出本院（部）教师及其他人员的调入与调出计划或建议；

（三）根据学院发展规划和工作要求，负责制定本院建设发展规划，提出本院（部）的专业设置及教学改革计划、年度招生计划，制定和组织开展本院（部）的师资队伍建设、专业建设、课程建设、实训基地建设；

（四）按照学院章程和学院管理制度制定本院管理制度；

（五）组织、检查、考核、评价本院教学工作，完成学院下达的各类教学任务；

（六）负责本院（部）学生教育管理，对本院（部）学生的奖惩、资助提出具体意见；

（七）负责本院（部）教职工的工作量核算和奖励津贴的分配；

（八）负责本院（部）教师专业技术职务评审资格的推荐工作；

（九）根据学院有关规定和财务制度，自主支配使用学院划拨的经费；

（十）根据权限，管理和使用由学院提供的教学、实验、行政用房和设施，管理本院的资产；

（十一）在学院有关规定范围内，积极开展对外交流合作、社会服务等活动；

（十二）行使学院赋予的其他权利和职能。

第四十二条 二级学院（部）通过党政联席会议制度，讨论和决定本单位重要事项。会议议题由二级学院（部）院长（部长）和党总支书记商定，下列重大事项必须由党政联席会议集体决定：

（一）二级学院（部）改革与发展目标、计划和措施；

（二）专业与课程设置和调整；

（三）人事聘用、进修、考核和奖惩；

（四）师生教育和管理；

（五）学期或学年工作计划；

（六）经费收支、预决算、分配；

（七）其他需要提交党政联席会议研究的问题。

二级学院（部）院长（部长）或党总支书记按照会议内容主持党政联席会议。在重大问题上如发生意见分歧，应及时协商解决，必要时可向学院党委、行政请示。

第四十三条　二级学院（部）重大事项决策的咨询机构是二级学院（部）学术委员会、教学工作委员会、专业建设指导委员会，监督机构是二级学院（部）工会委员会。

第四十四条　二级学院（部）党总支的基本职能：

（一）保证、监督党的路线、方针、政策和上级党组织决议的贯彻执行；

（二）负责本院（部）的党组织建设、党务公开工作；

（三）参与讨论和决定本院（部）行政工作中的重大问题；

（四）负责本院（部）师生思想政治工作以及学生管理工作；

（五）指导本院（部）辅导员和班主任开展工作；

（六）根据学院党委的安排，定期组织召开本单位党政领导干部的民主生活会；

（七）指导本院（部）工会、团总支和统一战线的工作；

（八）完成院党委安排和部署的其他工作。

第四十五条　按照二级管理体制的要求，二级学院在学院的统一领导下，建立自我规范、自我发展、自我激励、自我约束的管理运行机制，切实行使教学、科研、管理一体化职能，成为具有相对独立和拥有相应自主权的办学主体。

第五章　办学活动

第一节　人才培养

第四十六条　学院可根据市场和社会对人才的需要调整确定全日制人才培养

规模。

第四十七条 学院采取学历教育和非学历教育融通的多形式、多规格、多层次的办学形式。学历教育，主要实施全日制大专层次高等职业技术教育，积极争取适时举办本科层次教育。非学历教育，主要开展继续教育、企业员工培训和职业技能鉴定与培训。

第四十八条 人才培养是学院的根本任务，各项工作必须服从于育人工作，建立"教书育人、管理育人、服务育人、环境育人"工作机制，形成"全员育人、全程育人、全方位育人"的工作格局。

第四十九条 坚持育人为本，德育为先，把立德树人作为首要任务。加强思想政治教育，重视培养学生诚信品质、敬业精神和责任意识，提高学生创新精神、创业意志和创造能力。

第五十条 学籍是指受教育者经过国家招生行政部门认可，依法取得享有在本院接受学历教育的学习资格。

在本院注册的接受非学历教育的受教育者不享有学籍。

学院根据国家教育行政主管部门的规定，建立学籍管理制度。

第五十一条 教育教学是学院办学活动的基本内容。

学院建立管理制度，保证教育教学质量达到国家规定的标准。

第五十二条 学院实行教学工作监控评估制度，对教学管理、教学质量、学生学习状态进行监控和评估。强化质量意识，加强质量管理和指导，完善教学质量保障体系。

第五十三条 学院建立教学、科研和专业建设的保障制度。

学院有计划地实现图书信息系统的现代化。

学院有计划地实现教育技术现代化。

学院有计划地建立健全实验、实习、实训基地。

第五十四条 学院鼓励、支持教师个人和集体进行教育教学研究改革和实践。

第五十五条 遵循高等职业教育规律，坚持以服务为宗旨，以市场为导向，以能力为本位，按照市场需求的变化，主动适应区域经济和社会发展需要，有针对性地调整和设置专业，加快专业改革与建设。

第五十六条 根据培养目标和人才规格的要求，坚持以教学理念、教学内容、教学方法等为主要内容的教学改革，加强教学研究，充实教学内容，创新教学方法，改进教学手段和教学形式。加强课程建设和教材建设，加强实训、实习基地建设，积极推进工学结合，不断完善人才培养模式。

第二节 科学研究

第五十七条 科学研究是学院办学活动的重要内容。

学院从事科学研究的目的是创新知识，促进专业建设，提高教学质量，提升专业地位，为社会服务。

第五十八条 学院实行学院和二级学院两级科学研究管理体制。

第五十九条 学院依法保障学术自由，鼓励师生员工开展创新发明、技术服务、技术开发和科学研究。

学院依据国家有关知识产权的法律法规，建立保护师生员工和学生的知识产权的制度。

第三节 社会服务

第六十条 学院遵循"服务社会，促进发展，互惠互利"的原则，依法为区域经济社会发展提供服务。

第六十一条 学院按照国家有关法律法规和政策对社会服务工作进行管理。

第四节 文化传承

第六十二条 学院坚持传承与创新的有机统一，始终紧扣高职教育的类型特征，大力培育彰显校企融通、工学结合特质的校园文化。

第六十三条 学院立足实际，依托特色鲜明的校园文化，充分发挥文化的辐射作用和育人功能。

第六章 学生与学员

第六十四条 学生是指取得本院学籍、在本院注册的接受学历教育的受教育者。

第六十五条 学生在院期间依法享有下列权利：

（一）参加学院教育教学计划安排的各项活动，使用学院提供的教育教学资源；

（二）参加社会服务、勤工助学，在院内组织、参加各类校园文化活动；

（三）申请奖学金、助学金及助学贷款；

（四）在思想品德、学业成绩等方面获得公正评价，完成学院规定学业后获得相应的学历证书；

（五）对学院给予的处分或处理有异议，可按照程序向学院、省教育厅提出申诉；对学院、教职工侵犯其人身权、财产权等合法权益，提出申诉或依法向人民法院提起诉讼；

（六）法律法规规定的其他权利。

第六十六条 学生依法履行下列义务：

（一）遵守宪法、法律法规；

（二）遵守学院管理制度；

（三）努力学习，完成学院规定学业；

（四）按规定缴纳学费及有关费用，履行获得贷学金及助学金的相应义务；

（五）遵守学生行为规范，尊敬师长，养成良好的思想品德和行为习惯；

（六）法律、法规规定的其他义务。

第六十七条 取得学籍的学生在学院规定年限内，修完人才培养方案规定的内容，德、智、体达到毕业要求，准予毕业，由学院发给毕业证书；未达到毕业条件的学生，按照国家学籍规定颁发相应的结业证书、肄业证书和学习证明。

第六十八条 学生在院内可以按学院规定组织、参加学生社团。

学院提倡和支持学生社团开展学术、科技、文化、艺术、体育等活动。

学生社团应在法律法规和学院管理制度范围内活动，服从学院的领导和管理。

第六十九条 学院依法建立家庭经济困难的学生的救助制度。

家庭经济困难的学生可以申请国家奖学金、助学贷款、助学金、困难补助或者减免学费。

学院鼓励和支持学生利用业余时间参加社会服务和勤工助学活动，并进行适当的引导和管理。

第七十条 学院依法建立学生安全管理制度，预防和处理学生伤害事故。

第七十一条 学员是指按照规定在本院注册但没有学籍的接受非学历教育的受教育者。

学员入学应当与学院签订教育服务协议。

学员按照国家和学院的有关规定或者教育服务协议的约定，享有相应的权利和履行相应的义务。

学院按照有关规定发给学员相应的结业证书或学习证明。

第七章 教职工

第七十二条 学院教职工由教师、其他专业技术人员、管理人员和工勤人员等组成，学院对教职工依法实行聘用合同制度，对专业技术人员实行专业职务聘任制度，对管理人员实行职员职级制度对教师实行任职资格准入制度。

第七十三条 教职工享有下列权利：

（一）公平使用学院的公共资源；

（二）公平获得自身发展所需的相应工作机会、条件；

（三）在品德、能力和业绩等方面获得公正评价；

（四）公平获得与其贡献相称的各种奖励和荣誉称号；

（五）知悉学院改革、发展及关涉切身利益的重大事项；

（六）参与学院民主管理，对学院工作提出意见和建议；

（七）对职务、福利待遇、评优评奖、纪律处分等事项提出异议或申诉；

（八）法律法规规定的其他权利。

第七十四条 教职工履行下列义务：

（一）珍惜和维护学院名誉，维护学院利益；

（二）合理使用学院资源，自觉履行岗位职责规定的任务；

（三）关心、爱护学生，尊重学生人格，维护学生合法权益，促进学生在品德、智力、体质等方面全面发展；

（四）树立良好的师德风尚，遵守学术道德规范；

（五）法律法规规定的其他权利。

第七十五条 学院对教职工的思想政治表现、职业道德、业务水平和工作实绩定期进行考核，考核结果作为聘任、晋升、奖惩、解聘的依据。

第七十六条 学院实行岗位聘用制，教职工根据岗位聘任，获得国家及学院规定的工资、奖金，依法享受国家规定的福利待遇。

第七十七条 学院编制外用工人员，享有《中华人民共和国劳动合同法》规定的权利，履行相应的义务。

第八章 学院经费、资产、财务、档案与后勤保障

第七十八条 学院由下列各项取得办学经费：

（一）国家财政补助；

（二）上级补助收入；

（三）学院事业收入；

（四）学院经营收入；

（五）学院所属单位创收收入；

（六）社会捐资；

（七）其他收入。

第七十九条 学院资产指学院占有或使用的能够以货币计量的经济资源，如各种财产、债权等；包括固定资产、流动资产、无形资产和对外投资等。

第八十条 学院建立规范的资产管理制度。分类登记，产权明晰。

第八十一条 学院依法建立"统一领导，集中核算"的财务管理体制及财经委员会制度，实行分级经济责任制度，分类指导，民主监督。

第八十二条 学院建立内部审计制度，设立审计机构，对学院和所属单位进行审计，对各内部组织机构负责人经济责任进行审计，提高教育投资效益，保证资金运行安全。

第八十三条 学院建立档案管理制度，院档案机构对学院各类档案进行统一管理。

第八十四条 学院建立后勤保障制度，设立相应的机构为办学活动提供后勤保障。

第九章　奖励与惩戒

第八十五条　学院建立奖励制度，对在教学、科研、专业建设、管理、后勤保障、社会服务中以及提升学院社会影响做出突出贡献的教职工和品学兼优的学生进行表彰奖励。

第八十六条　学院建立违纪处分制度，对于违纪的教职工和学生，依据法律法规和学院管理制度，按规定的程序予以纪律处分。

第十章　学院民主监督

第八十七条　学院建立民主监督机制，实施民主管理，实行校务公开。

第八十八条　中国共产党学院纪律检查委员会，学院监察机构、审计机构、学院工会、教职工代表大会、学院民主党派、群众组织依法按照各自的职责，对学院办学活动进行监督。

第八十九条　学院建立教职工、学生申诉制度，保障教职工和学生合法权益。

第九十条　学院成立章程监督委员会，维护章程的权威，监督和保障章程的贯彻执行。

第十一章　附　则

第九十一条　章程的制定与修订，须经院教职工代表大会审议、院长办公会议审核、院党委会审定，由学院法定代表人签发，报省教育厅核准后发布。

第九十二条　学院章程具有下列情形之一时修订：

（一）章程依据的教育法律法规发生变化；

（二）章程依据的教育政策发生变化；

（三）学院管理体制、学院发展目标发生变化。

章程修订由院长提出，修订程序同制定程序。

第九十三条　学院根据章程制定相应的管理制度，任何制度不得与本章程相抵触。

第九十四条　本章程由院党委负责解释。

第九十五条　本章程自陕西省教育厅核准之日起施行。

8.2 《陕西工业职业技术学院关于落实党委领导下的院长负责制的实施细则》

为全面贯彻落实中央办公厅下发的《关于坚持和完善普通高等学校党委领导下的校长负责制的实施意见》（中办发〔2014〕第55号）和《陕西省省属高等学校党委领导下的校长负责制的若干意见（试行）》（陕高教〔2013〕2号）精神，特制定本实施细则。

第一部分 党委统一领导学院工作

一、学院党委是学院的领导核心，履行党章等规定的各项职责，把握学院发展方向，决定学院重大问题，监督重大决议执行，支持院长依法独立负责地行使职权，保证以人才培养为中心的各项任务完成。

1. 全面贯彻执行党的路线方针政策，贯彻执行党的教育方针，坚持社会主义办学方向，坚持立德树人，依法治校，依靠全院师生员工推动学院科学发展，培养德智体美全面发展的中国特色社会主义事业合格建设者和可靠接班人。

2. 讨论决定事关学院改革发展稳定及教学、科研、行政管理中的重大事项和基本管理制度。

3. 坚持党管干部原则，按照干部管理权限负责干部的选拔、教育、培养、考核和监督，讨论决定学院内部组织机构的设置及其负责人的人选，依照有关程序推荐院级领导干部和后备干部人选。做好老干部工作。

4. 坚持党管人才原则，讨论决定学院人才工作规划和重大人才政策，创新人才工作体制机制，优化人才成长环境，统筹推进学院各类人才队伍建设。

5. 领导学院思想政治工作和德育工作，坚持用中国特色社会主义理论体系武装师生员工头脑，培育和践行社会主义核心价值观，牢牢掌握学院意识形态工作的领导权、管理权、话语权。维护学院安全稳定，促进和谐校园建设。

6. 加强文化建设，发挥文化育人作用，培育良好校风学风教风。

7. 加强对学院基层党组织的领导，做好发展党员和党员教育、管理、服务工作，发扬党内民主，充分发挥基层党组织的战斗堡垒作用和党员的先锋模范作用。加强学院党委自身建设。

8. 领导学院党的纪律检查工作，落实党风廉政建设主体责任，推进惩治和预防腐败体系建设。

9. 领导学院教职工代表大会和工会、共青团、学生会等群众组织。做好统一战线工作。

10. 讨论决定其他事关师生员工切身利益的重要事项。

二、党委实行集体领导与个人分工负责相结合，坚持民主集中制，集体讨论决定学院重大问题和重要事项，领导班子成员按照分工履行职责。

三、党委书记主持党委全面工作，负责组织党委重要活动，协调党委领导班子成员工作，督促检查党委决议贯彻落实，主动协调党委与院长之间的工作关系，支持院长开展工作。

第二部分　院长主持学院行政工作

一、组织拟订和实施学院发展规划、基本管理制度、重要行政规章制度、重大教学科研改革措施、重要办学资源配置方案。组织制定和实施具体规章制度、年度工作计划。

二、组织拟订和实施学院内部组织机构的设置方案。按照国家法律和干部选拔任用工作有关规定，任免内部组织机构的负责人。

三、组织拟订和实施学院人才发展规划、重要人才政策和重大人才工程计划。负责教师队伍建设，依据有关规定聘任与解聘教师以及内部其他工作人员。

四、组织拟订和实施学院重大基本建设、年度经费预算等方案。加强财务管理和审计监督，管理和保护学院资产。

五、组织开展教学活动和科学研究，创新人才培养机制，提高人才培养质量，推进文化传承创新，服务国家和地方经济社会发展，把学院办出特色、争创一流。

六、组织开展思想品德教育，负责学生学籍管理并实施奖励或处分，开展招生和就业工作。

七、做好学院安全稳定和后勤保障工作。

八、组织开展学院对外交流与合作，依法代表学院与各级政府、社会各界和境外机构等签署合作协议，接受社会捐赠。

九、向党委报告重大决议执行情况，向教职工代表大会报告工作，组织处理教职工代表大会、学生代表大会、工会会员代表大会和团员代表大会有关行政工作的提案。支持学院各级党组织、民主党派基层组织、群众组织和学术组织开展工作。

十、履行法律法规和学院章程规定的其他职权。

第三部分 议事规则

一、党委会议事规则

党委会是学院的最高决策机构，主要对党的建设和思想政治工作、学院改革和发展以及教学、科研、行政管理中的重大问题作出决策。学院"三重一大"（重大决策、重要干部任免、重大项目安排、大额资金的使用）事宜必须经党委会集体讨论决定。

（一）议事范围

1. 研究决定党的路线、方针、政策和上级的重要决定、指示的具体实施意见和落实措施。

2. 研究决定学院办学方向、办学指导思想、发展定位等重大问题。

3. 研究决定学院党的建设、思想政治工作、精神文明建设、廉政建设、稳定工作及群众关心的热点等方面重要问题，审批接收新党员及审批预备党员转正。

4. 研究决定学院发展建设规划、专业建设和人才队伍建设、校园建设规划以及教学、科研、人事管理等方面的重大问题和重大规章制度。审定内部组织机构设置、人员编制方案、分配政策、基本管理制度、重大改革方案等。

5. 研究决定科级（含）以上干部的选拔、任用、调配、教育、培养、考核、监督和奖惩，院级后备干部推荐、培养以及干部队伍建设和人才工作中的重大问题。

6. 审定学院年度党政工作要点、党委重要会议的报告，党委领导的重要讲话，向上级的重要请示、报告等文件，党员代表大会、教职工代表大会、工会会员代表大会、团员代表大会的工作报告和议程。

7. 审定学院年度财务预决算以及 100 万元以上的重大投资项目、基建项目等各类开支项目；审定国有资产管理、校办产业政策等。

8. 研究决定学院与国际国内的重要合作交流项目、重大科技合作与交流、合作办学与校外投资，出国（境）组团与院领导、处科级干部、高级职称技术干部出国等。

9. 研究决定纪委、党委职能部门、基层党组织、群众团体组织的重大事项，以及统战和老干部工作中的重大问题。

10. 对学院党组织、领导干部和党员违纪案件，依据院纪委提出的处理意见做出决定。

11. 研究决定工会、共青团、学生会、政治保卫、统战工作以及其他涉及全局性的工作方针、原则、计划和重大部署。

12. 审定院级和学院向上级推荐的各类先进（优秀）集体和先进（优秀）个人。

13. 研究院长办公会提请党委会讨论决定的重大问题。

（二）会议参加人员与主持人

1. 党委会由党委书记召集并主持，若因故不能出席时可委托党委副书记主持。

2. 会议成员为党委委员。非党员的副院长、院级和副院级调研员可根据需要列席会议。

3. 议题相关部门负责人根据讨论议题列席会议。

（三）会议时间

院党委会一般每两周召开一次，如遇重要情况可随时召开。

（四）议题确定

1. 会议议题由学院领导班子成员提出，由党政办公室负责收集，由党委书记确定。

2. 行政工作中需提交党委会讨论决定的事项，一般应经过院长办公会审议通过。

3. 议题确定后，党政办公室应及时将有关材料在会前分送党委委员，议题相关部门应认真准备好汇报资料，提出明确意见或两个以上方案。

（五）议事规则

1. 党委会必须有二分之一以上委员出席方能召开；讨论决定干部任免等重要事项时，应有三分之二以上党委委员到会方能召开；党委委员因故不能到会，应提前向会议召集人请假，如有意见必须出具书面材料。

2. 党委会讨论议题时，应先由议题相关部门负责人或主管院领导对议题进行说明和汇报，党委委员和其他列席人员围绕议题充分发表意见。经认真讨论意见基本一致后，方可形成决议，需要落实或办理的事项，应明确主办负责人。

3. 在充分讨论的基础上，党委委员可采取口头、举手、记名投票或无记名投票方式对事项逐个进行表决，以超过应到会委员人数的半数同意为通过。表决结果由会议主持人当场宣布，并将表决情况如实记录在案。列席人员在讨论有关事项时可发表意见，但无表决权。

4. 党委会做出的决定、决议，必须严格执行少数服从多数和党委委员一人一票的原则。委员对会议的决定、决议有不同意见可以保留，并有权向上级党组织反映，但在言行上必须按会议决定、决议执行，不能擅自更改决定、决议。

5. 有原则性分歧意见的，除在紧急情况下必须按多数人意见执行外，一般应暂缓做出决定，待进一步调查论证、酝酿协商后再做决定。根据工作需要也可召开党委扩大会议研究，必要时，也可将争议情况向上级党组织汇报，请求裁决。

6. 会议实行公务回避制度。凡研究评职、调资、干部任免、奖惩等问题时，具体涉及到会人员或其家属子女、亲属及本人所在部门时，会议主持人应明确提请有关人员回避，以便公正地做出决定。

7. 党政办公室负责党委会的会务工作，党政办公室负责人列席会议并做好会议记录。党委会决议一般应发会议纪要或决议文件。会议纪要和以党委名义印发的文件，由书记签发；以行政名义印发的文件，由院长签发。

8. 党委会应按事先确定的会议议题和次序进行，在会议过程中，一般情况下临时动议议题不予研究。

（六）决定、决议实施原则及注意事项

1. 凡会议做出的决定、决议，由党政主要领导分工组织实施并共同对党委负责。

2. 按照党委领导下院长负责制有关规定，党委负责重大问题的决策责任，贯彻执行责任由主管领导承担。

3. 会议主持人应在会后及时向缺席的党委委员通报会议情况，并征求意见。缺席的党委委员对党委会决定、决议的重要意见，会议主持人要及时向其他委员通报。

4. 对会议讨论决定属保密范围或不宜公开的问题，任何人不得擅自向外泄漏。因违反组织原则泄露秘密造成不良后果的，要追究个人责任。

5. 决议在执行过程中，发现确有不妥之处或出现新的情况，需要对决议内容作重大调整或变更时，经书记同意后，应提交党委会重新议定。

6. 党委会明确决定由有关部门负责实施办理的问题，由党政办公室负责督促、汇报有关问题。

二、院长办公会议事规则

院长办公会议是学院行政议事决策机构，主要研究提出拟由党委讨论决定的重要事项方案，具体部署落实党委决议的有关措施，研究处理教学、科研、行政管理工作。

（一）议事范围

1. 研究决定或拟订上级有关行政工作的重要文件、会议精神的具体方案和落实措施。

2. 根据院党委的决策，制定具体的落实计划和实施办法。

3. 拟订学院中长期发展规划、年度工作计划、学院编制计划、基建总体规划，改革方案、年度经费预决算、大额度资金的使用以及教学、科研、师资队伍的建设、人事工作、行政管理等重大问题的工作方案，报院党委会审定。

4. 研究决定不需提交党委会审定的教学管理与改革、专业建设、科研推广、后勤保障等行政工作中的事项。

5. 审定学年招生计划，研究决定学生管理、就业、各类奖助学金及先进评审等方面的重要事项。

6. 审定 100 万元以内、5 万元以上的财务开支项目、基建和修缮项目、仪器设备购置等重大项目的经费开支。

7. 研究决定或拟订学院行政管理方面的各类规章制度。

8. 决定教职工的行政奖惩事项、学生开除学籍处分。

9. 审议国内外合作交流方面的重大项目。

10. 审定学院教学工作委员会、学术委员会、职称评审委员会等常设机构委员人选。

11. 学院行政工作中其它需要决定的事项。

（二）参加人员与主持人

1. 院长办公会由院长召集并主持，若因故不能出席时可委托副院长主持。

2. 会议成员为院行政领导、纪委书记、院级和副院级调研员、院务助理。党委副书记可视议题情况参加会议。

3. 党政办公室主任、监察处处长应列席会议，议题相关部门负责人根据讨论议题列席会议。

（三）会议时间

院长办公会一般每周召开一次，也可根据情况不定期召开。

（四）议题确定

1. 院长办公会议题由党政办公室负责收集。凡需提交院长办公会研究确定的事项，由议题提案单位填写议题单，先送主管院领导审阅同意后，再送党政办公室汇总，经院长审定后作为正式上会议题。

2. 议题确定后，党政办公室应及时将有关材料在会前分送院长办公会成员，议题相关部门应认真准备好汇报资料。

3. 凡属决策性的重要议题，无特殊原因应至少在会议召开前一天将部门意见或方案送交党政办公室。涉及几个处室的议题，提交议题的部门应事先将议题内容与相关部门充分协商，协商意见基本一致，经相关部门负责人同意签字后再予以上报。

（五）议事规则

1. 院长办公会须有二分之一以上组成人员到会方可举行。因故不能出席者，应事先向主持人请假。院长办公会研究的议题，涉及院长办公会成员、列席会议人员及其亲属时，本人应回避。

2. 会议讨论决定问题，一般应先由议题相关部门负责人或主管院领导对议题进行说明和汇报，与会人员围绕议题充分发表意见，每一项议题讨论结束后，由主持人综合各方面的意见，概括讨论结果，最后形成决议。

3. 在审议中如遇意见不一致，院长可根据各种意见，经分析做出决定，形成会议决定。对重要问题讨论意见分歧较大或意见双方人数接近，除特别紧急情况由院长决定外，一般应进一步调查了解情况，改期再议。对事关师生员工切身利益的重要事项，应通过教职工代表大会或其他方式，广泛听取师生员工的意见建议。

4. 党政办公室负责院长办公会的会务工作，负责做好会议记录，会后形成的文件、纪要由院长签发。

5. 会议应按事先确定的议题和次序进行，对于来不及报送而又急需讨论的事项可在会前口头征得主持人同意后方可上会研究。不讨论未经院长同意的临时动议。

（六）决定、决议实施原则及注意事项

1. 会议审议议题和所做的决定、决议，应指定专人口头通报因故未到会的院长办公会成员。

2. 对院长办公会决定的事项，院领导要带头执行并根据分工督促分管部门和单位做好会议决议的落实。

3. 院长办公会所有成员和列席会议人员均要严格遵守保密纪律，对属于保密的会议内容和讨论情况，不得泄露。

4. 在执行中发现新问题或不同意见，或因条件所限暂时无法执行的，分管的院领导应做好协调工作，并及时向院长报告，由院长征询院长办公会成员意见后决定或指定有关部门重新拟定议题，提交下次院长办公会复议。

5. 院长办公会明确决定由有关部门负责实施办理的问题，由党政办公室负责督促、汇报有关问题。

第四部分 建立党政协调运行机制

党委领导下的院长负责制是不可分割的有机整体，必须坚持党委的领导核心地位，保证院长依法行使职权，建立健全党委统一领导、党政分工合作、协调运行的工作机制。

一、建立定期沟通制度，及时交流工作情况。党委会议有关教学、科研、行政管理工作等议题，应在会前。

二、坚持领导干部双重组织生活会制度，认真开好听取院长意见；院长办公会议的重要议题，应在会前听取党委书记意见；讨论决定学院重大问题，应在调查研究基础上提出建议方案，经领导班子成员沟通酝酿且无重大分歧后提交会议讨论决定。

民主生活会，正确运用批评和自我批评的武器，开展积极健康的思想斗争。

三、落实谈心谈话制度，党委书记和院长要定期相互谈心，定期同其他领导班子成员谈心，对在思想、作风、廉洁自律等方面出现的苗头性倾向性问题，要早提醒、早纠正；领导班子成员之间要经常交流思想、交换意见，努力营造团结共事的和谐氛围。

四、坚持科学决策、民主决策、依法决策，对事关师生员工切身利益的重要事项，应通过教职工代表大会或其他方式，广泛听取师生员工的意见建议。

五、学院建立民主管理和监督机制，实行党务公开和校务公开，学院工会、教职工代表大会，学院党的纪律检查委员会、监察处、审计处，学院民主党派、群众组织依法按照各自的职责，对学院办学活动进行监督。

六、学院加强学术组织建设，健全以学术委员会为核心的学术管理体系与组织架构，合理确定学术组织人员构成，制定学术组织章程，保障学术组织依照章程行使职权，充分发挥其在专业建设、学术评价、学术发展和学风建设等方面的重要作用，积极探索教授治学的有效途径。

七、加强对主管部门干部的管理。党群部门正、副负责人的分工由主管院领导提出初步意见，书记同意后执行；行政部门正、副负责人的分工，由主管院领导提出意见，经院长核准、书记同意后执行。

八、加强和完善领导班子自身建设。学院党委书记对领导班子建设负全面领导责任，领导班子成员应共同在以下六个方面以身作则、率先垂范。

（一）坚持内部团结和谐。领导班子成员要毫不动摇保证党的路线方针政策和决定、决策在各项工作中得到全面贯彻，严格落实党委领导下的院长负责制和党委会、院长办公会议事规则，坚持领导班子周一情况通报会制度，坚持重大决策提前通气、职工反映的热点问题多方通气、吃不透拿不准的问题反复研究通气；始终遵循个人服从集体，少数服从多数的原则。

（二）坚持模范遵守制度。领导班子成员要身先士卒，模范遵守校规校纪，带头学习制度、严格执行制度、自觉维护制度，始终按规矩办事、按程序办事。领导班子成员因公外出，要履行报告制度；因私外出，要履行请假手续；外出超过一周的，要由党委安排其他院领导代为主持主管的工作。要全面推行阳光治校、依法治校，坚持校务公开、信息公开，主动接受师生监督。

（三）坚持勇于担当。深刻认识自身第一岗位是管理，首要职责是推动学院发展，要把主要精力用在加强学习、深入调研、提升主管工作的效率和质量上；文件要及时审批、审签，手机要坚持24小时开机，避免误事；要关注和了解学院的各类信息，随时掌握主管工作的动态，出现突发事件时要在第一时间到达现场及时处置；强化主管工作的量化管理和督办督查，敢于批评教育，敢于追责问责；克服消极埋怨情绪和"等靠要"思想，崇尚实干，杜绝空谈，营造良好的工作氛围。

（四）坚持吃苦奉献。正确处理职权、利益、名誉等方面关系；正确处理管理工作和教学、学术活动的关系，确保有足够的时间和主要精力投入管理工作；做到不和教师争教科研资源、争个人荣誉、争职称待遇；党委书记和院长一般不担任科研项目主要负责人，不利用职权为自己跑项目、跑课题，干涉教科研事务；荣誉面前退一步，任务面前进一步，困难面前抢一步，吃苦在前，享受在后。

（五）坚持勤俭办学传统。严格执行中央"八项规定"，控制"三公"经费，把有限的资金用在人才培养和学院发展上，决不为了图出名、捞资本搞"形象工程""政绩工程"，严格执行住房、公务用车等有关规定；严禁超额度、超标准接待；不以公务名义变相旅游，不参加没有实质内容的出国考察；坚决反对奢靡享乐、铺张浪费。

（六）坚持为师生务实廉洁。认真践行党的群众路线，不干有损于学院和师生利益的事情，不干违背教育客观规律和师生意愿的事情；严格遵守廉洁从政若干准则，杜绝特权思想；不违规干预干部的选拔任用，不凭关系用人；不违规接受财物馈赠、吃喝宴请；不干预基建、维修及物资采购等项目招投标活动，不得向相关职能部门打招呼；不利用手中权力谋取私利；对于各种歪风邪气，敢于反对，敢于抵制，敢于查处。

<h3 style="text-align:center">第五部分　附　则</h3>

一、本细则由党委组织部负责解释。

二、本细则自下发之日起执行。

8.3 《陕西工业职业技术学院领导班子成员约法十则》

为将院领导班子建成自觉地以习近平新时代中国特色社会主义思想为指导、带头树牢"四个意识"、坚定"四个自信"、坚决做到"两个维护"的一流领导班子，团结引领广大师生员工在新时期新征程新挑战中取得更加辉煌的业绩，根据省委教育工委第一巡察组对我院党委工作巡察的反馈意见、工委领导参加我院院领导班子民主生活会的指导意见、省委教育工委《关于在全省高校处级以上领导人员中开展"讲政治、敢担当、改作风"专题教育实施方案》、学院《领导班子成员履行全面从严治党"一岗双责"情况向党委报告实施办法（试行）》等意见和方案，面对全面从严治党、新校区建设、全国高水平高职院校（简称"双高院校"）创建等新机遇、新挑战、新使命，院领导班子自我画像，自加压力，自我约束，班子成员共同商议，三易其稿，形成了我院院领导班子成员《约法十则》。

出台学院领导班子成员《约法十则》，是院党委开展全面从严治党的自选动作，是班子成员自觉接受上级主管部门和广大师生员工监督的郑重承诺，学院新一届领导班子将以崭新面貌，带领大家勇于创新、凝心聚力、求真务实、攻坚克难、砥砺前行、占领制高点、创建新特色、展示新作为，为高质量建设国家优质、陕西一流高职学院书写好学院的"奋进之笔"，为学院创新发展做出积极贡献！

具体内容如下：

1. 守纪律讲规矩。分工负责，执行决策不打折扣、不搞变通，不搞会上不说、会下乱说，不在干部职工面前发牢骚、说长论短。

2. 深入学习系统思考。掌握高等职业教育发展规律，熟知学校现状，慎重决策，不朝令夕改，不临时动议。

3. 团结协作。相互支持、及时补台，坦诚相见，对矛盾不回避，对困难不躲闪，经常性开展谈心谈话活动，直接通气，不拐弯抹角，不摆架子。

4. 主动调查研究。诚心实意听取职工意见建议，每年至少听课6次以上、参加处级单位活动2次以上，开展基层调研2次以上，撰写调研报告1篇以上。

5. 不当"甩手掌柜"。对分管工作领域做到政策熟、底数清、思路明、措施实，长远有规划，近期有举措，年终有成效，对重要工作亲力亲为，扑下身子抓落实。

6. 严格管理。不迁就不护短，敢于批评和纠正，坚决防止怠政懒政，主动承担领导责任。

7. 带头改进会风文风。开短会，讲短话，亲自起草发言和讲话提纲。

8. 按照规则和程序办事。在学院财务、招生、科研、工程、招标、招聘、干部选任、职称评审等工作中做到坚持原则、公开公正、不插手、不干预、不打招呼。

9. 不徇私情不搞特权。管好自己和家属，不和教师争资源、争项目、争利益、争荣誉。

10. 自觉遵守党规党纪。做廉洁自律表率，如实向组织报告个人重大事项。

以上约定，如有违反，自愿接受群众批评和组织处理。

8.4 《陕西工业职业技术学院教职工代表大会暂行条例》

第一章　总　则

第一条　为了发扬民主，充分发挥教职工的聪明、才智，办好高职学院，为西部大开发多做贡献，根据中华人民共和国宪法"人民依照法律规定，通过各种途径和形式，管理国家事务，管理经济和文化事业"的规定及《高等学校教代会暂行条例》精神，特制定我院教代会暂行条例。

第二条　我院教职工代表大会（以下简称教代会）是教职工群众行使民主权利，参与民主管理的重要形式。

第三条　教代会应坚持四项基本原则，遵照党的方针、政策和国家的法律、指令，在院党委的领导下行使职权。要正确处理国家、集体、教职工个人三者关系，调动广大教职工的积极性，保证培养德、智、体全面发展的人才和各项任务的完成，办好具有中国特色的社会主义职业技术学院。

第四条　教代会的组织原则是民主集中制。

第二章　职　权

第五条　教代会在本院权限范围内行使下列职权：

一、听取院长的工作报告，讨论本院的年度工作计划、发展规划、重大改革方案、教财务预决算、教职工队伍建设及教育管理工作等重大问题。

二、审议通过职务聘任制方案、奖惩条例和其他与教职工密切相关的重要规定制度，由院长颁布执行。

三、讨论决定教职工住房分配条例、创收分配方案及行政福利费用的使用原则和办法，以及其他与教职工切身利益有关的生活福利问题。

四、民主评议行政领导干部，可提出奖惩和任免建议，对行政职能部门的工作进行监督。

第六条　院长要定期向代表大会报告工作，听取教代会的意见和建议，落实和执行教代会的决议和提案，尊重和支持教代会行使民主管理、民主监督权利，并接受教代会的检查和监督，维护教职工的合法权益。

第七条 教代会要支持院长依法行使决策权和指挥权，维护行政指挥系统的权威。教育教职工严格遵守各项规章制度，以主人翁的态度努力完成各项工作任务。

第八条 教代会对院长在其职权范围内决定的问题有不同意见时，可以向院长提出建议；院长对教代会在其职权范围内决定的问题有不同意见时，可以要求复议，如双方意见得不到统一，可分别报告各自的上级主管部门。

第九条 上级工会有权指导和支持院教代会正确行使民主权利。

第三章 教职工代表

第十条 教职工代表以系、处或教研室、科室、车间、班组为单位，在党组织的领导和主持下，由教职工直接选举产生。凡是享有公民权的教职工，只要坚持党的基本路线，坚持邓小平理论，作风正派，本职工作及各项任务完成得好，热心为群众办事的人，均可当选为代表。代表的构成，既要照到学校各方面人员，又要充分体现学校以教学为主的特点。其中教代会代表中专职教师至少应占代表的60%，具有高级职称的人员至少应占代表的70%，女性代表至少应占代表的35%。代表实行常任制，任期五年，到期改选，可以连选连任。代表在校内工作调动，仍承认其代表资格，但参加调入单位代表组的活动。凡代表因调出学校、离退休等出现空缺时，原单位按规定程序增补并报院工会。由教代会代表资格审查委员会审查有效后即为正式代表。若代表因触犯法律或党纪、政纪处分等不宜继续当选代表或原选举单位根据群众意见提出书面撤免建议，经核实后按规定程序可撤免代表。

第十一条 代表的权利

一、在教代会上有选举权和被选举权，有权对大会的各项议程充分发表意见，参加表决。

二、对学校的工作有审议、批评和建议的权利，对干部有评议监督权力。

三、有权提出提案或议案，可以有组织地参加检查学校有关部门执行大会决议及提案落实情况。在必要时，对有关部门的工作提出质询意见。

四、因行使政治民主权利而遭受打击报复时，有权向有关部门申诉、控告。

第十二条 代表的义务

一、模范地执行党的方针、政策和国家的法律、法令。遵守学校的各项规章制度，积极做好本职工作。

二、模范遵守职业道德和社会公道，在建设社会主义精神文明中起表率作用。

三、积极宣传，认真贯彻教代会的决议，积极参加教代会的活动，做好教代会交给的各项任务。

四、密切联系群众，广泛听取并切实反映群众的意见和要求，接受群众监督，做好群众工作。

第十三条 教代会根据需要，可邀请有关领导干部、教职工、学生、离退休人员作为列席代表或特邀代表参加会议。列席代表或特邀代表有建议和审议的权利，但不参加表决和选举。

第四章　组织制度

第十四条 召开教代会时，选举大会主席团主持会议，主席团成员由学校各方面人员组成，其中包括党政工团主要领导干部，教师应占多数。

第十五条 我院教职工代表大会每五年一届，定期开会，一般应每学年召开一次。每次大会必须有三分之二以上代表出席，大会的表决应以出席会议代表半数以上通过方为有效。

因特殊原因，不能如期召开，应向代表说明，并经代表多数同意。

遇有重要问题或根据三分之一以上代表的要求，可以提前召开大会或召开临时代表会议。

第十六条 教代会的议题应根据学校的中心工作和群众迫切关心的问题，广泛吸收教职工的意见，在大会主席团审议后，提请大会通过。

第十七条 教代会以系、部门、车间为单位建立代表组（团），选举产生正、副组（团）长，其主要任务是：

一、组织代表学习、讨论大会编辑的有关学习资料，提高代表对开好教代会意义的认识。

二、大会前组织代表调查研究群众意见，综合整理代表提案，及时向有关部门或主席团汇报。

三、在大会期间，组织代表开好会议。

四、大会后，组织传达大会精神，动员本单位群众认真贯彻大会决议。

五、参加本单位或本系统的民主管理工作。

第十八条 根据我院实际情况，设立教代会提案审查落实委员会、工程质量监督委员会、民主管理委员会、干部评议和人事工作监督委员会、财务工作监督委员会、劳动争议调解委员会六个专门工作委员会。教代会也可以举行有关人员参加的专题会议，其任务是对教代会要讨论的重要问题和代表提出的重要提案进行调查研究，提出建议。检查有关部门贯彻教代会决议和处理提案的情况以及解决大会交办的其他事项。

第五章 工作机构

第十九条 学校工会委员会承担教代会工作机构的任务，在党委的领导下，会同有关部门做好下列工作：

一、做好大会的筹备工作和会务工作，组织选举教职工代表，收集整理提案，提出大会方案和主席团人选建议名单，经党委批准后，在教代会预备会上通过，召开大会。

二、大会闭幕期间，组织代表组（团）及各专门工作委员会的活动，督促检查大会决议及提案的落实。

三、大会闭幕期间，遇有重要问题，可召集代表团（组）长会议或组织代表讨论，提出意见报告党委审批，必要时召集临时代表会议。

四、向代表和教职工进行宣传教育，保障他们的民主权利，接受他们的申诉。

五、处理教代会交办的其他有关事项。

第六章 大会提案

第二十条 大会提案应做到以下几点：

一、提案是教职工根据党的方针政策和国家法律、法令从学校实际出发提出的应举、应兴的议案，必须严肃认真对待。

二、提案应有代表一人提议，二人以上附议，有一定调查分析，按一事一表填入提案书。

三、在代表大会筹备和会议期间，征集的提案经提案审查小组审查整理后，向大会提出报告，经大会通过后，方可立案，对有创建的合理化建议，立案后取得实施效果的提案人员，应予以表彰和奖励。

四、受理提案的单位，要采取积极的态度，必须在三个月内作出处理，并以书面的形式给予答复，提案审查委员会应在下次教代会上向全体代表作提案工作报告。

第七章 二级教代会（教职工大会）

第二十一条 二级教代会的召开应遵守以下原则进行：

一、二级教代会在党总支（支部）的领导下，党、政、工密切配合，由部门工会组织筹备，在本单位或本系统范围内，行使教代会审议、通过、决定、评议的职权。

二、由党、政、工确定会议形式，提出选举产生代表的办法，院教代会代表应为二级单位代表，教职工人数较少的二级单位可以召开教职工大会，但其要求、程序及职权与教代会相同。

三、各二级单位的党、政、工可结合工作实际，在广泛听取本系统教职工意见的基础上，协商确定会议议题。

四、部门工会应就会议的组织形式、日程安排、中心议题等事项，向院工会书面报告。

五、宣传动员教职工围绕中心议题提出提案、意见和建议。

六、大会前应就领导小组（或主席团）成员代表产生的原则、会议筹备的有关事项向全体代表说明，征得同意后，即进行正式大会议程。

七、根据需要作出决议或决定。

第八章 附 则

第二十二条 本条细则的修改权属于教代会，如有条文与上级精神不符时，以上级规定为准。

第二十三条　教代会的所有费用由学院行政经费开支。

8.5　《陕西工业职业技术学院理事会章程》

第一条　为了进一步健全学院内部治理结构，增强学校与社会的联系、合作，服务面向社会依法自主办学的需要，根据中华人民共和国教育部令第37号《普通高等学校理事会规程（试行）》，立足学院实际，组建成立陕西工业职业技术学院理事会，特制定本章程。

第二条　陕西工业职业技术学院理事会（简称"陕西工院理事会"）是吸纳地方政府、行业组织、企事业单位、学校及其他社会组织方面代表及社会知名人士参加，支持学院发展的咨询、协商、审议与监督机构，是学院实现科学决策、民主监督、社会参与的重要组织形式和制度平台。

第三条　陕西工院理事会依照《普通高等学校理事会规程（试行）》和有关职业教育法律法规以及本章程开展工作，理事会公章为"陕西工业职业技术学院理事会"。

第四条　陕西工院理事会组成人员一般不少于25人，可分为职务理事和个人理事。职务理事由相关部门或者理事单位委派；个人理事由学院指定机构或者相关组织推荐。学院主要领导和相关职能部门负责人为当然理事。推荐单位可优先成为理事会理事单位。

第五条　陕西工院理事会主要包括以下方面代表：

（一）陕西省教育厅、咸阳市政府代表；

（二）学院及职能部门相关负责人；学术委员会、工会委员会负责人；教师、学生代表；

（三）机械、纺织等行业组织、合作企业等理事单位代表；

（四）杰出校友、外聘教授、社会知名人士、知名专家等；

（五）学院邀请的其他代表。

各方面代表在理事会中所占比例应该相对均衡。

第六条 陕西工院理事会设理事长一名,副理事长若干名,秘书长一名。理事长由学院提名,由理事会全体会议选举产生;副理事长、秘书长由理事长提名,由理事会全体会议选举产生。理事长、副理事长、秘书长组成常务理事会。

第七条 陕西工院理事会每届任期一般为5年,理事可以连任。理事因故不能继续担任理事职务的,由推荐单位或个人提出申请,经常务理事会研究作出决定。

第八条 陕西工院理事会下设秘书处。具体负责安排理事会会议,联系理事会成员,处理理事会的日常事务等。学院每年列出专项经费保证理事会正常开展活动。

第九条 陕西工院理事会成员权利:

(一)成员一律平等,有参与理事会重大问题决策的权利;

(二)优先享用理事会内各种职业教育资源和各类信息;

(三)有优先享受信息交流、教学咨询、科研成果转让、实验实习设施及实习基地使用的权利;

(四)经理事长同意,可以以理事会名义开展对外合作等事宜;

(五)对理事会的工作有批评建议权和监督权;

(六)参与理事会的各种活动。

第十条 陕西工院理事会成员义务:

(一)承认本章程,参加理事会的各种活动,执行理事会决议;

(二)理事会成员有提供用各类职教信息的义务;

(三)理事会成员单位间应加强交流、沟通、团结和协作,自觉维护集团信誉;

(四)完成理事会交办的工作。

第十一条 陕西工院理事会职责:

(一)审议通过理事会章程、章程修订案;

(二)决定理事的增补或者退出;

(三)就学院发展目标、战略规划、专业设置、专业建设、年度预决算报告、重大改革举措、学校章程拟定或者修订等重大问题进行决策咨询或者参与审议；

（四）参与审议学院开展社会合作、校企合作、协同创新的整体方案及重要协议等，提出咨询建议，支持学院开展社会服务；

（五）研究学院面向社会筹措资金、整合资源的目标、规划等，监督筹措资金的使用；

（六）参与评议学院办学质量，就学校办学特色与教育质量进行评估，提出合理化建议或者意见；

（七）履行学院委托的其他职能。

第十二条 陕西工院理事会议事规则：

（一）理事会实行例会制度，每年至少召开一次全体会议；也可召开专题会议，或者设立若干专门小组负责相关具体事务。

（二）理事会闭会期间，由常务理事会主持日常工作，并对理事会负责。

（三）理事会全会、常务理事会会议决定的事项，须有实到会二分之一以上成员同意，方可生效；

（四）理事会会议遵循民主协商的原则，保障各方面代表能充分讨论并自主发表意见，并以协商或表决的方式达成共识。

第十三条 陕西工院理事会经费来源：学校拨款；社会捐赠；在核准的业务范围内开展活动或服务的收入；其他合法收入。

第十四条 陕西工院理事会财务管理制度：

（一）理事会经费必须用于理事会内的业务工作和事业发展，不在成员中分配；

（二）进行严格的会计核算，实行会计监督；

（三）切实保证会计资料合法、真实、准确、完整；

（四）每年度向理事大会报告财务情况；

（五）理事会换届或更换理事长之前，必须接受业务主管单位的财务审计。

（六）属于社会捐款和资助的资产，理事会将以适当的方式公布。

（七）理事会的资产，任何单位和个人不得私自侵占、挪用。

（八）理事会资产管理执行国家规定的财务管理和资产管理制度，接受理事大会和财政部门的监督。

第十五条 本章程经陕西工院理事会全体会议表决通过后生效，同时报省教育厅备案。

第十六条 本章程解释权属陕西工院理事会。

8.6 《陕西工业职业技术学院校园文化建设实施方案》

校园文化是大学的灵魂，是高等院校赖以生存和发展的重要根基和血脉，是高校核心竞争力的重要组成部分。当前，高等职业教育迈入结构调整和内涵建设的新阶段，我院也处于发展爬坡和二次创业的关键时期。大力加强校园文化建设，努力构建具有历史传承、时代特征和学校特色的校园文化体系对形成优良的校风，增强师生员工的凝聚力和向心力，深化办学特色，提高人才培养质量，实现"省内引领发展，国内铸就卓越，国际打造品牌"的奋斗目标具有重要的意义和深远的影响。为了不断提高人才培养质量和办学水平，强化以质量为本的核心竞争力，更好地塑造学院品牌形象，根据教育部、共青团中央和省委高教工委、省教育厅的要求，结合学院"十三五"事业发展规划，特制定本实施方案。

一、建设思路

高举中国特色社会主义伟大旗帜，以邓小平理论、"三个代表"重要思想、科学发展观为指导，以立德树人为根本宗旨，紧紧围绕学院发展使命和目标愿景，把握社会主义先进文化前进方向，创新现代职业文化内涵，广泛开展社会主义核心价值观教育和中华优秀传统文化教育，着力构建推进学院核心竞争力提升的大学校园文化，为学院各项改革发展提供强大的精神保障和智力支持。

二、建设原则

坚持以人为本、育人优先、重在内涵、协调发展、分步实施的原则，结合学院发展战略，对校园文化建设进行系统规划、整体推进、分步实施。注重传承和创新相结合，发掘并利用传统文化资源，发挥文化育人的基本功能。注重校园文化内涵建设，不断探索校园文化建设的长效机制，打造文化建设的核心竞争力。

三、总体目标

从学院实际出发，通过广大师生员工三至五年的共同努力，形成学院精神催人奋进、办学特色更加鲜明、文化生活丰富多彩、校园环境优美舒适，既充满生机活力，又具有深厚底蕴和鲜明特色的大学文化。

1. 传承优良校风、教风和学风，深化"陕西工院"精神，凝聚全体师生员工的认同感、归属感，进一步彰显文化育人功能，师生综合素质不断提升；

2. 完善以服务现代制造业、服务业为核心的专业特色文化，推行"一院一品"战略，形成一批独具特色的校园文化品牌；

3. 完善文化设施和文化服务体系，校园文化活动更加丰富多彩，学院的文化特色和文化品牌充分彰显，社会影响力日益扩大，核心竞争力不断增强。

四、重点项目

校园文化建设涵盖和渗透学院工作的方方面面，是一项长期而复杂的系统工程。"十三五"期间，通过科学统筹，分布推进，实施一批校园文化建设重点项目，以实现校园文化建设的有序、快速和整体推进。

（一）加强校园文化环境建设

1. 逐步升级更新学院VI系统，实施校园道路命名工程、完善更新公共区域内导引视觉指示；

2. 完成校史馆改建更新项目；

3. 制定校园环境绿化规划，按步骤推进实施；

4. 根据各实训场所的功能定位、专业特色、专业文化积淀，做好各实训场所室内、外文化氛围营造；

5. 实施校园环境绿化美化工程，做到"四季有绿，三季有花"。

（二）深化专业特色文化建设

1. 深化校企融合，积淀特色育人成果，培育体现时代特征、高职特色和各专业、行业特色的校园文化品牌；

2. 创新校园文化的载体和形式，办好各类技能竞赛与校园文化活动，积极营造校园创新文化氛围；

3. 持续推进企业文化长廊、优秀校友风采展示建设，巩固优势、提升品位。

（三）开展校风、教风、学风建设

1. 利用重大节庆和纪念日，开展好系列主题大讨论，唱响爱国主义、集体主义和社会主义主旋律，引导全体师生践行社会主义核心价值观，培育优良校风；

2. 按年度做好"文明单位""文明班集体""文明家庭"培育、推荐工作，选树一批先进典型；

3. 深入开展师德教育和师风建设，通过开展青年教师论坛、立德树人论坛和教坛新秀、优秀教师评选等活动，培育一批品德高尚、业务精湛的教书育人典型，积极建设优良教风；

4. 进一步加强机关作风建设，不断推进校务公开，落实"八项规定"，践行"服务育人、管理育人"；

5. 强化学生思想道德教育，提升自我教育、自我管理、自我服务能力，加强对人才培养中各育人环节的监督和检查，促进优良学风的形成。

（四）提升社团创新文化氛围

1. 完善教职工和学生社团管理、活动立项制度，强化社团活动策划、成员培训等，做好"精品社团""精品活动"的组织工作；

2. 广泛开展各类校园"双创"活动，组织好学生"第二课堂"、社会实践等活动，多层面强化学生职业技能，提升创新能力；

3. 围绕"素质拓展六学分"，做好技能竞赛活动月、技能竞赛专项基金和大学生科技创新项目奖励等工作，鼓励学生投身发明创造、创新创业，不断提高学生的创新创业能力。

（五）拓展网络文化育人载体

1. 按照学院"十三五"信息建设发展规划，加快推进信息化校园建设；

2. 办好学院"渭水清风"思政网、官方微信和官方微博等媒体，拓展校园文化建设的渠道和空间；

3. 利用好校报、校园广播、网站、LED 显示屏、宣传橱窗等载体，努力打造思想健康、内容丰富、形式活泼、富于时代气息的优质校园文化；

4. 把握网络文化建设的舆论导向，完善新媒体管理、网络信息发布等相关制度，做好通讯员、信息员、网评员队伍建设；

5. 倡导文明使用网络，发挥好网络在校园文化建设中的积极作用。

（六）加强校园文化理论研究

1. 推行校园文化建设项目立项和重点扶持政策，培育"院级—省级—国家级"三级校园文化建设优秀成果体系；

2. 建设校园文化建设专家库，开展院级校园文化建设优秀成果奖的申报、遴选；

3. 征集与校园文化建设相关的理论文章和优秀成果，编辑出版"校园文化成果集"，组织参加全省高校校园文化建设论坛和成果奖申报，力争多出标志性成果。

五、保障机制

（一）加强组织领导

充分发挥校园文化建设工作领导小组对校园文化建设的规划、统筹和协调作用，明确各单位在校园文化建设中的工作任务和工作职责，发挥党团组织、学生会和学生社团在校园文化建设中的重要作用，充分调动师生员工参与校园文化建设的主动性、积极性和创造性。

（二）建设长效机制

按照校园文化建设的总体规划，制定分解好年度实施方案，强化对校园文化建设的顶层设计。建立健全校园文化建设各项规章制度，加强对各单位校园文化建设的过程指导和动态考核，将各单位参与校园文化建设情况纳入年度综合考评体系，探索建立校园文化建设的长效机制。

（三）强化基本保障

将校园文化建设纳入学院事业发展的总体规划中，保证校园文化建设在人、财、物等方面的投入。整合资源、协调联动，切实解决校园文化建设过程中遇到的实际问题和困难，确保各项工作顺利开展。

(四) 加大宣传力度

及时总结、提炼师生员工在校园文化建设中的新做法、新经验,加大对校园文化建设新成就、新风貌等方面的宣传力度,不断丰富校园文化的内涵。全方位引导师生积极投身校园文化建设,探索新形势下加强和改进校园文化建设的新思路与新举措。

8.7 《陕西工业职业技术学院文化育人实施方案》

校园文化是学校的精神和灵魂,是学校核心竞争力的重要组成部分。加强校园文化建设,对落实立德树人根本任务、培养德智体美劳全面发展的社会主义建设者和接班人具有重要的意义。为更好地发挥校园文化的精神熏陶和价值引领作用,切实把育人工作贯穿于教育教学、管理服务和人才培养的各个环节,形成"全员育人、全过程育人、全方位育人"的工作格局,助力办好中国特色社会主义高职院校,特制定本方案。

一、指导思想

高举中国特色社会主义伟大旗帜,以邓小平理论、"三个代表"重要思想、科学发展观为指导,以立德树人为根本宗旨,紧紧围绕学院发展使命和目标愿景,把握社会主义先进文化前进方向,创新现代职业文化内涵,不断加强精神文化、制度文化、环境文化、行为文化建设,不断丰富文化内涵,打造鲜明办学特色,促进学生全面发展和健康成长,为党和国家培养和输送德智体美劳全面发展的社会主义建设者和接班人。

二、建设原则

1. 坚持导向性。必须坚持社会主义文化方向,贯彻党的基本路线和教育方针,高扬社会主义、爱国主义和集体主义主旋律。

2. 弘扬时代性。把握规律性和时代特征,努力使校园文化建设适应社会改革与发展的需要,适应社会主义市场经济发展的需要。

3. 把握创新性。从内涵到外延不断创造和更新,内容、形式和管理方式应适应学校教育的发展。

4. 体现系统性。充分发挥组织机构、工作队伍、文化设施、文化环境、文化活动、校园精神等各要素作用，促使校园文化建设发挥系统性作用。

三、建设目标

根据学校"十三五"总体规划，将校园文化建设与学校发展定位、专业建设和办学特色有机融合，与学校的文化传统和人文精神传承有机融合，与学校人文和自然环境提升有机融合，通过广大师生员工三至五年的共同努力，形成学院精神催人奋进、办学特色更加鲜明、文化生活丰富多彩、校园环境优美舒适，既充满生机活力又具有深厚底蕴和鲜明特色的大学文化，学校的社会影响力日益扩大，核心竞争力不断增强。

四、主要任务和措施

（一）精神文化建设

1. 加强理论武装。充分发挥党委理论学习中心组学习带头作用，把集中学习与个人自学结合起来，把专题学习与实践探讨结合起来，组建校内理论宣讲团开展基层理论宣讲，邀请校内外学者专家为师生进行理论讲座辅导，通过宣传橱窗、校报、网站、多媒体等宣传载体加强理论宣传教育，推动党的理论政策入脑入心，用中国特色社会主义理论体系指导和统领学校改革发展。

2. 加强社会主义核心价值观培育。要积极推进社会主义核心价值观"三进"工作，通过开展社会主义核心价值观主题宣传、"践行核心价值观、树文明新风尚、争做文明工院人"主题班会等多种形式向师生宣讲清楚社会主义核心价值观的精神内涵，增强师生文化自信和价值观自信，使之内化为师生的精神追求和自觉行动。

3. 加强红色文化育人。以五四运动100周年、建国70周年等重要红色节日为依托，统筹规划系列宣传教育活动，或在寒暑假大学生社会实践中，开展中国梦、党史、国史、形势政策、民族精神教育，坚定师生理想信念。

4. 加强工院精神弘扬和传播。加强对"追求卓越、争创一流"工院精神的提炼，加强对校训的内涵阐释宣传。打造彰显学校特色的思想教育工作品牌，把开学典礼、校庆纪念日办成学校隆重、热烈、有影响力的活动，积极开展"青马工程"等形式多样的主题教育活动，使之成为师生共同追求的价值取向和精神品质。

5. 加强先进典型育人。按照"讲好工院故事，传播工院声音"要求，对优秀教师、杰出校友、名人轶事和正面重大事件进行系统性收集整理，加强对学校改革发展进程中、各个岗位上涌现出的先进典型人物、事迹的报道及广泛宣传。

6. 加强网络文化育人。探索"互联网+"时代大学生思想政治教育新模式，运用多媒体，创造出内容新颖、适合师生口味、传播正能量的网络文化产品，发挥网络名师效应，进行正面教育；引导师生文明上网，加强网络舆情监督，掌握网上舆论主导权，唱响主旋律。

7. 加强师德师风建设。制定师德师风建设工作方案和量化考核评价体系，开展"师德标兵""优秀教师""先进教育工作者"评选和表彰活动，发挥典型示范作用，培育厚德、博学、爱生、乐教的教风。

8. 加强宿舍文化育人。每年开展一次以主题明确、形式多样的宿舍文化节活动，按照"积极健康、美观大方、简洁明了、文化氛围浓厚、品位高雅"的要求，积极打造具有工院特色的宿舍文化。

9. 加强艺术文化育人。加强"德才双馨"文化人才培养，建强大学生艺术团队。按照"思想精深、艺术精湛、格调高雅"的精品文化要求，开展大学生文化艺术节、社团文化节等活动，以推动校园艺术文化发展，丰富师生文化生活；着力打造一批富有陕西文化元素、体现学校历史底蕴和特色、展示时代风貌的文学、戏剧、音乐、美术、舞蹈等文艺精品，提升学校文化软实力，同时争取将校园文化向校内外传播，塑造学校良好形象。

10. 加强阳光体育育人。以一年一度的田径运动会为契机，引导大学生在日常生活学习中，开展丰富多彩的阳光体育活动，促进学生锻炼身体、强健体魄。

11. 加强教职工校园文化建设。充分发挥工会、退休办职能，将教师素养提升与教职工校园文化建设工作紧密结合，开展丰富多彩的工会会员业余文体运动，丰富教职工文化生活，锻炼身体、愉悦身心。

12. 加强校友文化建设。健全校友会各级组织，采取多种方式加强与校友的联系，通过校友大讲堂、优秀校友风采展示等，积极宣传校友的先进事迹，发挥优秀校友对广大学生的激励作用。

13. 加强志愿服务实践育人。支持社团品牌建设活动，遴选优秀学生社团予以扶持，增强社团的活力和吸引力；坚持"项目化运作、专业化实践、基地化发展、制度化保障、社会化推进"的工作思路，逐步扩大社会实践规模；加强实践基地建设，打造青年志愿者服务活动品牌，鼓励在校大学生争做志愿者，让大学生在社会志愿服务实践中培育和践行社会主义核心价值观。

（二）环境文化建设

1. 加强校园文化设施建设。把校园基本建设与文化建设高度统一，融文化、艺术、育人功能为一体，使环境成为展现和注释学校精神的表现物，完成彰显校园文化主题的主大门、文化广场、礼堂、校史馆、田径运动场等文化场所建设及更新。

2. 加强校园环境绿化美化。做好校园绿化总体规划，抓好主要景观的绿化美化工作，逐步建成有特色的园林式校园，力争做到"四季有绿，三季有花"，使校园的园、林、路、楼等景点达到使用功能功能与审美功能的和谐统一，提升文化品位。

3. 加强校园 VI 标识建设。逐步升级更新学院 VI 系统，实施校园道路命名工程、完善更新公共区域内导引视觉指示，规范使用学校名称以及校标、校徽、校旗等文化标识，加强办公用品、纪念品等文化产品使用的规范管理。

4. 加强校园教学、生活场所人文环境建设。从学校实际出发，突出育人特色和学术氛围，按照"绿色、高雅、理性、开放、和谐"的原则，建设好教室文化、食堂文化以及公共场所文化环境，为师生创造有利于学习、工作、生活和娱乐的优美环境。

5. 加强校园环境安全管理。建立健全综合治理责任制，加强安全管理和消防工作的宣传教育，及时处理侵害师生合法权益、身心健康的事件和影响学校、社会稳定的事端，维护学校正常教学、工作和生活秩序。

6. 加强专业文化环境建设。根据各实训场所的功能定位、专业特色、专业文化积淀，做好各实训场所室内、外文化氛围营造，打造"一院一品"文化，发挥好专业文化育人功能。

（三）制度文化建设

1. 加强普法宣传教育工作。严格落实学校年度普法计划，创新宣传形式，增强法治教育效果，增强广大师生的法治意识和法治素质，推进依法治校进程。

2. 加强学校规章制度建设。充分发挥规章制度建设在制度文化建设中的作用。各部门要从实际出发，按照与时俱进、科学规范的原则对已有的规章制度进行清理，并根据发展需要完善或制定规章制度，解决有关规章制度过时和有些工作无章可循的问题，为师生处理各项工作提供制度依据。

3. 加强依法治校工作。坚持和完善党委领导下的校长负责制。切实执行党务、校务公开制度，切实保障广大师生员工对学校工作的知情权、参与权和监督权，充分发挥党代会、各级工会、教代会的功能，发挥民主党派和离退休老同志在民主监督以及参与学校管理中的积极作用。

（四）行为文化建设

1. 加强教职工行为规范教育。在广大教职员工中倡导"遵纪守法、爱岗敬业、诲人不倦、崇尚学术、献身科学、强化服务、甘于奉献"的行为规范，引导广大教职员工提高自身素质，带头规范言行，营造良好的育人氛围。

2. 加强大学生文明礼仪教育。完善和修订学生手册，依托校园文明督查岗，加强学生上课考勤，整肃考风考纪，加强校园不文明行为的纠察和引导，定期通报学生违纪情况，强化学生遵纪守法和道德实践意识；加强大学生思想政治、道德修养、职业综合素质的教育。

3. 加强师生思想政治教育。围绕立德树人根本任务，加强和改进新形势下师生思想政治工作，夯实思政课主渠道作用，开展好"立德树人论坛""三走进"等品牌性思政活动，着力提高师生的理想信念和思想政治素质，真正落实全员育人、全过程育人、全方位育人。

4. 加强大学生创新创业文化教育。以举办大学生创新创业大赛为载体，发挥学生社团的作用，依托社会实践的平台，将学校创新创业教育的目标、任务、内容、要求有机地融入校园文化建设中，深入推进大学生创新创业实践教育，努力使青年学生增强创新创业意识、提升创新创业技能。

（五）校企文化建设

1. 加强校企文化"融通三进"。聚焦校企文化的深度融合，强化校园文化与企业文化的融通，开展形式多样的"产业文化进教育，工业文化进校园，企业文化进课堂"活动，构建"在行业中植根，在校园里养成，在社会上结果"的开放式校园文化生态。

2. 加强校企文化氛围建设。发挥好陕西装备制造业职业教育集团的平台作用，利用企业文化长廊、优秀校友风采展等，以企业文化精粹装点校园，提升校园内走廊、楼道文化氛围。

3. 加强竞赛文化氛围建设。积极举办和承办各级各类技能竞赛，弘扬"让学生动起来"的校园技能文化，将知名企业家、技术骨干、创业先锋请进校园，开设职业经理人讲座，将先进的企业文化理念融入校园，让学生在"真实"的企业赛事环境中砥砺技艺、提升素质。

4. 加强校企文艺交流。定期举办校企之间的文艺交流展演，积极承办企业的文艺表演活动，将学院文化带入合作企业，实现校企文化全方位融通。

五、工作要求

1. 加强领导，责任落实到人。各党总支、职能部门负责人是牵头责任单位的第一责任人，班子其他成员负重要领导责任。各党总支、各部门要根据本方案，进一步细化分解任务，明确完成期限，落实责任到人，抓好具体落实工作。

2. 加强投入，优化保障服务。领导小组将定期研究工作推进中遇到的实际问题和困难，确保校园文化建设的经费纳入学校经费预算，在人、财、物等方面加大投入，确保各项工作的顺利开展。

3. 加强督查，强化目标管理。学院党委将把文化育人工作成效纳入各部门领导班子、领导干部责任目标管理体系。领导小组办公室将按照本方案责任目标和分工对牵头部门进行阶段性考核测评。测评结果作为各类评优奖励的重要依据，作为干部考核的重要内容。党委还将对各党总支、各部门在文化建设中表现突出的给予表彰奖励。

8.8 《陕西工业职业技术学院文化建设成果奖励办法》

为有效激励全院教职工积极投身校园文化建设，不断增强学院的办学软实力，全面提高人才培养质量，特制订此办法。

一、奖励范围

我院校园文化建设成果是指在思想政治教育、艺术素质教育、新闻宣传、法制教育等方面和精神文明建设方面取得的荣誉和奖项。

二、奖励标准

1. 各类先进集体、先进个人荣誉奖励，原则上参照《陕西工业职业技术学院先进集体、先进个人奖励办法》（陕工院字〔2011〕174号）执行。

2. 各类校园文化建设成果的奖励，原则上参照《陕西工业职业技术学院教科研工作量积分办法》（陕工院字〔2011〕166号）中的教研项目奖励标准执行。

三、几点说明

1. 陕西省高校校园文化建设优秀成果奖的奖励，按省部级与厅局级教育教学成果奖奖励标准的平均值计算；全国高校校园文化优秀成果奖的奖励，按国家级与省部级教育教学成果奖奖励标准的平均值计算。

2. 大学生艺术展演获奖项目的奖励，原则上参照上条办法执行。

3. 此类别的获奖项目，在学院其他活动中已经奖励的，不再重复奖励。

4. 各类荣誉奖励以年度为单位，每年年底由获奖者所在部门向党委宣传教育部报送，其它奖项随时报送。

四、附则

原来此类别的获奖项目与本奖励办法不一致的，按本办法执行。本办法由宣传部负责解释。

第 9 章
环境沁润　思源致远

为了进一步形成对学校艰苦奋斗，创业奉献这一优良传统广泛认同的文化心理，使学校的使命、目标成为全校师生员工普遍接受的共同理想和追求，学校构建了以中国传统文化、校史文化、工业文化的精髓为依托，把校训、办学理念、人才培养、学校文化命名的相关释义等通过"景观营造"的方式予以立体展示，要重点把握历史文化、现代工业文化、未来科技文化对人类生活的改变和影响这一主线，让学生在独特的校园文化中感知历史、立志成才、服务社会。

9.1　校园区域文化装点工程

9.1.1　传统文化走廊

设计区域：崇文北楼和崇文东楼中间的道路及周边场所和崇文东楼南侧。

设计主题：国学文化。

设计思想："礼乐相济"是中国传统文化的精髓，也是儒家道德伦理教育思想的核心，主张"克己""内省"，极为重视个人的道德培养。结合《大学》里八条目（格物、致知、诚意、正心、修身、齐家、治国、平天下），围绕崇文北楼东侧"共青团林"（主体）和西、北方向道路两侧，将学校文化命名的相关释义和儒家精髓巧妙组合，以园艺设计和人造景观相结合的原则进行设计创意，注重与环境的协调和统一，做到相得益彰。

9.1.2 红色文化广场

设计区域：校史馆周边。

设计主题：历史的足迹。

设计思想：以学校在职业教育办学 70 余年为主线，利用环境和造景手段，展示学院在不同时期的转型与改变。既可以是人物和故事片断，也可以是某种具有历史意义的物件展现，要立体化、形象化地把学校历史予以视觉呈现，要注重视觉元素的选择和运用，可适当运用现代多媒体手段，进一步强化学校历史传承，让师生身在其中去感知历史，畅想未来。

9.1.3 行知广场

设计区域：行知楼群周边、崇文西楼前小树林、行健西路两侧等。

设计主题：知行统一。

设计思想：以人民教育家陶行知先生塑像为主线，巧妙利用建筑群和环境，体现学校工科特点，发挥校企合作和专业文化对整个教育教学管理的塑造作用和对学生职业素养的养成渗透作用，激发学生专业学习兴趣，引导学生做专业文化的践行者。

9.2 校园楼宇大厅文化装饰工程

9.2.1 崇文楼大厅

设计区域：崇文南楼 A 一楼大厅。

设计主题：文化兴校、文化荣校。

设计思想：崇文南楼 A 座为办公、教学、会议功能于一体的综合型多功能楼宇，地理位置居于校园中央，为学校地标性建筑。因此，建议在该楼大厅装饰时，结合建筑物风格，合理划分区域，以美观大气、简约实用的图案装饰和立体搭建，充分展现学校的办学理念，注重大学校园人文历史背景，适当运用多媒体手段，营造一个能够满足多功能需要的空间。

9.2.2　行知楼 A 座大厅

设计区域：行知楼 A 座一楼大厅。

设计主题：科技人生。

设计思想：行知楼 A 座为学校电气工程学院和信息工程学院的实习实训场所，要充分发挥现代电子信息时代对人类生活的影响这个设计主旨，采用声光电技术和多媒体技术展现代电子科技文化，激发学生对专业学习的兴趣。

9.2.3　笃学楼大厅

设计区域：笃学楼 A 一楼大厅。

设计主题：花样年华。

设计思想：以纺织文化为突破口，采用经、纬两线，点缀服装艺术视觉元素，注重色彩或色块的运用，体现霓裳人生，激发学生对专业学习的兴趣。

9.2.4　至善园（2）一楼大厅

设计区域：至善园（2）一楼大厅。

设计主题：科学生活、立志成才。

设计思想：通过对一楼大厅进行简洁装饰、设计，为学生营造一个舒适、温馨的生活环境，激励学生奋发有为、积极向上，热爱生活、科学生活，展现青年学生青春阳光、热情奔放的精神面貌。

9.3 校园文化地标

(1) 国学文化广场

(2) 行知广场——陶行知塑像

(3) 红色文化广场——王达成塑像

(4) 机床文化园

(5)"学马研习"践创空间

(6)企业文化长廊

(7) 校史馆

第 10 章
文化育人　成果丰硕

10.1　打造形成校园文化特色品牌

文化是一所学校的灵魂，它凝聚了全校师生共同的价值观、共同的信念、共同的愿景和共同的努力方向。陕西工业职业技术学院瞄准"培养什么人、怎样培养人、为谁培养人"的关键命题，聚焦职业教育特点，坚持社会主义办学方向，扎根装备制造业行业沃土，深入推进"文化强校"战略，倾力"办有灵魂的教育、建有品位的学校、创有境界的文化、育有底气的人才"，以红色匠心为引领，将立德树人成效作为检验学校一切工作的根本标准，倾心为党育人、为国育才。

秉承"明德、笃学、精艺、强身"的校训，学院传承第一任校长、原西北工业部部长、清华大学党支部首任书记王达成同志提出的"用革命的精神，创办革命的学校"的办学初心，优选萃取陕西红色文化和工业文化精髓，依托国家示范、国家优质和双高院校建设等项目，紧扣"技术技能工人到大国工匠"的培养目标，以高职院校文化育人的共性及个性问题为导向，创新构建了政府、行业、企业和学校"四方聚力"，通过理想信念铸魂、道德品质立身、文化素养固本、精益求精筑基、创新创业健骨、劳动实践乐业"六心同育"，打造了以"红色"作底色，以"工业"为灵魂，以"卓越"为境界，以"匠心"作特色的"红色匠心"文化育人模式，形成了"一场一馆一园一廊一港一空间"和"一剧一史一书一册一读本一中心"的校园化景观群，塑造了青年学生的爱党爱国、奋发成才的工院气质，涵育了优良的校风、教风、学风，也取得了学生思想素质显著提升、毕业生就业竞争力愈加增强、校企融合质量明显提高的实效，并先后被新闻联播、人民日报、中国教育报、中国青年报、陕西日报、西部网、陕西省教育厅官方网站等关注报道，为新时代中国特色高职教育创新发展贡献了陕工智慧。

10.1.1 目标思路

落实《高校思政工作质量提升工程实施纲要》的要求，学院秉承"以文化人、文化育人，服务学生可持续发展"的宗旨，围绕"大工业"的办学背景、"工人工匠"的培养目标、"工厂工程"的服务面向，确立"红色匠心"文化理念，有效聚合政行企校四方育人资源，打通"教育链"和"教学链"，实现"五育融合"育人路径、"五历实践"行动机制、"五区一体"实践平台、"五员团队"协同架构、"五元评价"反馈体系的"五维联动"，倾力办有灵魂的教育、建有品位的学校、创有境界的文化、育有底气的人才，构建了具有鲜明高职特色的校园文化育人模式，服务于学生成长成才和职业生涯的永续发展。

10.1.2 实践过程

（1）顶层设计，凝练"红色匠心"文化核心理念

学院以立德树人为根本，紧扣"技术技能工人到大国工匠"的培养目标，传承"用革命的精神，创办革命的学校"的办学初心，四方聚力、多维联动，积淀形成了以"红色"作底色，以"工业"为灵魂，以"卓越"为境界，以"匠心"作特色的"红色匠心"校园文化。

同时，学院与政行企紧密合作，依托校企协同育人战略联盟等四大平台，有计划、分步骤地推进党旗领航工程、文化艺术节、高雅艺术进校园、"三走进"活动、楼廊道路文化群建设等十大载体贯通互动，构建了体现历史传承、时代特征和学校特色的"红色匠心"校园文化。

（2）打通双链，确立"双链路"文化育人生态

把"红色匠心"文化育人理念通过"教学链""教育链"分别落实在学院各

专业《人才培养方案》和《文化育人实施方案》中。"教学链"即：在制定学院人才培养方案时要将"综合素质教育"作为课程结构中的四个模块之一，形成思政课程与专业课程、音乐鉴赏等必修课与中华民族精神等选修课、创新创业课与企业订制课、线上课程与线下课程"四结合"。"教育链"即：按照《文化育人实施方案》，构建精神、环境、制度、行为、企业等"五大文化育人体系"，一体化指导育人实践，形成具有学校特色的三全育人立体化格局。

（3）五维联动，实施"文化育人"系统工程

①打通"五育融合"文化育人实现路径。将"红色匠心"文化育人理念通过德智体美劳五个维度贯通到育人的全方位，通过线上线下结合、思政课与课程思政结合、教师引导与学生主动参与结合、学校教育与企业实践结合、制度约束与活动熏陶结合，实施"五心育人"工程，借助三观养成正心育德、借助大赛平台匠心育智、借助传统文化仁心育体、借助革命文化红心育美、借助社会实践润心育劳，构建"是非明、方向清、路子正"育人格局。

②创新"五历实践"文化育人行动机制。将文化育人与实践育人有机统一起来，立足高职办学特色，从人才培养的全要素出发，实施"五历实践"育人融合计划，开展"红色访学经历＋社会实践经历＋创新创业经历＋企业实习经历＋劳动锻炼经历"系列实践，覆盖100%的在校生，纳入学生综合评价体系，强化核心能力、职业变迁能力和综合素质，在文化实践中塑造青年学生文化气质，推进学生可持续发展。

③打造"五区一体"文化育人实践平台。以"协作共赢"为宗旨，依托校园内的一馆（校史馆）、一园（机床文化园）、一廊（企业文化长廊）、一空间（VR智慧思政实训中心）实践设施，借助校企协同育人战略联盟、全国机械行业材料成型与控制技术职教集团、陕西装备制造职教集团、西部产教融合研究院，搭建校区、社区、厂区、馆区、园区等多元文化"五区一体"育人平台，目前涵盖企业厂区580个、展览馆（博物馆）81个、科技园（工业园）39个，深入挖掘多方文化资源，多渠道、多层次、多方面地融入陕西经济社会发展，通过有力、有序、有效的组织，构建"校企、校地、校所"联动育人机制。

10.1.3 育人实效

经过多年探索和实践,在红色匠心校园文化的滋养、塑造和浸润下,一大批品格高尚、素养优良、能力全面的工院学子走出校门,在广阔的时代大潮中搏击风浪、成就自我。

(1) 学生思想素质显著提升

"爱党爱国、勤奋学习、立志成才"已成为校园思想的主流,积极向上的价值观、道德观已成为学生的言行标准。近 5 年,先后涌现出全省"自强之星"8 人、全省教育系统"我身边的好典型"1 人、CCF 职教优秀学生 2 人、全省最美志愿者 7 人;学生共获省级以上文化类表彰奖励 187 项,学生社团年均获奖 2 100 多人/次;累计发展学生党员 2 786 人,连续 8 年获评省高校共青团工作优秀单位,获陕西"学雷锋活动"示范点 2 个;获国家级校园文化成果奖 1 项、全国大艺展展演奖 7 项。

(2) 毕业生就业竞争力愈加增强

工院学子在亲身参与中,理想信念更为坚定、人生规划更具导向,就业的核心竞争力愈加增强。近 5 年,学生在国家级、省级技能大赛中累计获奖 1 231 项,其中国家级奖项 463 项,获奖数量连续三年蝉联全国高职院校第二。就业率连续 10 年稳定保持在 97% 以上,在国有大型企业、世界 500 强、国内 100 强企业的就业率达到 52%,先后涌现出全国人大代表何菲、全国技术能手何小虎、陕西省技术状元黄亚光、四川省技术能手郑永涛、陕西省优秀大学生村官王鹏等一系列名片学生,26 名毕业生入职清华大学、北京航空航天大学等高校担任实训指导教师。学院也连续三届被评为陕西高校毕业生就业工作先进集体,荣获全国职业院校就业竞争力示范校和全省高职首批"示范高校就业创业指导服务机构"。

(3) 校企融合质量明显提高

学院将人才培养标准与企业需求相结合,主动对接陕西装备制造业,政行企校紧密合作,合作伙伴遍布全国 26 个省市自治区,涵盖装备制造、电子电气等十大行业门类的 580 家企业。牵头成立陕西装备制造业职教集团、全国材料职业教育集团,主动寻求学校与企业产教深度融合的最佳契合点,与世界 500 强企业联合开展形式多样的订单培养、校企共建、员工培训、科研攻关等，催生出"协同育人好师傅""优秀校友大讲堂"等多个文化育人品牌，形成了欧姆龙、亿滋等校企合作典型案例，受益学生超过 4 000 名。

(4) 学院社会声誉不断攀高

学院坚持以培养社会主义伟大事业的建设者和接班人为己任，加快综合改革发展步伐，提升内涵发展品质，凸显了育人为本、质量为先的发展新成就，也直接带动了学院品牌知名度与美誉度的提升。近 5 年先后荣获全国文明单位、全国高校艺术教育先进单位、全国职业教育先进集体等国家级荣誉 21 项、省级荣誉 178 项；作为全国首批首家高职顺利通过诊断与改进复核，以全国前十、西部第一的位次入选全国高水平高职院校 A 档单位；光明日报、中国教育报等权威媒体年均刊发学院新闻及专题稿件 1 437 篇。

10.1.4 主要经验

(1) 品牌特色：构建了"大思政"的协同育人格局

通过不断实践，学院构建了党建领航、"工院精神"引领、"三风"带动、"红色匠心"的协同育人体系，并综合利用校内外育人平台、实践基地和第二课堂等，将师生思政教育融入学院党建、融入教育教学、融入实践锻炼，立德树人成效显著。

(2) 育人特色：形成了工院特质的文化育人机制

以"红色匠心"为抓手，把校园文化贯穿于教学、管理、服务的全过程，将校园文化建设与解决学生思想实际相结合、与促进学生创业就业相结合、与师生共同成长发展相结合，形成了打通课堂、联通社会、融通发展的实践育人机制。

(3) 创新特色：打造了"红色匠心"高职校园文化

实践探索"红色匠心"文化育人核心理念。以培养社会主义建设者和接班人为目标，萃取陕西丰富的革命文化，整合陕西重工业基地所展示的工匠精神特质，结合学校精神，打造具有地域特色彰显工匠精神的高职特色文化品牌。

10.2　培育校园文化建设优秀成果

10.2.1　《精心打造高职特色美育模式　全面提升高职人才培养质量》

近年来，陕西工业职业技术学院继承审美教育的良好传统和积淀，打造了"技术与艺术完美结合，智育与美育相融并进"的高职美育创新发展模式，倾力"办有灵魂的教育，建有品位的学校，创有境界的文化，育有底气的人才"，取得了明显实效。学院先后荣获全国文明单位、全国职业教育先进单位、全国学校艺术教育先进单位、全国机械行业合作培养高素质技能人才创新建设学校等多项荣誉，为职业院校内涵建设、高职人才培养质量提升创造了成功范例和可借鉴的经验。

一、工作思路与目标

《国家中长期教育改革和发展规划纲要（2010—2020）》提出，要加强美育，培养学生良好的审美情趣和人文素养。科学教育与人文教育、艺术教育的融合是人自身发展的内在要求，是当代高等教育发展的世界潮流。

1950年建校之初，我院将技术美、工艺美融入课程教学中，提倡学生"德智体美劳"全面发展。特别是1999年改制升格高职学院以来，我们瞄准学生职业生涯成才目标和企业人才需求标准，探索形成了"以特色美育课程体系为载体，以较高水平大学生艺术团为依托，以蓬勃开展的群众性艺术实践活动为平台"的美育发展道路，寓教于美、以美育人，培养学生的创新品质、升华学生的人生境界、塑造学生的完美人格，全面提升高职人才培养质量。

二、实施过程与方法

（一）寓教于美，营造"校园无闲景，处处熏陶人"的良好氛围

我们率先在省内实施了学校形象识别系统工程，校徽、校标、工业产品等打上了具有独立知识产权的无声文化标识，多层次、多视角、全方位、立体化传播学校形象，渐进地强化着学生对学校的认同感和归属感。图书馆、教学楼、实验楼等建筑别具艺术风格,崇文楼、格物楼、行知楼、至善园、成才大道、行健路等建筑及道路的命名处处体现人文底蕴,比比皆是的人物雕塑和错落有致的静态景观,散发着深厚的文化光泽,学生在校园内身与心、意与情得到协调发展。

同时,我们引进行业企业文化精粹装点校园,营造具有浓郁的装备制造行业精神的职业氛围,让学生随时随地都能感受到奋斗之美、成长之美、人生之美和企业文化之美。108个合作企业经营理念及产品介绍的"企业文化长廊"、78名历届杰出校友创业实绩的"优秀校友风采展示"遍布教学区域,每年邀请数十名企业家做客校园开坛论道,《企业文化精髓读本》《校园文化手册》《滴水藏海》等多形式文化渗透与引导,让学生"悄声"体味企业战略、企业使命、企业精神、企业标准,感触可亲可近的典范、可学可赶的榜样,为将来尽快进入工作角色奠定基础。

(二) 美育课堂立足通识,提供美育大餐浸润学生心灵

我院着力推进"基于职业教育的美育课程改革"的研究与实践,把美育课程作为通识教育课程渗透,纳入人才培养计划,设立美育必修学分与选修学分,涵盖所有专业和学生,通过以美育课堂、校园文化活动为翼,审美实践为主体的无缝衔接,真正实现了从学生职业需求和兴趣出发,使他们成为"有技术、会生活、善创造"的高素质技艺型劳动者。

1986年,我院在"机制专业大改"中便将"美育""音乐欣赏"作为全院学生的选修课和部分专业的必修课,受到全国同行的一致认可和好评。2006年,"美育与音乐鉴赏"先后获陕西省精品课程和教育部高校文化素质指导委员会精品课程,面向全院各专业学生开设包括职业美学修养、艺术素养和实践教学三大模块的美学理论、音乐、文艺、绘画、建筑、书法等十余个学习项目,选取与高端技能型人才能力结构紧密联系的职业美学、音乐鉴赏、艺术素养等内容,着力提高学生职业基本能力,培养学生综合素质,提高学生创新能力。据学生调查显示,96.98%的学生认为美育课程对自己成长很有必要。通过美育课程的学习,绝大多数学生喜欢并且学会了鉴赏一门艺术,提升了学生的文化品位与素养。

我院每学期还面向全院学生开设"中国名画欣赏""产品工业设计与鉴赏""形体修塑"等6至8门艺术选修课。另外,涉及美学、舞蹈、音乐、美术等领域的"开启艺术之门"美育讲堂内容愈来愈丰富，深受学生喜爱。教育部高校文化素质教育指导委员会副主任于德弘教授评价说："陕西工院开设的美育课程对于构建和谐校园，提高高职学生的综合素质，促进学生的全面发展发挥了重要的作用，有很高的推广价值"。

（三）文化活动师生共享，搭建学生审美认知平台

依托大学生艺术团，我院以践行校训和"追求卓越、争创一流"校园精神为指导，设计和开展文化艺术节、主题教育等一系列校园文化活动，既丰富了学生课余生活，又提升了学生对美的认知水平，激发了学生求真向善的活力。

唱校歌、讲校史是新生入学教育的第一课。全员参与、项目众多、内涵丰富的文化艺术节、新生艺术节、社团文化节、宿舍文化节，以学生为主体，设计方案、组织实施、点评研讨，通过歌舞综艺会演、发明制作展、书画摄影比赛等校园文化活动和各类学术研讨、文化沙龙，既积淀学生正确的审美意识，又促进乐于奉献、团结协作、奋发上进的优良校风形成。同时，充分发挥美育在弘扬社会主义核心价值观中的积极引导作用，围绕节假日、纪念日开展系列主题教育活动，譬如以"保护环境，学会生存"为主题的环保教育，"爱我中华，兴我中华"为主题的爱国主义教育，"千名学生下社区"的志愿服务社会等，将典型的教育学习形式与艺术文化内涵相融合，较好地塑造了学生美的心灵。

（四）审美实践重创新，促使学生审美品位更上层楼

通过制定《美育、艺术实践加分细则》，我院对学生参加美育、艺术等实践给予加分，使美育实践成为课堂的有益延伸，带动了美育艺术活动的普及。每年定期举办短剧小品大赛、书画摄影展览、志愿者进社区、校企文艺展演等文化创新活动，鼓励学生走出校门、走进社会、走进学生家庭、走进企业，引导学生由被动欣赏转为主动创造，激发学生潜能、培养学生创新思维，取得了显著成效：

——2005年7月，学生短剧《大学第一次》参加全国第一届大学生艺术展演获二等奖、优秀组织奖；

——2009年2月，学生原创小品《民工父亲》《毕业变奏曲》参加全国第二届大学生艺术展演分获一、二等奖，《民工父亲》获优秀创作奖；

——2011年12月，学生小品《一张饭卡》《面试》参加全国第三届大学生

艺术展演获两项一等奖。

中宣部"五个一工程"奖编剧、陕西省文联副主席陈彦在观看完我院学生节目后评价，在校大学生能有这样的创造力，是非常了不起的，令人震惊！

三、工作成效

经过数十年的探索与建设，我院的审美教育在人才培养过程中发挥了重要的功能，得到了广泛的认可和好评。

（一）学生综合素质得到提升，校园和谐文明

我院坚持以美育引领校园风尚，发挥美育在充实学生心灵、塑造健全完善人格方面的独特作用，引导他们求真、求善、求美。通过扎实、富有成效的工作，学生的综合素养明显提升，语言美、行为美、创意美遍布校园。同学间矛盾纠纷少了，沟通协调畅了，文明言行多了，学习的积极性和主动性明显高涨，爱校如家、尊师重教、和谐文明的新风尚愈来愈浓。

（二）学生职业素养得到增强，为持续发展夯实基础

通过系统的美育引导与感召，我院学生以审美的态度去对待人生，以敬业爱岗、严谨创新的职业素养走向成功。仅 2011 年，16 名同学未出校园已经拥有"陕西省技术状元""陕西省技术能手"等职业资质，备受企业欢迎和争夺。还有一些同学以在校园积淀养成的艺术特长和职业素养脱颖而出成为企业文化实践的"领头羊"、潜力厚实的"绩优股"、创业探索的"生力军"，步入底气十足的高素质"蓝领"阶层。

（三）学生思想境界得到升华，探索创新思想政治教育载体

以审美教育引领校园文化建设，我院通过校园媒体和开展各类美育活动倡导积极健康的主流先进文化，教育学生懂得什么是对与错，区分善恶和美丑，帮助学生树立正确的世界观、人生观和价值观，校园正气蔚然成风。多年来，学生在一系列重大事件面前，展现出积极向上的精神状态、勇于担当的责任意识，备受上级领导和社会各界的赞誉。

四、工作经验

（一）职业性与艺术性相结合，实现科学精神和人文素养的统一

以学生能力培养为核心，我院以职业岗位标准为参照，形成了"一个基础、两个叠加"的课堂教育模式,实现了学校"育人"与企业"用人"的匹配性对接。同时,把艺术厅搬进课堂,把经典融入网络,营造生动可感的学习情境,构筑起"在行业中植根,在校园里养成,在社会上结果"的人才培养系统,使学生在校期间就能感受和认知到美的内涵,毕业后不仅具备较强的职业技术实践能力,也能迅速适应现代企业的管理理念和方法,顺利地融入企业工作,备受企业欢迎。

(二) 理论与实践相结合,实现学生认知和行为的统一

以就业为导向,我院突出"学做一体""工学结合",以"理论实践一体化"为切入点,鼓励学生在理论的指引下学以致用,积极参加创新创意类竞赛,激发其创造力。仅2011年,我院学生先后在全国大赛中斩获国家级奖项258项,创作精品话剧、舞蹈、声乐等作品30余部,多次受到教育部、团中央及陕西省的表彰。通过文化实践活动的历练,接受过审美教育的陕西工院毕业生不但技术好,而且有文化,懂生活,善创造,情趣高,潜力大。

(三) 请进来与走出去相结合,实现学生学习和思考的统一

我院拥有800余名成员的大学生艺术团经常走出校门,参加各级大学生艺术节、戏剧节及文艺交流演出,多次获国家、省级表彰。通过积极举办"高雅艺术进校园"活动,先后邀请冰岛国家合唱团、中央民族乐团、国家话剧院、陕西省戏曲研究院、西安音乐学院交响乐团等来校演出。有声有色的审美艺术实践,将培养艺术人才、营造艺术氛围、创作艺术精品有机结合,极大地促进了学生艺术素质教育、活跃了校园文化氛围、提高了大学生综合素养,也成为他们自我教育、涵润心灵、陶冶情操的平台。

(四) 重点提升与全面普及相结合,实现人的道德与情感的统一

坚持艺术教育的专业性提高和群众性普及相结合,我院呈现出蓬勃开展的学生艺术社团活动与多层次、全方位的群众性文化活动交相辉映的良好格局。美育实践在校园文化建设发挥了"窗口"和"领头羊"作用,丰富多彩且水准不断攀升的群众性文艺活动引导学生激发和释放自我情感,使每一个学生都能获得精神和情感的满足,最终用正确的价值取向和客观的审美态度去对待生活、社会和人生,全院掀起了崇尚艺术、热爱艺术、欣赏美、追求美的热潮。

10.2.2 《导入企业文化元素　搭建校企育人平台　全程培养具有装备制造业精神的高素质技能人才》

一、活动思路

1998年国家提出"要大力发展装备制造业",陕西把装备制造业作为支柱产业优先发展,"技能素质高、创新能力强、发展后劲足"的行业人才更是日趋紧俏。作为陕西装备制造业职教集团牵头单位,陕西工业职业技术学院以全国高职示范院校建设为契机,秉承"勤奋踏实、严谨务实、团结协作、开拓创新"的装备制造业精神内涵,搭建学生实践能力训练平台、校企合作办学平台,校际交流互动平台,培育了大批行业急需的"留得住、用得上、干得好"的高素质技能人才,学生就业率连年保持在97%以上,走出了一条校企文化融合的特色之路。

二、活动方法与过程

(一) 搭建学生实践能力训练平台,提升职业素质和专业技能

1. "实验室—实训基地—校办工厂",三层递进培养学生专业技能

我们相继建成4个省级实训培训基地,97个校内实验实训室。学生通过感受、模拟、安装、维护、制作等反复训练,不断提高技能熟练程度,也锤炼了从事装备制造业必需的"严谨、务实、吃苦、踏实"的职业素质。

同时,校办实习工厂从运行机制到管理模式全面采用企业化模式运行,建立了"基础训练—仿真训练—实际操练"的学生能力梯层培养机制,引进具有丰富实践经验的工程师担任专业教师。在真实的企业运行环境和文化氛围中,实现学生与工作环境的全过程零距离接轨。

2. "课堂教学—创新竞赛—社会实践",立体化培养学生职业素养

课程建设是实现"校企合作"的核心。学院根据企业用人要求制订教学计划、设置教学内容,并以能力培养为核心,以职业岗位标准为参照,形成了"一个基础、两个追加"的课堂教育模式,即各专业以应用文写作、英语、艺术、体能课为基础,不同专业"追加"源自企业的职业道德、企业文化、工作态度等

岗位需求的"软性"课程，再把企业最新技术、设备、工艺等"硬性"要求"追加"到专业教材中，实现"育人"与"用人"的匹配性对接。

创新竞赛：我们坚持"以赛促教、赛教结合，以赛精艺，技艺共长"，支持、鼓励学生参加创新创意类技能竞赛。校内每年开展的"CAD制图""钳工车工比赛""电子产品设计与制作"等专业技能竞赛多达20项，不仅强化学生专业技能，更塑造了学生"技高为荣、创新为乐"的职业品格。

社会实践：围绕节假日、纪念日举办系列主题活动，大学生文化艺术节、社团文化节、宿舍文化节等校园文化活动有声有色。"服务企业、工学相长""千名学生进社区""校企联姻庆五一"等主题活动引导学生"刻苦求知、扎根行业、服务社会"，努力成为具有健康个性、全面发展的职业人。

（二）搭建校企合作办学平台，实现三个融通

1. 实现专业布局与岗位需求融通

学院以行业职业能力标准和国家职业资格等级证书制度为依据，把专业办在企业的"兴奋点"和职业岗位的"紧缺口"上，聘请装备制造企业专家任教学指导委员会委员，全程参与人才培养，共同制定课程标准、优化专业布局。先后与西安钟表研究所联办"精密计时仪器设计与制造"专业，与陕西省机械研究院联合开设高职高专目录外"粉末冶金技术专业"，力促学生、学校、企业三方共赢。

2. 实现企业资源与学校资源融通

整合学校和企业两种异质资源，共享实训基地与人才资源、共同开展应用技术研究与服务，使企业实现经济效益，学校分享企业资源。我们先后与陕西法士特齿轮有限公司、陕西康佳电子有限公司等32家企业签订校企合作协议，为西安人人乐超市有限公司、浙江双环传动机械公司等11家单位开办"订单班"，宝鸡众喜水泥等多家公司还为我院提供了设备援助并设立百万元奖学金，"学生入学即就业，毕业即可上岗，上岗即可顶岗"这一办学实践不断得到发展。

3. 实现校园文化与企业文化融通

文化的融合是校企合作持续、稳定发展的润滑剂。我们积极导入企业文化元素，帮助学生尽早适应现代企业的管理理念和方法，完成从"学生"到"员工"

的平稳快速过渡。据此，陕工职院举办两周一期的"企业高管讲坛""优秀校友讲堂"，定期举办以装备制造业发展趋势和技术前沿为内容的学术报告会，如陕西省机械研究院院长杜芳平、陕西秦川机床工具集团董事长龙兴元等一批著名企业家做客校园，20多名优秀校友回校"讲成长、谋发展、论创业"，72家企业文化理念构成的"企业文化长廊"落户校园，都让学生在喜闻乐见中感知企业文化，提高职业素养。

（三）搭建校际交流互动平台，打造职教集团办学优势

1. 依托职教集团，实现文化引领共赢发展

由我院牵头联合30家研究所、职业院校、骨干企业，组建了"陕西装备制造业职业教育集团"。依托职教集团平台，衍生出订单培养、工学交替、项目导向、顶岗实习等特色鲜明的教学模式。目前，我们与集团成员签订了多个校企合作协议，达成一批校企技术合作项目意向。一方面鼓励、支持学院教授、学者参与企业技术攻关、产品研发和职工培训等项目，另一方面邀请姜大源、马树超等职业教育专家和企业管理大师来校讲学，与集团成员共享最新职教理念、企业管理方法、企业战略思维。

2. 加强校际联动，发挥示范院校多元辐射作用

作为国家示范性高职院校，我们以挂职锻炼、专题讲座、对口交流等方式重点对眉县职业教育中心、陕西理工学校等14个院校实施对口支援，加强院校、校企文化多元交融。依托"陕西省中等职业院校骨干师资培训基地"，培训中职骨干教师1 100多人次、培训秦川机床工具集团等企业员工上千名，承担完成2 435人次的短期认证培训和职业资格技能鉴定工作，组织数千名学生赴企业和兄弟院校顶岗实习、文化交流，发挥了国家示范性高职院校的引领、辐射和文化传播优势。

三、文化建设成果

几年来，学院荣获"全国职业教育先进单位""全国最具特色高职院校""陕西省文明校园""陕西省高技能人才工作先进工作单位"等称号，标志着文化建设取得了阶段性成果。

（一）校园文化生机无限，优美环境熠熠生辉

崇文楼、格物楼、至善园等校园建筑的系列命名，"明德、笃学、精艺、强身"的校训，"艺术与技术完美结合，美育与智育相融并进"的育人理念，"办有特色的教育、建有品位的学校、育有底气的人才"的治校方针，都散发出浓郁的高职特色文化芳香，学生在和谐的校园内感知企业文化、传承装备制造业精神，身与心、意与情得到协调发展，全院师生形成了积极向上的价值观念。陕西秦川机械发展股份公司总裁胡弘评价说："陕工职院的学生，综合素质好，知识扎实，适应能力强，是我们很多岗位的骨干，为我们公司的发展起了很重要的作用。"

（二）学生创新热情高涨，综合素质全面发展

经过多年历练，强化了学生服务装备制造业"勤奋踏实、严谨务实、团结协作、开拓创新"职业精神，坚定了理想信念和专业志向。2005年以来，学生参加专业技能比赛数百次，仅2009年就获得11个国家级奖项、39个省级奖项，尤其在全国大学生电子设计竞赛、第三届全国高职高专"发明杯"大学生创新大赛、首届全国高校"创意·创新·创业"电子商务挑战赛获得了一等奖的优异成绩，中国教育报、中国青年报等多家媒体对我院进行了典型报道。

（三）校企文化深度融合，学生就业绽露锋芒

实践能力训练平台、校企合作办学平台、校际交流互动平台为学生毕业后顺利实现角色转换夯实基础，学生一次性就业率保持在97%以上，两度被省教育厅授予"高等学校毕业生就业工作先进集体"荣誉称号，并在陕西省推进高校毕业生就业工作座谈会上，作为唯一一所高职院校做了经验介绍。省教育工委、教育厅深入学习实践科学发展观活动第37期简报也专刊报道了我院的就业工作。数以万计备受企业欢迎、认同和发展后劲足的专业技术人才不断阐释着陕工职院校企文化融合的魅力。清华大学基础工业训练中心、华为公司等用人单位反映，陕工职院毕业生不但技术好，而且有文化，懂生活，发展培养潜力大。

四、经验总结

（一）弘扬装备制造业精神，培育学生职业品格

依托行业文化并从中汲取营养是弘扬装备制造业精神、培育学生职业素养的

社会基础。我们引导师生主动接受校企文化双重熏陶，不断养成"勤奋踏实、严谨务实、团结协作、开拓创新"的职业品格。

（二）以人为本、文化育人

始终坚持"以人为本，文化化人、文艺养心"的方针，我们把"环境育人、管理育人、服务育人"贯彻到校园文化建设的每一项工作中，鼓励学生创新发展，多形式、多角度、多层次为学生成长成才提供服务和氛围，真正达到以文化人。

（三）开拓持续发展的文化之路

我们打破校企界限，依靠装备制造行业的大型企业，以专业建设为纽带，广泛开展文化交流活动，构建多校、多企业、多元化的文化融通大环境，实现了资源共用、互惠多赢的良性发展，开拓了一条具有鲜活生命力的持续发展的文化建设之路。

建校六十年来，陕工职院人一直在努力揣摩"文化"一词的深刻内涵，逐步形成了风正气顺、精神奋发、关系和谐的文化氛围，丰厚的文化积淀正影响着一代代学子开拓进取，唱响高职院校文化建设的主旋律。

10.2.3 《文艺养心　文化化人　巧手打磨技艺人生》

学生创新能力的培养重在引导学生认识客观事物，正确运用感性思维把握其规律性，形成对客观世界主观能动性的创造活动。高技能型人才的培养不仅要重视专业知识和技能培养，更重要的是对人文文化素养的培养，避免出现学生因缺乏人文内涵和综合素质而成为"工匠"。

近年来，陕西工院遵循以美治性、以美启智、以美正德的思路，探索构建了"文艺养心、文化化人，巧手打磨技艺人生"的特色校园文化：以审美教育工作机制为引领，以"文艺养心、文化化人"育人体系为核心，以能力训练平台为载体，培养学生强技博能、创新创意、服务社会的综合素养，力促学生在全面发展中个性化成才，成为"有技能有文化、有思想有创新、有激情有真善"的高素质的技能型人才。

一、过程与方法：构筑基于职业教育的审美教育育人体系

高职学校的审美教育不是停留在艺术技巧传授的层次，而是一个综合性的体系，使之成为一种素质教育和通识教育。

（一）建立审美教育工作新机制

成立艺术教育委员会，院长担任主任，党委副书记、教学副院长担任副主任。设立了艺术教育中心。

建设了 5 个专门的艺术场所、配备了 150 余万元的艺术设备，每年划拨专门的艺术教育经费。

从学生实际出发，制定美育大纲，按照不同年级不同的审美教育内容形式，分阶段提出美育的目标和措施。

建设了一支学有专长、配合默契的校内教师与外聘艺术专家相结合的美育教学工作团队，获全国优秀美育工作者 3 人次、教育部优秀指导教师 7 人次、陕西省优秀指导教师 15 人次。创建了良好的美育教育"软"环境。

（二）创新美育育人载体

依据美育育人目标，基于高职学情分析，按照审美教育规律，依据"美学基本理论＋艺术鉴赏能力＋艺术审美体验＋艺术专项特长"的建设思路，构建学生喜闻乐见的多样化育人载体，初步解决高职美育载体内容和形式相对单一的问题。

"三课三堂三基地"教学链：开设"美育与大学生艺术素养"必修课"大学生礼仪美"必选课和"音乐鉴赏"等 23 门选修课的"三课"；设置美育讲堂、校友讲堂、陕工艺堂等"三堂"；整合长乐塬抗战工业遗址公园等工业旧址、合作企业的先进文化，利用兵马俑博物馆、非遗传承等陕西文旅资源，借助马栏、照金等红色文化资源，共建企业文化学习基地、传统文化教育基地和红色文化教学基地的"三基地"，将传统文化、企业文化、文化艺术体验引入教学链，融入优秀传统文化、红色经典艺术、职业美学等特色模块，传授美学基本理论、艺术鉴赏的基本知识，教育学生知美、懂美。

"三节三赛三工坊"实践链：对美育实践活动进行系统性设计，以大学生艺术团为引领，以校园艺术社团为主体，整合校内各类文化艺术活动，形成每年定

期开展的校园文化艺术节、社团文化艺术节、宿舍文化艺术节。在校内举办原创戏剧小品大赛、原创诗文朗诵比赛、原创手机摄影大赛、书画艺术展等艺术竞赛,对接省级、国家级艺术竞赛,选取优秀作品进行培育,形成了以校级竞赛选点、省级竞赛培优、国家竞赛突破的"校级—省级—国家级"三级艺术竞赛体系。建立以书法为代表的传统文化工坊,以彩贴剪纸为特色的秦文化工坊、以葫芦丝等便携乐器推广的音乐文化工坊,选择优秀学生进入工坊,强化工坊创练、培养艺术特长。利用"校企情深"文艺演出平台,选用优质校园原创节目、企业文艺作品在校企双方举行会演,以此为纽带,深入融通校企文化。引进优秀艺术作品走进校园,持续开展高雅艺术进校园。年均开展各类活动62场,参与学生35 000人次,以喜闻乐见的美育实践活动,强化审美体验、提高鉴赏水平、培养艺术特长和创新能力,引导学生尚美、创美。

"双六一"美育文化带:发掘行业文化,结合学院特点,建成了一场(红色文化广场)一馆(校史馆)一园(机床文化园)一廊(企业文化长廊)一港(思政教育温馨港)一空间(VR智慧思政践创空间)的"六个一"校园文化景观群;形成了一剧(纪实报告剧《心路》)一史(校史)一书(高职文化育人丛书)一册(陕西工院景影画册)一读本(企业文化读本)一中心(制造文化虚拟中心)的"六个一"文化精品,将中华传统文化、秦地优秀文化、红色经典艺术、工匠精神等融入美育的环境和氛围建设,实施文化浸润,熏染学生情操。

二、特色:多途径、全方位创建具有职业特色的审美文化

(一)理论与实践相结合

学院以体现职业性、艺术性、开放性、实践性为原则,以学生职业需求和兴趣为出发点,鼓励学生在理论的指引下学以致用,积极参加创新创意类技能竞赛。每年开展"校企情深文艺演出""校园原创短剧小品大赛"高雅艺术演出等20余项具有原创动力、文化内涵和企业特质的文艺活动。2005年陕西工院450余名学生自编自演了文艺晚会"岁月如歌",专家现场从节目内容的思维性和艺术性进行了指教,使学生在实践中感受美、创造美。

(二)职业性与艺术性互融

学院以能力培养为核心,以职业岗位标准为参照,形成了"一个基础、两个

追加"的课堂教育模式,即各专业以应用文写作、英语、艺术、体能课为基础,不同专业"追加"源自企业的职业道德、企业文化、工作态度等岗位需求的"软性"课程,再把企业最新技术、设备、工艺等"硬性"要求"追加"到专业教材中。同时,在全院各专业必修课程"美育与音乐鉴赏"中增加"企业精神和形象之美"章节,让学生了解企业精神与企业形象的内涵,知晓融通企业精神对提升自我职业能力的重要意义,实现"育人"与"用人"的匹配性对接。

(三)"请进来"与"走出去"共通

我院采取"走出去"方式,实现在校师生与企业的"面对面"交流。每年学院大学生艺术团赴企业演出,百余名师生赴宝鸡众喜水泥有限公司、宝鸡石油钢管有限公司等举办了大型联欢晚会,并先后与陕西法士特齿轮有限公司、陕西康佳电子有限公司等32家企业签订校企合作协议,为西安人人乐超市有限公司、浙江双环传动机械公司等11家单位开办"订单班",有效拉近了学校与企业的距离。同时,采取"请进来"方式,实现学校课堂内容与社会实践的"零距离"对接。举办两周一期的"企业高管讲坛"、"优秀校友讲堂"、学术报告会,20多名优秀校友回校"讲成长、谋发展、论创业",72家企业文化理念构成的"企业文化长廊"落户校园,都让学生在喜闻乐见中感知企业文化,提高职业素养。

三、成效与经验:文艺养心、文化化人

(一)强技博能,全面发展个性成才

我院以大学生艺术社团引导帮助学生自发建立艺术活动小组,包括管乐团、合唱团、舞蹈团、武术团、戏剧小品队、键盘乐队、书画社等4团2队1社共1 200余人。通过多渠道教育引导,学生们巩固了思想,展现了个性特长,提高专业技能,增强成功意识。2007年"大学生艺术社团"被共青团陕西省委、省教育厅等联合授予"优秀学生社团",获国家级比赛集体奖项8个,省级比赛集体奖项18个。

2009年学生自编自演的原创小品《民工父亲》获得第二届大学生艺术展演一等奖,艺术展演非专业学生成了主流,中国教育报、中国青年报等多家媒体予以专题报道,陕西省文联副主席陈彦评价道:"陕西工院能够把文化活动搞得这么好,就是注重文化化人,文艺养心的作用,在校大学生能有这样的创造力,是

非常了不起的,令人震惊。"

(二) 创新创意,转换角色顺利就业

美国当代美学家马尔库塞断言"艺术将在物质改造和文化改造中成为一种生产力"。我院通过多层面、全过程培育学生审美素质,让学生在"真实"的工作环境激发潜力,铸造技艺,把审美创造、技术革新、艺术设计等元素融入实践中。

学院每年开展的"CAD 制图""钳工车工比赛""电子产品设计与制作"等专业技能竞赛多达 20 项,仅 2010 年,我院大学生技能竞赛总计获奖 172 项奖,其中 76 项国家级奖项、96 项省级奖项,创意创新竞赛为学生就业角色的顺利转换奠定了基础,学院连续六年一次性就业率保持在 97%以上,两度被省教育厅授予"高等学校毕业生就业工作先进集体"荣誉称号,数以万计备受企业欢迎、认同和发展后劲足的毕业生不断阐释着陕西工院的文化魅力。

(三) 服务社会,求真向善技艺人生

我院积极培养学生审美态度,充分发挥真善美教育在弘扬社会主义核心价值体系中正面、积极的引导作用,设计和开展大学生文化艺术节、社团文化节、"千名学生进社区"、"校企联姻庆五一"、"三走进"等主题文化活动砥砺学生成为具有使命感、责任心、个性健康、全面发展的职业人。社区的工作人员说,"这样的学生很可爱,是合格的当代大学生。"通过不懈地探索和实践,我院建成省级美育精品课程 1 门,获得国家级教研课题奖 1 项、省级奖 2 项。清华大学基础工业训练中心、华为技术有限公司、宁夏小巨人机床集团等与学院有长期稳固合作的用人单位反映,陕西工院毕业生不但技术好,而且有文化,懂生活,审美情趣高,发展培养潜力大。

10.2.4 《弘扬爱国奋斗精神,建功立业新时代——陕西工院用"爱国奋斗"立德铸魂,助力学生成长成才》

自 2016 年以来,陕西工业职业技术学院围绕落实"立德树人"根本任务,创新"思政教育+校园文化"协同育人路径,形成了以"弘扬爱国奋斗精神,建功立业新时代"系列活动为抓手的育人模式,网上网下紧密结合、线上线下协同推进，将思政教育贯穿到人才培养的全过程，贯穿到教学、管理和服务的全过程，贯穿到学生培养和教师发展的全过程，进一步培育和深化了优良的校风、教风、学风，丰富学校、企业、社会、家庭"四位一体"的协同育人模式，助推了高职院校思政工作实效性与人才培养质量的"双提升"。

一、工作目标

以贯彻落实习近平新时代中国特色社会主义思想和党的十九大精神为契机，学院注重发挥政治引领、文化凝心和实践聚力作用，通过"弘扬爱国奋斗精神，建功立业新时代"系列活动，在全体师生中接续开展"爱国·奋斗"系列学习活动、"爱国·奋斗"宣传阐释活动和爱国奋斗精神岗位践行活动，突出学用结合、知行合一，引导广大师生不忘初心、牢记使命，立足本职建功立业，自觉践行爱国奋斗精神，做新时代的奋斗者、创造者、引领者，为职业教育事业发展贡献智慧和力量。

二、实施过程

(一) 精心安排，全院联动，组织得力。

学院专门成立由党政主要领导担任组长，组织部牵头负总责，宣传部、统战部、人事处、教务处、学工部依据任务分头实施，各职能处室、二级学院协调推进的"爱国·奋斗"系列活动组织架构，并多次召开协调会议、划拨专项经费、制定实施方案、组织开展活动、撰写调研提纲。同时，在舆论宣传、后勤保障、通联推广等方面给予了大力支持。

(二) 多点开花，全面覆盖，注重实效。

1. 开展"爱国·奋斗"系列学习活动，用理想信念导航定向

在学习形式上，按照"不分批次、不划阶段、不设环节，常态化推进"的原则，针对党委中心组、党员、教职工、党外人士和学生的不同类型，在全院范围开展"爱国·奋斗"大学习、大讨论系列活动，将爱国奋斗精神融入党委中心组、教职工和学生政治理论学习，灵活运用微信微博、易班、陕大在线等渠道，组织师生认真学习党史国史、改革开放史和社会主义发展史，帮助他们领会弘扬爱国主义和奋斗精神的本质要求，增强理论自信和行动自觉。

在学习内容上，注重挖掘典型事迹和先进人物的思政教育元素，先后组织师生对"两弹一星精神""西迁精神""工匠精神"和黄大年、李保国、钟扬等典型进行了多轮次学习研讨。同时，将新时代的家国情怀和奉献精神有机融入思想政治理论课教学，注重用感人的故事、生动的案例，教育引导广大学生努力做爱国奋斗精神的传承者、党和人民事业的接班人，争做担当民族复兴大任的时代新人。

在学习载体上，结合"两学一做"学习教育常态化制度化和"不忘初心，牢记使命"主题教育，学院将党员传承和弘扬爱国奋斗精神纳入党支部"三会一课"和主题党日活动。党委委员、党总支书记、支部书记还分别围绕"爱国、奋斗、使命、担当"的主题，为所在或联系支部讲党课。

学院还连续七年举办"立德树人论坛"，通过现场参与和网络直播的形式，对师生在党建思政、教育教学、服务管理等方面创新思维、实践经验和最新成果进行展示，达到了凝聚智慧、展示成效、弘扬爱岗敬业、忠诚奉献精神的目的，也激励广大师生传承、弘扬爱国奋斗精神。

2. 强化"爱国·奋斗"宣传阐释活动，用爱国情怀强基固本

围绕"爱国心、奉献情、奋斗行"的主题，学院通过组织开展主题展览、主题宣讲、征文比赛等，讲好爱国奋斗故事。同时，借力高雅艺术进校园活动，将爱国主义题材的优秀影片、话剧、文艺作品引入校园，并在校园网和易班站开设了"爱国·奋斗"专题栏目，将爱国奋斗精神教育深入到校园每个角落，覆盖到全体师生。

学院每年评选表彰师德先进集体和个人、优秀教师、先进教育工作者、优秀共产党员、三好学生，并借助校园网、广播电视、宣传橱窗和微信、微博等宣传载体，广泛宣传教书各类典型人物的先进事迹，营造爱国奋斗的浓厚氛围。在推进校企深度融合中，学院还充分挖掘优秀校友的奋斗成长事迹，开展首届十大优秀毕业生评选，举办校友大讲堂、优秀毕业生风采展，宣传校友的奋斗成长轨迹，让同学们"学有目标、赶有方向、干有动力"。

通过深挖校园文化脉络和传承历史，学院自编自演一批以西迁教师、先进典型和道德模范、优秀校友为原型的校园短剧、情景朗诵作品，用艺术的形式弘扬

爱国奋斗精神，达到润物无声、触及灵魂的教育效果。其中的《民工父亲》《大学第一次》《情系梁家河》《毕业变奏曲》获得全国大学生艺术展演一等奖2项、二等奖2项。

3. 推进"爱国·奋斗"岗位践行活动，以建功立业塑形铸魂

学院将"爱国·奋斗"精神融入各类社会实践活动，让师生在社会实践中认识国情、了解社会，受教育、长才干、做贡献。连续九年利用暑期开展"走进社会、走进企业、走进学生家庭"活动，服务师生实践锻炼、服务学生就业创业、助推学生成长成才。

学院还积极拓展实践育人渠道，实施"党旗领航"工程、"大国工匠进校园"活动、师生"同读一本书"活动，引导青年学生主动融入国家"一带一路"倡议和脱贫攻坚等重大战略，引导、鼓励、支持毕业生到中西部地区和艰苦边远地区就业创业，自觉在国家经济社会各项建设事业中激扬青春、奉献社会。

同时，坚持工作导向、任务导向的原则，学院把弘扬传承"爱国·奋斗"精神为推进工作的总抓手，促进改革发展的具体行动，以党建工作引领发展、以人才培养支撑发展、以重点项目助推发展。瞄准"双高"建设目标，广大党员用承诺履诺践诺的实际行动践行党的宗旨、加强党性锤炼、担当发展使命，并遴选优秀教师、辅导员参加全国职业院校教学能力比赛、陕西省青年教师教学竞赛、陕西省辅导员素质能力大赛等竞赛，最大限度激发奋斗激情，引导广大教师立足本职、建功立业。

（三）认真总结，凝练经验，提升水平。

两年来，"弘扬爱国奋斗精神，建功立业新时代"系列活动先后举办集体学习、辅导讲座、座谈研讨近30场，开展网上展示、专题讲座、征文比赛40余场，累计参与师生超过30 000人次，获得了《中国教育报》《中国青年报》《陕西日报》《咸阳日报》等媒体的关注和好评。

三、工作成效

经过几年的探索实践，陕西工院通过"弘扬爱国奋斗精神，建功立业新时代"系列活动，有力增强了思政教育的针对性和实效性，取得了良好的社会效果，也提升了学院的社会知名度和美誉度。

（一）活动带动德育，形成了思政工作整体合力

通过积极投身系列活动，全体师生自觉把爱国奋斗精神融入育人全过程，促进了思政教育整体合力的形成。广大师生员工扑下身子抓学习、深入基层做调研，将爱国奋斗精神落实在"办人民满意的教育，做社会主义建设者和接班人"上。大学生普遍关注与国家和民族利益相关的大事，能主动以优良的品质和卓越的能力承担社会责任，主流的价值观、道德观已成为师生言行的标准，明辨是非能力显著提高。一大批毕业生响应国家的号召，服务西部和基层，到祖国最需要的地方建功立业。

（二）传承带动鼎新，培育了一批创新匠人

立足"工匠精神"的传承和发展，学院用职业标准对接课程内容，以教学过程对接生产过程，大力实施文化荣校战略，培育具有工学结合为特色的高职校园文化。校园里涌现了一大批品学兼优、能力突出的优秀学子，在国家级、省级技能竞赛中累计获奖879项，36名同学未出校门已经拥有"陕西省技术状元""陕西省技术能手"等职业资质。学院也被评为"全国高职就业竞争力示范校"，连续3次荣膺"陕西高校毕业生就业工作先进集体"。

（三）实践带动发展，提升了学院品牌影响力

通过系列活动的持续广泛开展，逐步形成了具有高职教育特色的校园文化品牌，活动成效多次受到各级各类表彰，也直接带动了学院品牌影响力与发展活力的提升。学院先后荣获全国文明单位、全国高职院校服务贡献50强、全国高职院校思想政治工作创新示范案例50强、中国工业优秀党建单位、黄炎培全国优秀学校奖、陕西省先进集体等荣誉，连续三年蝉联省属高校领导班子年度目标责任考核优秀单位，在2017—2018中国高职高专院校竞争力排行榜中荣膺全国第11名、中西部省区第1名。

下一步，陕西工院将进一步深化"爱国奋斗"系列活动成效，依托"思政教育+校园文化"协同育人工作体系，将开展校园文化活动与解决学生思想实际相融通、与促进学生创业就业相融通、与师生共同成长发展相融通，坚守"办有灵魂的教育、育有底气的人才"的追求，持续升华工院特质的思政教育品牌，为促进更多学生成长成才做出新的更大贡献。

10.2.5 《小小宿舍做"文章" 惠及学子成大器——陕西工业职业技术学院学生宿舍文化建设的创新与实践》

习近平总书记在中共中央政治局集体学习时指出："一种价值观要真正发挥作用，必须融入社会生活，让人们在实践中感知它、领悟它，在落细、落小、落实上下工夫。"文化育人亦是如此。在大学校园里，宿舍是学子们学习、生活、交际的重要空间，对学生成长、成才最具持久影响力。作为校园文化的"末梢神经"，宿舍积淀形成的文化也潜移默化地作用在学生的价值取向、生活方式和行为习惯上，引导着他们和谐友善、积极向上、自强自律。

近年来，陕西工业职业技术学院立足高职教育特征和人才培养目标，大处着眼，小处着手，把宿舍作为校园文化建设和创新的"突破口"，系统设计、分层推进、寓教于"舍"，将职业素质养成、行为习惯熏陶、良好学风培育等有机融入学生宿舍建设，促进学生综合素质提升，服务学生成长成才和顺利就业，取得了显著的成效。

一、工作思路与目标

为了充分发挥宿舍文化在育人中的重要作用，陕西工院在优化宿舍物质环境、完善宿舍管理制度的基础上，充分发掘宿舍文化的育人功能，相继创设了"党团组织进宿舍、职业文化进宿舍、心理咨询进宿舍、艺术活动进宿舍、创新实践进宿舍"的"五进"宿舍文化建设机制，并以形式多样的宿舍文化活动为载体，着力营造向上、健康、创新的宿舍文化氛围，将宿舍真正建成学生接受思想政治教育的"主阵地"，形成良好职业素养的"操练场"，培养文明行为习惯的"大课堂"，增强创新、实践能力的"小舞台"，促进学生综合素质提升，服务学生成长成才。

二、措施方法与过程

（一）优化宿舍环境，完善管理制度

宿舍的物质条件和管理制度是宿舍文化建设的基石，决定着宿舍文化建设的水平。近年来，陕西工院不断加大对学生公寓的建设投入，优化学生公寓硬件环

境。新建、在建的三栋标准化学生公寓全部为六人间，拥有电梯和独立的阳台、卫生间，配备互联网接口、洗衣房、保险箱等。学院还对学生公寓进行规划布置，统一以"明伦、至善、明善"等传统文化理念命名，设置了信息栏、安装了仪容镜，悬挂了格言警句、文明标语等，并将师生创作的200多幅书画、摄影作品置于公寓走廊，打造温馨雅致的书香、人文公寓。同时，学院先后修订了《学生文明行为规范》《学生公寓管理制度》《学生宿舍文明公约》《学生公寓文化建设规范》《"星级文明宿舍"评比办法》等38项管理制度，并为新生免费发放寝具，夯实了宿舍文化建设的硬件环境。

（二）以"五进"宿舍为核心，建立文化育人长效机制

——党团组织进宿舍，加强学生思想政治教育。根据党团组织、党团活动进宿舍制度，陕西工院在每栋学生公寓设立了党团活动室，积极举办党团青年理论学习、演讲比赛、观影活动、知识竞赛等，创新和丰富思想政治教育的形式和载体。同时，充分发挥学生党员在宿舍文化建设中的先锋模范作用，开展星级文明宿舍评比、党员宿舍（床位）亮牌等示范活动，引导学生党员在学习、生活、成长、成才等方面做出表率，以期实现"一人带动一片，一片带动一院"的效果。其次，依托学生会宿管部，对宿舍进行自我管理、安全卫生检查和精神文明建设，培养和发展学生在宿舍的自我服务能力，让学生在宿舍文化的浸润中实现自我教育、自我管理、自我服务，增强宿舍文化建设的活力。

——职业文化进宿舍，渗透职业意识及素养。陕西工院定期将《企业文化手册》《校园文化读本》《优秀校友事迹汇编》和校报等发放至每个宿舍，让学生提早了解社会需求趋势、感知现代企业经营理念，让校友的创业事迹和励志故事成为宿舍交流的热点。在校企合作订单培养的过程中，聘请企业高级管理人员担任班主任，与学生同吃同住，潜移默化地将企业精神、员工规范等传递给学生。同时，学院创新宿舍管理理念，将现代企业整理、整顿、清扫、清洁、素养的"5S"管理方式推广到宿舍生活中，引导学生按现代企业的管理要求，养成从小事做起、随时整理、随时清扫的文明生活习惯，有效地缩短学生到企业的过渡期，促进了学生素养与员工素质的匹配性对接。

——心理咨询进宿舍，构建和谐宿舍人际关系。学院在每个学生公寓设置了

环境优雅、功能齐备的心理咨询室,并依托大学生心理健康网上测评系统,定期对学生进行团体心理健康教育和个别心理辅导,依据宿舍架构进行观察、谈话、问卷调查与心理测量等活动,较早地发现学生潜在的心理问题,及时有效地帮助他们正确处理矛盾冲突,构建了和谐、健康的人际关系。同时,通过"寻找最美楼管阿姨"、倡导公寓管理员做学生的"知心妈妈"等活动,引导学生尊重长辈、尊重劳动、理解他人,形成师生间的良好互动,发挥宿舍在学生心理调适上的重要作用,培育学子们相互尊重、相互关心、相互包容、相互促进、文明和谐的宿舍人际关系。

——艺术活动进宿舍,陶冶学生审美情操。陕西工院把宿舍文化建设与大学生社团活动紧密结合,实现社团文化建设与宿舍文化建设的整合。通过定期举办大学生宿舍文化节,开展"温馨雅舍"设计大赛、最美宿舍评比、宿舍书画摄影展、"公寓杯"篮球赛、"唱在宿舍,乐在校园"文艺展演、艺术广场大家乐等活动,美化了生活环境、愉悦了师生身心,寓教于乐、寓教于"舍",起到陶冶学生高尚情操、提高学生文化品位、增强学生人文素养、积淀学生文化底蕴的作用。

——技能实践进宿舍,培养学生创新精神和实践能力。连续九年举办的学生技能竞赛月,全院85%的学生参与其中,许多同学以宿舍为单位集体参赛、以宿舍为团队集思创新、以舍友为伙伴合作训练,近三年来,学生荣获国家级、国家专业学会级技能竞赛奖项172个,省级和省级专业学会级奖项366个,"人人参与、奋勇争先、笃学精艺、敢闯敢拼"的技能实践文化深入人心,学生创新精神和实践能力明显增强。

三、工作成效

(一) 学生综合素质得到提高,校园正能量浓郁

蓬勃开展的宿舍活动营造了良好的宿舍文化氛围,对学生的价值取向、心理健康、习惯养成、职业发展产生了积极影响。在校学生的综合素质明显提升,校园人心思进、文明和谐。近三年来,全院先后有2 840名学生入党,涌现出了三好标兵和三好学生2 100名、文明班级290个,文明宿舍2 160个。

(二) 学生职业素养得到强化，职业竞争力增强

持续开展的职业文化进宿舍及技能竞赛月活动，普及了企业精神和企业文化理念，培育了学生团结协作精神、创新创业能力。在宿舍营造了"崇尚技能"的职业文化氛围，学生的职业素养明显增强，职业竞争力普遍提高。近年来，涌现出了"HouJue 影像""淘宝创业工作室"等宿舍为单位的学生创新品牌，机械工程学院一个宿舍的 6 名同学集体被清华大学基础工业中心聘用为实训教师、电气工程学院 13 个宿舍的同学集体入职西安三星，这样的例子不胜枚举。全院学生的就业率连年保持在 97% 以上，学生以良好的综合素质得到用人单位的一致好评，学院也连续三次被评为陕西省高等学校毕业生就业工作先进单位。

(三) 学风校风淳朴务实，内涵建设持续推进

良好的宿舍物质条件、完善的宿舍制度规范、优美的宿舍环境、和谐的宿舍文化，形成了积极向上、奋发有为的优良舍风，有力地促进了学风、校风建设。形式多样的宿舍文化实践活动，丰富了学生的课余生活，提高了学生的人文素养，既繁荣了校园文化建设，又促进了学校的内涵建设。学院先后荣获全国文明单位、全国机械行业校企合作与人才培养优秀职业院校、陕西省平安校园、大学生创新能力培养综合改革试点学校等荣誉。

四、工作经验

（1）立足高职特色，在宿舍文化建设中渗透行业、企业、职业文化，让宿舍成为"产业文化进教育，工业文化进校园，企业文化进课堂"的又一阵地，营造了高职生向职业人转变的文化环境，强化了学生的职业意识和职业素养，帮助学生成长成才和就业创业。

（2）以学生为主体，以宿舍为单元，注重发挥学生的主动性和创造性，引导他们参与宿舍文化建设，提高学生自我教育、自我管理和自我服务的能力，培育了学生团队合作、民主管理、人际和谐的良好素养。

（3）以学生为本，坚持把宿舍文化建设与社团活动紧密结合，鼓励他们个性化发展，丰富宿舍生活、提升审美能力、美化宿舍环境，拓展了文化育人新空间。

（4）宿舍是学生之家，把思想教育潜移默化地植入宿舍生活，通过党团活

动进公寓、辅导员工作进公寓、学生党员宿舍等途径,形成示范和引领效应,有效地增强了思想教育的感染力与亲和力。

学生宿舍是校园文化建设的"最小细胞",陕西工院在"小"宿舍尝试、实践着"大"文章,企及健康、向上的校园文化惠及数万名学子,以帮助他们成大器、创事业。

10.2.6 《校园传媒作引领 实践育人结硕果——陕西工业职业技术学院大学生传媒协会的探索与实践》

2012年1月,为了全面落实《国家中长期教育改革和发展规划纲要(2010—2020年)》,教育部出台了《关于进一步加强高校实践育人工作的若干意见》,其明确要求高校"以创新实践育人方法途径为基础,以加强实践育人基地建设为依托,积极调动整合社会各方面资源,形成实践育人合力,着力构建长效机制,努力推动高校实践育人工作取得新成效、开创新局面"。陕西工业职业技术学院以实践育人为导向、校园社团为载体、学生自我服务为目标,2005年改组重构了学校大学生传媒协会,立足传媒、传播先进校园文化,服务成长、促进学生个性发展,提升学生素养、夯实就业竞争力,形成一个"集思想教育、生活服务、锻炼成才"功能于一体的学生社团发展模式,搭建起学生"在社团活动中,激励自信、展示才华""在传媒实践中,增强技能、促进就业"的实践育人平台。

一、目标与思路

在党委宣传部的指导下,大学生传媒协会肩负着校园调频广播、电视节目摄制、网络新闻宣传、微信微博新媒体发展等任务,是学校宣传工作的有力助手、校园传媒的中坚力量。通过在校园新闻传媒的实践,学校引导大学生坚定政治信念、熏陶团队合作精神、培养传媒专业技能、丰富工科类高职学生就业竞争资本、促进大学生成长成才。

遵循学生社团发展规律,大学生传媒协会借力于青年学生喜好实践、思维活跃、乐于创新、勇于探索的群体特征,以在校主修专业为基础,个人特长和蕴藏潜力为方向,坚持新闻实践与老师指导作支撑,新闻专业技能训练为内涵,积淀学生的思想品质、历练学子的媒体技能、提升学生的就业底气,努力将其打造成

"校园最活跃、学生最喜欢、实践最受益"的校园文化传播"名片"、党委宣传工作"触角"、职院学子成才"乐园"。

二、实践方法和过程

秉承"校园广播站"的基因,大学生传媒协会适应时代、创新发展,形成了"调频广播、网络宣传、新媒体推广、视频摄制、新闻采写"五大业务板块为核心,调频广播台、视频摄制部、网络通讯社、学生记者团、新媒体发展中心五位一体的近300名学生参与的品牌学生社团。

(一) 新闻工作熏陶,"四信"观念增强,引领学生成长

校园媒体是学校党委的官方声音,具有鲜明的政治导向、时代特征、舆论影响。在大学生传媒协会工作的同学们,长期耳濡目染、浸泡熏陶,始终把思想政治素养作为新人加盟、评优树模、担纲重任的首要条件。通过每天各媒体节目资源的遴选、时政热点的跟踪、理论宣传的编排、时代人物的报道等,积淀了学生们良好的思想政治基础。同时,坚持开展理论学习讨论会、热点话题分享会、节目评价答辩会等业务活动,提升同学们的政治理论素养、焦点时事敏感度、新闻宣传自觉性。尤其是在党的十八大精神宣讲活动中,协会骨干认真先学、精心准备,用符合学生特征的形式、语言、载体开展宣讲,不仅收到了很好的宣讲效果,更进一步增强了他们对中国特色的"理论自信、道路自信、制度自信、文化自信"。长此以往,他们成为校园"青年马克思主义工程"培训班的"常客"、大学生读书会的"金粉"、思政理论课堂的"牛角尖"、青年志愿者活动的"主力",全校学生热捧的校园"媒体名人",他们引领着广大青年学生追求进步、修德修身。

(二) 多元文化融合,鼓励个性发展,激励学生创新

来自不同院系的300多名传媒热爱者,他们各自的主修专业内涵、生源地域文化、家庭教育影响、成长环境差异、个人爱好与特长等因素,决定了大学生传媒协会必然是多元文化、观念、行为方式的"大融合",他们在这里思维碰撞、包容并进、尽显才华、创新发展。

首先,坚持宣传策划周例会,激发创新思维。在老师的引导下,所有会员围绕一个主题畅所欲言、充分交流、深入沟通,奇思妙想、新方异法层出不穷,既

提高了传媒节目贴近学生、贴近校情、贴近时代的传播力,又增进了同学们谈传媒、学专业、讲抱负、论生活、重友谊的"亲情"与"活力"。他们学会求同存异、学会互补共进。

其次,开展校园传媒活动,实战历练团队。大学生传媒协会每年举办一次"校园媒体听(观)众见面会""校园主持人大赛",学生自己策划、自己推介、自己实施,一批优秀的节目主持人、学生记者、音视频编辑从后台走上舞台,成为校园文化传播的领军人物和省市演讲赛、朗诵赛、微电影制作的最佳选手。传媒活动锻炼同学们的新闻专业技能,促进新的传媒新人发掘,增进团队的凝聚力、合作发展力。

再次,爱聚传媒,学长引领发展。因为喜爱校园传媒,这些同学在协会同台竞争、协同工作、自由创新,协会就像自己的"家"。许多老会员、优秀学长经常回校做客,以老带新传授媒体经验、交流工作体会、鼓励自信创新,引领他们及早涉足企业文化、标准、价值观,帮助学弟学妹们稳固专业思想、激励全面发展。

(三)传媒实践历练,培养"五大"能力,提升就业软实力

校园传媒工作的客观要求和实践锻炼,学生的"沟通协调""文字运用""语言表达""策划编辑""音视频制作"五大能力得到有效提升。一是通过参与重大活动的采访报道、主持人工作,历练"铁嘴"语言表达能力和"游说"沟通能力。二是通过摄影摄像、网络编辑、音视频制作,历练"非主修专业"的职业技能,增加就业实力。三是通过演讲比赛、朗诵比赛、微电影大赛等活动,历练"策划编排""文字运用"能力。长期的工作锻炼,不仅为同学们增强了自信、增加了"舞台",更影响、带动一大批在校学生勇于实践、实践获益。

三、成效与体会

在大学生传媒协会,学生不仅获取了成长的"养分",更找到了自信、收获了成功后的"喜悦"。

(一)学生社团搭平台,媒体工作助成长,学生发展最受益

在专业教师的指导和学校的硬件支撑下,大学生传媒协会以校园媒体主要业务为内涵,吸引大批青年学生主动参与、实践锻炼,学生在参与中更加自信、在

历练中掌握技能、在传媒实践中升华思想、在未来就业更具底气。用同学们的话"在传媒协会，我热爱、我受益、我成长"来评价最合适。大多数协会会员，入职后政治坚定、大局意识强、合作共事好、沟通协调快、时效观念强，很快成为企业的"香饽饽"。如2009级学生李婷、2010级吉星毕业后分别成为县电视台主持人、视频编辑；2008级李强、李恒等擅长音视频制作技术，成为西安恒创文化公司视频摄制的"一把好手"；2010级节目编辑冯涛，擅长音频制作技术，加盟幼儿早教机研发，成为创业的典范。

（二）实践育人做导向，学生社团作支撑，人才培养出特色

坚持实践育人、坚持传播先进校园文化、坚持学生为主导，大学生传媒协会的成长、发展给予学校"青年学生最具活力""社团也是育人不可或缺的组成部分""文化传承必须依靠学生"等诸多启示。为此，学院推出了大学生创新扶持机制、就业创业基地、人文素养公选课、校园文化提升计划等一系列举措，引导学生社团发展、鼓励学生实践成才。校园里"连锁经营"体验店、"淘宝"工作室、"小麦公社"物流中心、"花样年华"咖啡屋、"标致"汽车营销店等学生参与、运营、专业实践的基地相继诞生，不仅为学生实践成长、创新创业、专业锻炼提供坚实保障，更凸显了学校人才培养的特色。

（三）培育社团精神，引领学生发展，打造职教品牌

针对高职院校学生底子薄、底气弱的实际，大学生传媒协会始终践行"热爱就能长才""自信才会自立"的做法，广泛吸纳媒体工作爱好者加盟，并彰显其团队多元文化交融、会员平等参与、创新思维迸发的优势，在校园掀起一股"尊重差异、激励自信、尊重首创"的新风尚，让学生在实践中获得进步、在成功中增强自信，形成"人人皆可成才"的浓郁氛围。为此，学校大力扶持学生社团、鼓励创新、鼓励创造。在这种大环境里，近三年来学生们参加技能大赛屡获大奖，小发明小制作备受企业青睐，学生专利技术、学生技能作品等不断涌现，"名片"式学生屡见不鲜，"陕西工院"品牌日趋成熟。

四、工作经验

（一）以学生为本，注重团队建设

学生是学校的灵魂，尊重学生个性张扬、激发他们的潜力和创造力，使学生在社团里找到归属感、在实践历练中成长、在成功中更加自信。大学生传媒协会从制度建设、社团管理、活动实施、教师指导等细微环节切入，让每一个学生有收获、有进步、有发展，学生社团才能做大做强。

（二）以特色为魂，创新培养模式

学生社团服务学生成长、促进学生成才是根本。坚持学生社团活动有特色、学生参与能受益、个体差异被优化，"主修专业＋学生社团"的人才培养模式创新发展必然大有可为。

（三）以就业为源，服务学生成才

学生社团必须给予青年学生成长的素养积淀、创新的思维空间、就业的硬实力，社团服务学生成长、实践助力学生成才必将大放异彩。

10.2.7 《陕西工业职业技术学院 "大思政"生态圈让高职学子收获满满》

高校思想政治工作根本在于做人的工作，中心环节在于立德树人，核心在于提高人才培养能力。近年来，陕西工业职业技术学院瞄准"培养什么人、怎样培养人、为谁培养人"的命题，聚焦职业教育特点，以贯彻落实习近平新时代中国特色社会主义思想为统领，准确把握新形势下办学治校的责任使命，将立德树人成效作为检验学校一切工作的根本标准，把思想政治教育贯穿于教学、管理、服务的全过程，为新时代大学生擦亮了鲜红底色。

塑优工作机制　构建大思政"生态圈"

陕西工院党政始终把思政教育摆在人才培养的首要地位，在机构设置上，增设学生工作党委、美育部等4个部门，先后出台思政教育相关制度、方案69项，架起了"大思政"教育生态圈的四梁八柱。

在队伍建设上，学校一方面完善思政课教师成长机制，年均列支20万元用于思政科研专项，加大人才引进力度，近3年新进思政课教师53人，并出台鼓励教师攻读学历学位办法，提升教师的专业化能力；另一方面建立思政课教师与专业教师对接协同机制，将思政课教师融入各二级学院开展集体教学研讨、集体备课，参与"课程思政"教改中，借助教学名师、师德先进、"双带头人"等示范带动作用,深化对"课程思政"的理论研究与实践探索,再通过机制创新、环境营造等协同推进,构建了横向政府部门、企业、学校三方协力,纵向党委牵头抓总,多部门分工负责,各党总支和二级学院全员参与的"大思政"教育生态圈,努力打造人心思齐、和谐共进的高水平高职院校。

筑优思政课程　让思政课堂"活"起来

在今年的抗击新冠肺炎疫情中,陕西工院"停课不停学",面向全体学生开设了"战'疫'思政系列微课堂",通过"生命""价值""家国""天下""使命""担当"等不同专题,紧贴着社会热点讲、紧追着学生兴趣走,引导学生强化家国情怀、树立担当意识。在筹备和实施过程中,思政课教师化身"网红""主播",采用线上教学研讨、集体备课等形式,创新编排教学内容及授课环节,并将新冠肺炎疫情防控中的典型人和事转变成教学案例、转化为授课内容,再通过启发式、引导式的层层铺开,讲清我国战"疫"彰显的理论优势、制度优势、领导优势和精神优势,让学生们在这堂没有排进课表的人生大课上,重新审视和丰富个人的生命观和价值观,进一步坚定对"中国共产党为什么能、马克思主义为什么行、中国特色社会主义为什么好"的认识理解。

工院学子也以实际行动做出响亮回应:远在非洲塞内加尔工作的财经与旅游学院沈鑫豪同学,时刻关注着国内的新冠肺炎疫情,积极参与塞内加尔华人华侨和中资企业的医疗物资募捐活动,尽其所能,贡献自己的一份力量;在中铁广州局山西项目部工作的土木学院刘函同学,主动担纲所在地的疫情防控宣传员,每日向员工及群众宣传防控知识,对进出人员登记、测量体温;商贸学院毕业生、卫大姐食品公司董事长寇博鋐多次向一线抗疫工作者捐赠防疫物资……

以"西部之首、全国前十"的位次入选"双高"校建设单位以来,陕西工院紧紧抓住"打造党建红色引擎"的着力点,深化思政课教学改革,建设集教学、体验、实践功能于一体的"学马研习"智慧思政空间,通过整理、挖掘校园文化景观中蕴含的思政元素,精心设计打造了国学智慧、工匠精神、校友风采和工院映像4条思政课校内实践教学线轴,并与八路军西安办事处、苏武纪念馆等共建爱国主义教育基地,将思政课搬出教室,延伸到校园里、拓展到历史事件的发生地,打造"行走"的思政课堂,让思政课有血有肉、情景交融、理实结合。在这个智慧思政空间，学生们按照不同主题，自主组队、自我实践、自行撰写实践成果报告，将亲眼所见、亲耳所闻、亲身所感呈现在笔端，在实践中升华了爱国情感，坚定了报国强国之志。

培优"课程思政"使专业课门门都育人

"大家好，我的全名叫'鎏金鹦鹉纹提梁银罐'。来自唐代的我，拥有浑圆硕大的外观、雍容华贵的纹饰。鎏金的外表，更是凸显了我的雄浑大气、富丽堂皇。"这段描述出自学校旅游管理专业杨帆同学。在"导游服务英语"的课堂上，作为"国宝推荐官"的她，通过PPT、视频短片，声情并茂地向大家介绍鎏金鹦鹉纹提梁银罐的制作工艺及文化内涵。

"学生们5人一组，每周介绍一件国宝，既贴合课程内容，又拓展了专业能力，更重要的是让学生在学习中感受中华民族历史和文化的独特魅力。"负责"导游服务英语"课程教学的赵雨老师介绍说，"这个学期的'国宝推荐官'系列推出后，同学们对这门课的期待更高了。这也是我们探索'课程思政'的一小步。"

以文化自信为切入点，在课程中有机融入思政元素，让学生在掌握专业知识的同时，加深对中华民族历史和文化的了解，增强文化认同和文化自信。像这样"如盐在水"的"课程思政"案例在陕西工院还有很多。2019年年初，学校决定在全院启动实施"课程思政耦合育人行动"，深入挖掘基础课程、专业课程、选修课程、综合素质实践课程中的思想政治元素，充分履行专业、课程、教师承担思政育人的责任，推动各门课程与思政课程同向同行，形成全课程、全体教师、全教学过程的协同耦合效应，不让思政课唱"独角戏"，打通"三全育人"的"最后一公里"。

《高等学校课程思政建设指导纲要》出台后，学校迅速响应，出台《推进课程思政工作实施方案》，将"课程思政"建设工作融入学校中国特色高水平高职学院及专业群建设任务中，进一步明确了公共基础课程、专业课程及各教学环节育人职责，力争通过4年建设，从中精心培育60个蕴含思政元素、发挥思政育人功能的课程思政示范课堂；立项建设由线上线下混合式金课组成的50门"课程思政"金课；通过培育"课程思政"教学骨干、打造"课程思政"教学能手、锤炼"课程思政"教学标兵，选树 30 名"课程思政"教学名师，打造 10 个"课程思政"优秀教师团队；凝练汇编成《"课程思政"典型教学案例集》，形成一套"课程思政"建设的经验做法，让所有课程都有"思政味"、所有教师都挑"思政担"。

创优"红色匠心"文化 为学生成长成才赋能

在学校新建成的机床文化园，刚刚入校的新生和新入职的教师们徜徉在各种不同型号、不同年代的机床之间，用心回溯中国机床装备的发展历程，感悟和传承着"红色匠心"的工院文化。

办学 70 年来，陕西工院始终立足"大思政"工作要求，深入推进"文化强校"战略，传承第一任校长王达成（原西北工业部门领导，清华大学党支部首任书记）提出的"用革命的精神，创办革命的学校"的办学初心，优选萃取陕西红色文化和工业文化精髓，依托国家示范、国家优质和"双高"院校建设等项目，紧扣"技术技能工人到大国工匠"的培养目标，创新构建政府、行业、企业和学校"四方聚力"，育人路径、行动机制、实践平台、协同架构和反馈体系"五维联动"，以"红色"作底色，以"工业"为灵魂，以"卓越"为境界，以"匠心"作特色的"红色匠心"文化育人模式。

依托校园内的一馆（校史馆）、一园（机床文化园）、一廊（企业文化长廊）、一空间（VR 智慧思政实训中心）文化实践设施，借助校企协同育人战略联盟、全国机械行业材料成型与控制技术职教集团、陕西装备制造职教集团、西部产教融合研究院，学校搭建校区、社区、厂区、馆区、园区等多元文化"五区一体"育人平台，同时，有计划、分步骤地推进党旗领航工程、文化艺术节、高雅艺术进校园、"三走进"活动、楼廊道路文化群建设等十大载体贯通互动，构建了体现历史传承、时代特征和学校特色的"红色匠心"校园文化。

学校还将"红色匠心"文化理念通过德智体美劳五个维度贯通到育人的全方位，通过线上线下结合、思政课程与"课程思政"结合、教师引导与学生主动参与结合、学校教育与企业实践结合、制度约束与活动熏陶结合，实施"五心育人"工程，借助三观养成正心育德、借助大赛平台匠心育智、借助传统文化仁心育体、借助革命文化红心育美、借助社会实践润心育劳，构建"是非明、方向清、路子正"的育人格局。

同时,学校将文化育人与实践育人有机统一起来,立足高职办学特色,从人才培养的全要素出发,实施"五历实践"育人融合计划,开展"红色访学经历+社会实践经历+创新创业经历+企业实习经历+劳动锻炼经历"系列实践,覆盖全体在校生,纳入学生综合评价体系,强化核心能力、职业变迁能力和综合素质,在文化实践中塑造青年学生文化气质,进一步涵育了优良的校风、教风、学风,深化了思想政治教育的贴近度与鲜活力。近5年来,学生在国家级别、省级技能大赛中累计获奖1 231项,其中国家级别奖项463项,获奖数量连续3年位列全国高职院校第二。就业率连续10年稳定保持在97%以上,在国有大型企业、世界500强、国内100强企业的就业率达到52%。

春风化雨铸匠心,润物无声满庭芳。面对新时代新要求,陕西工院将持续深化思政课程和"课程思政"改革,推进全员、全程、全方位育人创新,完善"大思想"教育生态圈,践行好培养担当民族复兴大任的时代工匠新使命,为新时代中国特色高职教育创新发展谱写新篇章。

10.2.8 《春风化雨无声　立德树人有道——陕西工院连续五年利用"立德树人"论坛创新做好思政工作》

"谁遇见都会这样做,真是小事情,没什么大不了的。"这是在陕西工业职业技术学院2016年"立德树人"论坛上,"80后"青年教师全斐向大家讲述自己见义勇为、救助受伤老人的感人事迹,"我深知要教育好学生,必须先以身作则,身体力行,用自己的行为去感染影响他们,做学生思想上的'指路人'、学业上的'引导者'、心理上的'守护神'、生活上的'服务员'……"

和全斐老师一样,一年一度的陕西工院"立德树人"论坛,来自教学实训、管理服务等不同岗位的教职工们,结合自身工作实践与思考,从立德修身、言传身教、课堂教学、实践训练、生活服务、课外辅导、技能竞赛、就业指导等方面介绍自己的创造性工作和有益探索,分享自己在构建和谐、爱岗敬业、服务师生等方面的感悟、体会和思考。

育人为本、德育为先,作为国家示范性高职院校和国家优质高职院校,陕西工院始终坚持社会主义办学方向，深入落实立德树人根本任务，坚持多措并举、问题导向、有的放矢，通过"立德树人"论坛等参与面广、立意高远的品牌性活动，把思政课程、课程思政和工作思政三者有机结合，加强师生思想政治素质，形成教书育人、管理育人、服务育人、实践育人、文化育人协同参与的全员育人机制，进一步助力校风、教风和学风建设，为师生学习成长营造良好生态。

一、聚焦根本问题导向　践行"立德树人"使命

陕西工院聚焦"培养什么样的人、怎样培养人"的核心问题，贯彻落实"立德树人"根本任务，紧紧围绕人才培养质量提升的总目标，，创新构建了由党委统一领导、党政齐抓共管、各部门分工负责、师生员工全员参与的思想政治工作格局，通过"立德树人"论坛等活动，将思政教育贯穿于教育教学与管理服务的全过程，贯穿到学生培养和教师发展的全过程，形成横向到边、纵向到底、无死角、全覆盖的"立德树人"工作体系，进一步培育和建设优良校风、教风、学风，深化思想政治教育的贴近度与鲜活力，切实把全员、全程、全方位育人的工作要求落到实处。

二、活动引领全员参与　开展"立德树人"论坛

（一）精心安排，全院动员，组织得力

基于对师生思想状况滚动调查结果的科学分析，学院党委率先在省内高职院校中成立了教师工作部和学生工作党委，在出国教师团队中建立海外临时党支部，为部分总支配备了专职组织员，定期对基层党组织和党支部开展培训，并于2013年决定面向全院设立"立德树人"论坛。论坛每年下半年举行，各党总支选拔推荐一线教师、学生工作人员、党政及教学系统干部等参加，经过初赛、复赛，最后参加决赛。同时，建立了思政教育研究会牵头，党委组织部、宣传部、教师工作部、学生工作部、工会、思政部、各党总支分工负责的活动组织架构，聘请知名专家担任评委，并多次召开协调会议、划拨专项经费、制定实施方案、组织调研活动，在舆论宣传、后勤保障、通联推广等方面给予大力支持。

（二）创设主题，丰富载体，参与面广

每年上半年，结合年度工作确定论坛主题，2013年的主题为"践行群众路

线,强化全员育人,服务学生成才",2014年的主题为"我与学生同成长",2015年的主题为"我为学院和谐发展做贡献",2016年的主题为"匠心育人,铸梦工院",今年的主题为"追赶超越、争创一流,我为陕西工院打CALL"。参加论坛的教职工有刚走上讲台的青年教师、学生辅导员,也有数十年如一日、敬业奉献的后勤职工、管理干部,还有在一线岗位上做出成绩的师德标兵、教学名师。他们通过交流分享,"说育人、讲奉献",围绕课堂实训教学、学生教育管理服务、工匠精神传承、专业课程建设、学院改革发展、思政课教学创新等不同选题,研讨和展示陕西工院人在人才培养过程中的创新思维、实践经验和最新研究成果。

同时,学院还将"立德树人"论坛深化为全院加强和改进思想政治工作的系列举措,强化校园文化的育人功能,先后组织了"走进社会、走进企业、走进学生家庭"暑期调研、"修师德,铸师魂"主题报告会、"我为学院综合改革献计策"大讨论、师生"同读一本书"、"中国梦·职教梦,我与学院共发展"书画摄影艺术展等系列活动,定期举办道德讲堂,职业经理人、优秀校友讲座,连续十余年开展青年志愿者"三下乡"活动,在师生中普及理想信念教育、社会主义核心价值观教育和"我的中国梦"主题教育,累计参加师生达到15 000人次,取得良好效果。

(三)认真总结,凝练经验,提升水平

五年来,参与论坛的选手们从实际工作出发悉心准备,选取的主题鲜明、内容充实,分享的观点清新、事迹感人。论坛颁奖仪式上,学院领导为获奖选手颁发荣誉证书和奖牌。另外,学院思政研究会借助论坛面向全院征集思想政治教育工作优秀论文,先后编印《优秀文稿汇编》4册、《实践与探索思政论文集》2册,并邀请获奖选手参加分享会,回答师生关注的理论和现实问题,帮助全院教职工更好担起学生健康成长指导者和引路人的责任,引导广大教师以德立身、以德立学、以德施教。

三、创新载体拓宽途径 "立德树人"成效显现

经过五年的探索和实践,陕西工院的"立德树人"论坛已经成为我省高职院校思想政治教育工作的新标杆,并得到了中国教育报、陕西日报、腾讯网、新

浪网、陕西省教育厅官方网站等媒体的关注报道。学院也以加强和改进思政教育工作为切入点，构建起党旗领航、"工院精神"引领、"三风"带动、"三走进"和"立德树人"论坛等思政品牌活动助推的思政育人体系，将师生思政教育与解决学生思想实际相融通、与促进学生创业就业相融通、与师生共同成长发展相融通，形成了全员、全过程、全方位，具有陕西工院特色的思政教育路径，取得了显著成效，具体表现为"三个提升"：

（一）实践带动德育，师生政治素养显著提升

通过"立德树人"论坛的感召和带动，学院探索形成了党委统一领导、党政工团齐抓共管、宣传部组织协调、各部门全力参与、校内外协同配合的"大思政"工作格局，全院教职工自觉投身"校风、教风、学风"建设，从"上好每堂课、做好每件事、验好每个工件、改好每次作业"做起，将全心全意为人民服务的宗旨落实在"办人民满意的教育，做人民满意的教师"上。

（二）立德助推育人，人才培养质量显著提升

"立德树人"论坛全方位营造了充满人文关怀的育人氛围，工院学子在实践参与中，理想信念更为坚定、人生规划更具导向。首先，学生综合素质显著提高。近年来，学生累计获得国家技能竞赛奖励 171 项，省级奖励 830 项。仅 2017 年，获得全国职业技能大赛一等奖 2 项、二等奖 5 项、三等奖 9 项，获奖数量和质量均位居全省第一。其次，毕业生以优良的思想政治素质、扎实的专业技术基础和娴熟的职业岗位技能深受用人单位的欢迎和好评。近 7 年毕业生就业率稳定保持在 97% 以上，在国有大型企业、世界 500 强、国内 100 强企业的就业率达到 40%，毕业生薪酬待遇和用人单位满意度逐年提高，学院也连续三届被评为陕西高校毕业生就业工作先进集体、全国职业院校就业竞争力示范校。再次，一大批毕业生响应国家的号召，服务西部和基层，到祖国最需要的地方建功立业。近三年就有 70 多名毕业生参与"大学生志愿服务西部计划"，14 人报名参加省委组织部"选聘生"录考，56 人应征入伍，15 460 名学生接受了党的知识教育培训，70% 的青年学生申请入党，学生党员占在校生的比例达到 6% 以上。

（三）创新给力发展，学院品牌影响力不断提升

"追求卓越，争创一流"是陕西工院人的精神共识。学院坚持以立德树人为己任，加快综合改革发展步伐，提升内涵发展品质，凸显了育人为本、质量为先的发展新成就，也直接带动了学院品牌知名度与美誉度的提升。

近五年，学院先后荣获全国文明单位、全国机械工业先进单位、全国第五届黄炎培优秀学校奖、陕西省先进集体、全省高校人才工作目标责任制优秀单位，入选全国高职院校思想政治工作创新示范案例50强，连续三年蝉联省属高校领导班子年度目标责任考核优秀单位，在2017年中国高职高专院校竞争力排行榜中荣膺第11名，并在2015全国高职高专院校竞争力排行榜、2016全国百所示范高职影响力排行榜和2017广州日报高职高专排行榜中，高居全国高职院校前列、西北七省区第一。

春风化雨无声，立德树人有道。陕西工院将以更加扎实的行动举措，牢牢把握"立德树人"这一根本任务，举好旗帜，领好方向，加强和改进高校思想政治工作，培养道德高尚、人格独立、身心健康、信念坚定、全面发展的人才，在实现"省内引领发展、国内铸就卓越、国际打造品牌"发展愿景，助力陕西"追赶超越"和实现中华民族伟大复兴"中国梦"的征程上取得新的更大成绩。

10.2.9 《四"心"铸魂育人 三"链"引领发展——陕西工院打造"阳光心晴"文化助力学生成才》

心理育人作为高校校园文化建设和思想政治教育的重要组成部分，也是高职教育培养高素质技术技能人才的关键一环。办学70余年来，陕西工业职业技术学院紧紧围绕立德树人的根本任务，将心理育人贯穿于校园文化建设之中，切实推进"阳光心晴"心理育人的改革创新，实践形成了"四心四度、三链协同"的高职"心"文化，为学生成长成才提供了服务和氛围，真正达到以文化人。

一、工作目标与思路

落实"立德树人"根本任务，学校坚持育心与育德相结合、教育与咨询相结合、发展与预防相结合的建设思路，围绕"崇尚健康心理、共享阳光心晴"的主题，立足心理健康的知识教育、咨询服务、宣传普及、预防干预四项功能，夯实"阳光心晴"育人保障、实施"四心四度"铸魂工程、共建"三链协同"育人路径，着力构建具有高职特色的心理育人文化环境，助力学生成长为"有技能有文化、有思想有创新、有激情有真善"的高素质技术技能人才。

二、实施方法与过程

(一) 顶层设计，夯实"阳光心晴"育人保障

1. 创设"全员育心"工作平台

2017年，学校出台《学生心理健康教育工作实施意见》，明确将"阳光心晴"心理育人文化建设列入"三全育人"实施方案和校园文化建设年度规划中，建设了横向到边、纵向到底的统筹协调机制。横向由学工部、宣传部、教务处、保卫处、校医院、各二级学院等职能部门协同参与、分工负责，纵向从学校到二级学院，再到学生班级、学生宿舍，四个层级设计实施、确保落地，并将心理育人绩效纳入学校双高建设指标体系，强化考核督查。

2. 搭建"三个一"成长平台

立足心理健康教育工作队伍的职业化、专业化建设，学校搭建了"三个一"队伍成长平台，包括"一港"（大学生思想政治温馨港）、"一室"（阳光团体省级辅导员工作室）和"一站"（"阳光心晴"工作站），并按照"点上打基础、线上做引领、面上创品牌"的设计，拓展心理健康教育专兼职工作队伍的发展路径，为精准实施"阳光心晴"文化建设奠定了人才基础。

3. 构筑"一二三四五"保障体系

学校还建立了"一个中心、两支队伍、三个课堂、四级网络、五大系统"的心理健康教育保障体系。"一个中心"即由心理咨询中心组织统筹组织全校心理工作；"两支队伍"即由专兼职老师、心理专干、辅导员班主任组成的教师队伍，由班级心理委员、宿舍联络员、心理协会成员组成的学生队伍；"三个课堂"即心理健康教育必修课堂、心理微课和选修课线上课堂和以朋辈辅导工作坊、团体辅导训练、学生社团实践等组成的"第二课堂"；"四级网络"即"学校—学院—班级—宿舍"四级心理健康工作网络；"五大系统"即用于心理危机预防和干预的发现、监控、干预、转介、善后五大工作系统。

(二) 立足发展，实施"四心四度"铸魂工程

1. "耐心"切入，拓展教育教学深度

学校将大学生心理健康教育课程纳入人才培养计划，打造由"线下必修＋线

上选修+心理微课+实践二课"构成的立体化课程体系，融入辩论对话、案例讨论、互动体验、心理测试、心理训练、角色扮演等多元化教学方式，积极打造"情景浸润式"的深度心理课堂，全面帮助学生自我成长，提升学生心理素质。

2. "融心"推进，提高咨询服务精度

学校通过构建"自助—他助""个体—团体""线上—线下"三维心理咨询帮扶形式，实施心理问题学生咨询计划、心理困惑学生团辅计划、班级学生朋辈互助计划、贫困学生励志成长计划、咨询师专业成长计划和辅导员心理育人提升计划六项计划，实现对学生精准有效帮扶，融心于情，融爱于行，为学生提供细致入微的援助和支持。

3. "创心"助力，拓展活动实践热度

学校主动"破圈"，将心理育人实践通过德智体美劳五个维度贯穿到育人实践的全方位：一是以德正"心"。通过"青马"素质拓展、"迎百年党建，逐青春梦想，筑健康心灵"系列讲座、优秀大学生宣讲活动等，引领学生心灵成长。二是以智育"心"。通过心理健康知识竞赛、学习动能团体辅导等，帮助学生树立正确的学习观。三是以体健"心"。通过心理趣味运动会、手语操大赛等，引导学生科学运动。四是以美润"心"。通过心理摄影大赛、心理绘画大赛、"心"悦读分享活动等，倡导学生在发现美欣赏美中提升自己的心灵美。五是以劳强"心"。通过劳动创造最美宿舍、青年志愿者服务等，培养学生在参加劳动实践中磨炼意志品质。

4. "牵心"链接，深化预防干预广度

基于100%全覆盖的学生心理健康普查与测评，学校建立了全体学生心理健康档案和重点学生跟踪档案的数据支撑，并依托日常咨询、心理普查、班级排查三种途径和"校—院—班—舍"四级网络，对不同的心理危机事件采取分级分层措施，有效深化了心理预防与干预工作的广度和前瞻性，确保心理危机及时化解、安全隐患及时防范。

（三）多方合力，共建"三链协同"育人路径

在实践中，我们整合学校、家庭、医院三方资源，创设了"院—校"教育链、"家—校"宣传链和"医—校"干预链"三链协同"的育人路径。一是固化

"院—校"教育链。心理健康教育由学校层面研究规划、心理咨询中心统筹部署、二级学院具体实施,各部门分工负责。二是夯实"家—校"宣传链。通过创建学生家庭信息数据库、编发《心理健康家长手册》、设立校园开放日、新媒体推送等方式,强化家庭与学校间的沟通和互动,向家长普及心理健康知识,引导家庭在面对心理危机时更好地履行参与义务。三是强化"医—校"干预链。通过建立从心理咨询中心、校医院,到专业精神卫生机构的危机快速干预通道,加强对学生心理危机个案的转介和诊疗,有效预防恶性心理危机事件的发生。

三、育人经验与成效

(一) 提升了学生教育管理的精准性

借助"阳光心晴"心理育人,学校建立起对学生相关数据分析、挖掘、应用的长效机制,促进了学生教育管理方式逐步走向现代化、智能化和精细化,整体校风、学风、舍风明显好转,"早睡、早起、早餐、早读"的意识日益内化为自觉行动。同时,应用大数据对心理困难、学习困难、经济困难、交际困难等类型的学生号脉诊断,开出定制式"处方",实施一对一的教育指导,每年投入2 200多万用于困难学生的资助,受助学生16 000多人次。

(二) 促进了学生综合素质的整体提升

"阳光心晴"心理育人平台的初步推进,实现了跨界融合、多元共享、协同育人,为学生的个性发展、全面发展和终身发展,搭建起聚集后劲的"开放式窗口"和"基础性平台",助推学生综合素质明显提升。"爱党爱国、勤奋学习、技能报国"已成为校园新风尚,工院学子在工作岗位上展现出的"技能报国、精益求精、吃苦耐劳"品质备受社会好评。梦桃式最美职工、全国劳动模范何菲,火箭心脏的"制造师"、全国五四奖章获得者何小虎,最美青工、陕西省技术状元黄亚光等一大批名片学生用实际行动诠释了"为获得知识和技能走进来,为服务祖国和人民走出去"的职教初心,带动了影响了数以万计的工院学子主动投身到神舟飞天、嫦娥探月、港珠澳大桥等重大项目建设,成为支持"中国制造"强国战略的主力军。

(三) 实现了心理育人工作的示范引领

通过心理育人工作不断实践和创新,催生了一批代表性的实践成果。学校先后荣获陕西省高校心理健康教育与咨询示范中心、陕西高校心理育人工作先进集体、陕西高校心理育人大数据调研分析优秀采样单位、陕西高校辅导员示范工作室建设单位"等荣誉,兼任陕西高校心理素质教育研究会常务理事单位、陕西高职院校心理专业委员会委员单位。

近五年,教师荣获省级以上心理工作相关表彰32人次,主持完成省级以上项目课题5项,学生在国家、省级心理健康知识竞赛和情景剧、手语操、心悦读大赛中荣获"百佳心委""最美心委""千名好舍友"等省级以上荣誉40余项,省级育人育心奖22项,其中特等奖10项,成为陕西高职心理育人工作的一面旗帜,向省内外100余所高职院校推广美育育人经验,30余所兄弟高校来校交流学习,工作成效还被《中国青年报》《陕西日报》等主流媒体宣传报道。

10.2.10 《传承鼎新共济 立德树人并重 陕西工院特色校园文化服务学生成长》

"我娃来这上学一年时间,社会交往、待人接物变化很大。没有半学期,就拿回家两个荣誉证书,而且知道利用假期打工赚生活费。每回报名的时候,学院还给补助学费。孩子能得到这么好的教育,我很欣慰,感谢学校和老师的教育,希望老师再抓紧一点,让孩子早日成才,回报学校、回报社会。"获得国家奖学金、三好学生标兵王同学父亲的一席话,道出了陕西工业职业技术学院18 000余名在校生和其家长的真实感受。

这是陕西工院邀请20余位学生家长走进校园,参加家校共育恳谈会,与学院领导、各部门、二级学院负责同志共同探讨家校合力育人措施,听取学生家长对学校教育的意见。

思想引领 让校园文化"纯"起来

"黄继光者,四川中江人也……援朝抗美,不辱使命;保家卫国,甘为前卒……壮哉!华夏儿男。金刚火凤千秋颂,烈士英名百代传!"这是该院"我们心中的共产党人"红色故事会上,机械工程学院杨宏建同学分享英雄黄继光的故事。作为国家级示范高职院校,陕西工院始终坚持"育人为本、德育为先",多措并举,立德树人,将社会主义核心价值观外化于行,内化于心,成为师生言行的内在驱动力，全力服务学生成长成才和职业生涯持续发展。

学院还探索构建了以宣教部为主导，学工部为主体，思政课堂为主渠道，各二级学院为基础，思想政治研究会为支持的思想政治教育工作体系。连续五年开展"三走进"实践调研活动，相继推出党旗领航工程、青年马克思主义者培养工程、大学生文明修身工程等，探索思想教育新模式。同时，动员全校教职工自觉投身"校风、教风、学风"建设，从"上好每堂课、做好每件事、验好每个工件、改好每次作业"做起，躬身示范，寓教于乐，让学生在实践参与过程中，理想信念更为坚定、人生规划更具导向。

基因传承　让工院传统"实"起来

每年九月的开学季，位于校园中央的校史馆总会迎来一批又一批年轻的面孔，这是刚刚经历完军训的新生和新进校工作的教师们入校教育的重要一环。他们在这里走进波澜壮阔的历史，回溯那些深深镌刻在学院发展历程上的人和事，追寻体味校训的真正内涵，获取成长的养分。

这所几乎与共和国同龄的高职学院，伴随着烽火的洗礼艰难发展。"用革命的精神，创办革命的学校"是该院首任校长、西北军政委员会秘书长王达成同志在1950年建校时喊出的时代强音。

十年前，陕西工院人在"从严治校、质量立校、特色名校、人才强校、科研兴校、文化荣校"办学方针指导下，多层面、多轮次广泛征集和深入探讨校风、教风、学风，几经上下，集思广益，积淀形成"博爱、严谨、求实、创新"的校风，"尊师、勤奋、自律、拼搏"的学风和"厚德、博学、爱生、乐教"的教风，丰富了学院精神文化体系，凸显了学院的精神风骨，铸就了创建"国际知名、国内一流、省内领先"的高职院校发展基石。

另外，该院还将学院精神融入教书育人、管理服务全过程，实施了"校领导联系二级学院、处科级干部包抓学生班级、党员干部担任学生班主任、学生党员出任班主任助理、知名教授担纲学生学业导师"五层联动的育人工程；落细落实落小"校风、学风、教风"，建立"三风"建设检查、督察、通报制度，推动"三风"建设内涵发展，内化为全院师生的素养、外化为全院师生的行动，全面落实"全员育人、全过程育人、全方位育人"的工作目标，教书育人、管理育人、服务育人、实践育人、环境育人在校园蔚然成风。

文化育人　让工院精神"活"起来

"在陕西工院,校园文化不只是简简单单的一句口号、一行标语,她已固化为学校重要的精神文化符号。"该院机械工程学院党总支书记王金辉教授说道。早在上世纪末、学院改制升格初,学校注册了中文版的校名、校徽、校旗和校标,策划、设计了整套VI系统,并广泛应用在《新生入学通知书》《学生手册》《教学大纲》等各个环节上,第一时间传递学校文化理念、传播校训精神。2014年,正式载入《陕西工院章程》。

从学生的全面、可持续发展出发,紧扣高职教育的属性与特征,积极探索"以物质文化为基础,以精神文化为核心,以校企文化融合为特色、以活动文化为载体"的校园文化建设模式,秉承"技术与艺术完美结合、智育与美育相融并进"的素质教育思想,汲取我国优秀传统文化精粹对校园建筑、道路进行了文化命名,营造处处熏陶育人的氛围;以校企文化融合为路径,企业文化长廊和优秀校友风采展潜移默化、知名企业家开坛论道、杰出校友现身说教、企业文化精髓读本应运而生,搭建"润物细无声"的校企文化磁场,促使学生在校园文化、企业文化的双重浸润下成长成才;发挥第二课堂育人优势,实施"一院一品"文化建设工程,连续五年获得陕西省高校校园文化建设成果一等奖或二等奖。2013年获得全国高校校园文化建设成果二等奖1项。2011年,学院被授予"全国文明单位",是全省同类院校中获此殊荣的首家高职学院。

实践成才　让就业质量"刚"起来

"为获得知识和技能走进来,为服务祖国和人民走出去",这是镌刻在该院门口的两行标语。在每月一次的优秀校友大讲堂上,师生、校友齐聚一堂,坐而论道、分享成功经验、体味人生感悟的时候;当新一届的毕业生挥手告别母校,与同窗依依惜别,踏上新的人生征程的时候,这两句话就像长明的灯塔,一直照亮了他们前行的道路。

德才兼备,技艺立身。陕工学子肩负振兴装备制造的时代使命,以"能力强、素质高、就业好"为导向,厚德行、练技术、比才干,成长为新时期一批批中国工业的"能工巧匠"。近年来,该院学生累计获得国家技能竞赛奖励171项,省级奖励830项。仅2014年,获得全国职业技能大赛一等奖2项、二等奖3项、三等奖7项,全国电路设计应用竞赛、全国大学生数学建模竞赛、全国软件和信息技术专业人才大赛、全国大学生创新创业大赛一等奖15项、二等奖25项、三等奖30项,获奖数量和质量均位居全省第一。

近三年,该院毕业生一次性就业率平均保持在97%以上,40%的毕业生在国有大中型企业、世界500强企业就业,23名毕业生先后被清华大学、北京航空航天大学、浙江大学聘任为实训指导教师。毕业生就业呈现"专业对口率高、就业起薪高、就业满意度高、就业稳定率高、用人单位满意率高"的特点,学院也连续三届被评为陕西高校毕业生就业工作先进集体、全国职业院校就业竞争力示范校。

我们坚信步履坚定的陕西工院任将沿着鼎新传承、立德树人的兴学育才之路不断前行,创造出更加绚丽的辉煌。

10.2.11 《智慧E家　智造未来——陕西工院创新"互联网+宿舍文化"服务学生成长成才》

宿舍是大学集体生活中最小的细胞,是校园文化传播的重要载体。2015年以来,依托首批"全国教育信息化试点单位"建设成果,陕西工业职业技术学院立足高职教育特质和人才培养目标,紧紧把宿舍作为"主阵地",大处着眼、小处着手,系统设计、分层推进,持续在"小"宿舍上做着"大"文章,实践创新了"互联网+"背景下的学生宿舍文化建设。

一、工作目标与思路

按照"点上打基础、线上做引领、面上创品牌"的总体设计,以融合创新为导向,以集成化、数字化、智能化为主要技术路线,以"大数据"平台为载体,将信息技术深植于学生宿舍的各个方面,探索形成基于智慧环境、智慧学习、智慧服务、智慧管理模式下的现代新型育人文化,助力高素质技术技能型人才培养。具体思路如下:

针对学院和学情实际,积极将信息技术资源转化为育人资源,通过"互联网+

管理"打造信息文化,"互联网+考勤"规范行为文化,"互联网+6S"培育企业文化,"互联网+教育"涵养通识文化,"互联网+专业"浸润创新创业文化,有效充实和完善学生宿舍文化融合的内涵和途径,营造出百花齐放、以文化人的浓郁氛围。

二、措施方法与过程

(一)"互联网+管理",打造信息文化

推行基本信息数字化,实现全员覆盖。在学生宿舍内部制作设置二维码图像,其中陕西工院标识用于储存学生手册内容,主要包括国家、省级、学院等涉及学生工作的各项规章制度;SXPI 标识用于储存学院机构设置、主要职责及联系电话;宿舍编号标识用于储存学生基本信息,主要包括所在班级、宿舍成员及其班主任姓名、联系方式。另外,利用学生工作管理系统,将学生基本信息与其操行表现、学业成绩、心理状况、奖惩情况有效链接,积极运用大数据技术,针对学生群体中同一性特征以及学生个体思想行为特征进行分类分析,确定出特定学生个性化指导方案,切实把工作延伸触及每一位学生,极大提升了教育管理服务的精准性。

(二)"互联网+考勤",规范行为文化

推行宿舍考勤智能化,实现即时监控。借助一卡通项目,为每栋宿舍楼层楼梯口布设 2 台签到机,对学生外出与归寝进行数字化考勤,系统自动采集学生出入宿舍和上课刷卡记录信息;与此同时,将宿舍考勤与上课考勤相互绑定,每个教室门口安装一台考勤机,学生进入教室刷卡完成签到工作。学工干部、辅导员、班主任可以利用手机终端登录考勤服务平台,通过身份认证,根据各自权限,查询统计相关数据信息,随时、随地掌握宿舍、课堂动态,并根据需要进行智能分析,自动生成相应名单进行监督留存,进而将学管人员从繁重的事务性、重复性工作中里解脱出来,大幅提升工作效能。

(三)"互联网+6S",培育企业文化

推行 6S 管理具象化,实现标准统一。借鉴企业先进管理模式和经验,将整理(SEIRI)、整顿(SEITION)、清扫(SEISO)、清洁(SEIKETSU)、素养(SHITSUKE)、安全(SAFETY)融入推广到宿舍生活之中。制定出《"6S"星级

文明宿舍创建标准》，并运用超媒体技术，开发具象化的 6S 管理微课，让学生直观理解对整体布局、卫生状况、安全设施等的精细要求，尤其是对公共区域各种物品陈设的标准定位；设计辅导员、班主任、学生干部《6S 管理宿舍检查反馈表》，定期或不定期开展三级检查，将结果手动录入或批量导入公寓管理系统，形成卫生、纪律、安全等综合检查可视化结果，体现整体和个体相结合的等级评定，并将其与入党、评优、资助等直接挂钩；举办宿舍文化节，采用 O2O 的方式，宣传、评选、推广"最美 6S 宿舍"，综合线上投票与线下检查得分，精心培育"样板"宿舍树立典型。

（四）"互联网 + 教育"，涵养通识文化

推行通识教育网络化，实现多元融通。在以班级、团班干部等为单位组建微信群的基础上，依托创建物流管理学院易班分站，开办物流管理学院官微，推送陕西工院官微和团委官微，链接陕西工院网上党校，新建心理健康教育与服务网络系统，开发移动图书馆 APP 应用程序，聚合构建"七位一体"的线上资源，借此开辟网上第二课堂，在学生宿舍试行"专业+"学习改革，集成打造"'E'心教育平台"，包括 E 颗红心、E 彩纷呈、E 网情深、E 难解惑、E 吐为快等内容。"E 颗红心"涵盖思想政治建设网上课堂和讲座，时政热点、党建理论、道德修养、传统文化等方面；"E 彩纷呈"以悦读共享 T 台，学生能自由推荐喜爱的书籍、杂志等，推动 360 度全景式拓展阅读，强化校园书香文化建设；"E 网情深"涵盖心理健康教育知识普及、心理在线测试、心理减压游戏等内容；"E 难解惑"采取"辅导员 + 知名学者 + 学业导师 + 道德模范 + 创业先锋 + 商海精英 + 优秀校友 + X + 学生"的模式，提前公布邀请嘉宾信息，实行实时直播互动交流，解答学生关心或困惑的问题；"E 吐为快"则为学生提供学院工作的各个方面提出建设性意见和建议，教师推送各种信息通知以及答复相关情况。

（五）"互联网 + 专业"，浸润创新创业文化

推行专业学习特色化，实现知行合一。凸显物流学院专业优势开辟第二课堂，以创新创业能力培养为导向，按照实战性设计、实境型育人、实体化运营、实绩式考核的思路，采用"手机 + 互联网 + 专业 + 项目"的连锁链条，为每一个专业至少引入一项企业真实项目，鼓励学生以宿舍为单位集体创业，以宿舍为团队集思创新，以舍友为伙伴合作经营，有效激发学生学以致用的创新创业热情；同时利用学生创新创业、营销策划、电子商务等社团，通过网络广泛开展"E"动微商竞赛、简历设计大赛、职业生涯规划大赛等活动，并予以评比奖励，达成专业塑造和教育功能的有机统一。

三、工作成效

（一）提升了学生教育管理服务的精准性

借助优质的"智慧校园"网络基础设施，集成各应用系统对接互通，依托全景式业务大数据平台，稳步推进教育信息和资源的开放服务，建立起学生相关数据分析、挖掘、应用的长效机制，促进了学生教育管理方式逐步从传统向现代、人工向智能、粗放向精细、封闭向开放的转变，也有效遏制了学生旷课睡觉、上课迟到、自习缺勤、夜不归宿等难题，学生的上课出勤率大大提高，整体学风、舍风明显好转，"早睡、早起、早餐、早读"的意识日益内化为自觉行动。同时，学院应用大数据导向对学习困难、经济困难、心理困难、交际困难等类型的学生号脉诊断，开出定制式"处方"，实施一对一的教育指导，每年投入2 200多万元用于困难学生的资助，受助学生16 000多人次，多年来未发生一起重大安全责任事件。

（二）实现了企业文化的有效浸润

借助与企业联合开办的112个冠名订单班，学院将企业文化与校园文化有机融合，多措并举浸润6S管理理念、传递6S管理内涵、践行6S管理模式，引导学生按照现代企业的管理要求，从小事做起、从日常做起、自我约束、自我养成，进而潜移默化为自身的内在行为准则和习惯文化，有效缩短学生到企业的过渡期，实现了学生素养与员工素质的匹配性接轨。学生的"双证书"获取率达99.3%，毕业生一次性就业率连续七年保持在98%以上，诚信履行协议率达99%。毕业生以"知识基础扎实，专业技能过硬，发展前景广阔"的特质广受用人单位好评，在国有大型企业、世界500强企业毕业生占到38%，23名优秀毕业生入职清华大学、浙江大学、北京航空航天大学等知名高校，用人单位反馈的毕业生岗位适应率99%、优良率78%。

（三）激发了学生的创新创业意识

创新创业理念深入人心、蔚然成风，校园内涌现出全国高校大学生创业就业人物马宝玲、白凯、寇博宏等一大批自主创业明星，依托亿邦企业管理咨询有限公司、梦想兄弟文化传播有限公司、云创电子商务有限公司等企业，先后涌现出"丝路茯茶""小麦公社""关中卫大姐""C＋创能空间"等一大批"双创"知名品牌。学生也在"互联网＋"创新创业大赛中获国家级银奖1项，陕西赛区金奖2项、银奖3项、铜奖6项，全国首批现代学徒制试点单位、陕西省大学生校外创新创业教育实践基地相继落户学院，中央电视台、教育部网站等主流媒体也多次聚焦学院双创人才培养。

四、主要经验

（一）传承与创新结合，适应现代要求

学生宿舍管理是一项内容不断拓展、目标不断提升、思路不断创新、任务不断更新的永恒课题，只有适应新形势的发展，及时汲取和融入时代元素和现代手段，转变工作思路，改善工作方法，才能彰显蓬勃活力与生机。

（二）支持与合作结合，发挥协同效应

没有完美的个人，只有完美的团队。打破部门与部门之间的业务界限和职能界限，以扁平式的项目小组形式完成各项工作任务。学生处、二级学院、公寓办、网管中心等各有分工，各具优势，有机融合，才使整个项目稳步推进、取得实效。

（三）教师与学生结合，聚集项目合力

我们始终将学生作为项目的参与者、推动者和受益者，从尊重学生、理解学生的角度出发，以新视角、人性化的方式创新深化服务管理教育方式，既使项目充分体现了学生的智慧和需求，也为该项目的实施奠定了良好群众基础。

（四）特色与实用结合，突出问题导向

项目的逻辑起点必须立足高职院校特质、学生特点、专业特征，瞄准常规管理中的薄弱环节和突出问题对症施治，既要顶层设计、系统建设，又要先行先试、分步实施，便于修正偏差、完善改进，确保项目真正落地生根、开花结果。

10.2.12 《上好"四堂课" 学出"四种味"——陕西工院以党史学习教育创新立德树人实践》

百年征程波澜壮阔，百年初心历久弥坚。自党史学习教育启动以来，陕西工业职业技术学院坚持高点定位、精心谋划，推进党史学习教育走心走实走深，并突出学校特色，坚持上好党性锻炼课、思政教育课、技能报国课、宗旨深化课"四堂课"，强化学习教育的信仰味、职教味、工业味、工院味"四种味"，引导全校师生员工学史明理、学史增信、学史崇德、学史力行，奋力开创立德树人新局面，取得了阶段性成效。

一、工作目标与思路

立足高职办学实际，通过开展党史学习教育，引导全校师生把学习党史与学习新中国史、改革开放史、社会主义发展史相贯通，在明理上用心、在增信上用力、在崇德上用情、在力行上用劲，进一步增强"四个意识"、坚定"四个自信"，做到"两个维护"，把学党史、悟思想、办实事、开新局的要求贯穿学习教育全过程，凝心聚力、开拓进取，用实际行动助力"三风"建设，推进学校十四五时期"双高引领、新校建成、本科升格"三大使命任务，以优异成绩迎接中国共产党成立100周年。

二、实施方法与过程

结合新时代党的建设和职教发展的总要求，学校将高标准、高质量开展党史学习教育作为一件"政治大事""发展要事"和"为民实事"，深挖自身蕴含的党史学习教育元素，上好"四堂课"，打造"学习教育—推动工作—再学习再教育—提质增效"的迭代升级常态化机制，让党史学习教育更具信仰味、职教味、工业味和工院味。

（一）上好"飘扬红色旗帜"的党性锻炼课，学出信仰味

通过线上与线下结合、组织引导与党员参与结合、制度约束与活动熏陶结合、传统手段与信息化结合，高扬红色旗帜，让党性锻炼课入脑入心、走实走深：一是实施"启航"工程。立足抓思想，通过中心组学习、党员干部带头学

习、师生广泛学习等形式,分层分类推动全校师生党员理论武装,实现全校师生参加专题学习全覆盖、阅读党史读本全覆盖。二是实施"巡航"工程。立足夯责任,找准中心工作的"需求点",挖掘党建优势的"资源点",通过机制创新和方法探索,精心设计6类党政融合发展试点项目,通过评选党建工作精品案例、一支部一品牌项目、最佳主题党日活动,积极对接两者之间的"结合点",有效提升党建工作的贡献力和思想文化引领力。三是实施"领航"工程。立足创品牌,开展党支部"星级评定、晋位升级"活动,启动实施党建工作示范创建和质量创优工作,推行入党"五好"考察机制,确保党员发展的政治关和质量关。四是实施"护航"工程,立足促成长,深入开展"组织活力"提升行动、"初心使命"接续行动、"站稳第一"强基行动、"金牌先锋"引领行动、"时代声音"传播行动、"红色匠心"建设行动、"正心正形"清廉行动,德技并重、知行合一,培养堪当"造出来"重任的时代工匠。

(二) 上好"检视红色使命"的思政教育课,学出职教味

通过开展学党史、颂党恩、听党话、跟党走"五个一"系列活动,检视红色使命,拓展思政教育课堂,引导师生在学习中磨砺初心、砥砺本领。一是办好一场表彰。召开学习习近平总书记"七一"重要讲话暨"两优一先"表彰大会,为75名老党员颁发"光荣在党50年"纪念章,表彰了一批"两优一先"典型,激励全校师生为奋力推进学校高质量发展而努力。二是举办一项比赛。着眼于提升党务工作水平,组织200余名党务干部参加党务素质能力大赛,通过基础知识笔试和主题党日策划、微党课比赛、理论宣讲等环节,锻炼了党务工作队伍,提升了党务素质能力,推动学校党建质量全面创优。三是上好一堂党课。举办庆祝中国共产党成立100周年主题歌会暨《唱支歌儿给党听》大型艺术党课,将党的百年历程与学校发展相结合,融红色音乐、红色诵读、红色舞蹈、红色戏剧于一体,5 000余名师生兴致盎然地接受了一场思想洗礼和党性淬炼。四是组织一场分享。开展"永远跟党走,建功新时代"先进事迹分享会,杰出校友代表靳虎平、李美琪、杜宾等用自身的经历,向师生诠释勇于担当的使命情怀和创新进取的精神风貌。五是组织一个展览。举办"红心向党,江山如画"书画摄影作品展,遴选展出的80余件优秀作品紧扣建党百年主线,生动记录了中国共产党100

年来走过的光辉历程，热情讴歌了党带领人民取得的伟大成就，深情表达了工院师生对党和国家的礼赞。

(三) 上好"赓续红色匠心"的技能报国课，学出工业味

秉承"赓续红色匠心，筑牢红色根基，凸显职业精神，培养时代工匠"的育人理念，学校传承"用革命的精神，创办革命的学校"的红色基因和"因装备制造业而生、依装备制造业而立、随装备制造业而强"的工业基因，上好技能报国课。一是依托校内红色匠心"六个一"文化阵地，组织开展"学党史、知校情、庆百年"实践教育，深化分众化、对象化、互动化党史宣讲，通过参观机床文化园，学习新中国工业发展史、领悟工匠精神，参观红色文化广场，学习校史、感悟工院精神，体验"学马研习"践创空间，学习百年党史、体会革命精神，参加师生近10 000人次。二是依托陕西红色资源，将"红色革命文化"等课程纳入人才培养方案，联合共建17个爱国主义教育基地，让学生在课堂、培训、讲座、研讨中，重温红色记忆，激发使命担当。三是依托牵头组建的校企协同育人战略联盟和行业职教集团，通过校企共育人才、共建基地、共享资源，将工匠精神融入人才培养、将职业元素融入专业建设、将企业文化融入教学全过程、将企业环境融入学生日常管理，打造了具有陕工特色的"红色匠心"文化。

(四) 上好"践行红色初心"的宗旨深化课，学出工院味

通过开展"为学生办实事、为教师解难题、为校友做服务、为学校做贡献、为高职做示范"的"五为"实践，上好宗旨深化课，用心用情、真心真意地解决了一批师生最关心最直接最现实的利益问题。一是为学生办实事。校领导多次与师生面对面交流，共征集为学生建议意见50余条，带头认领"硬骨头"问题；同时，实施"456"学生素质养成全面提升计划、"精准资助点亮工程"计划、"阳光护航青春飞扬"心理育人计划等，组织开展好党员服务学生实践活动，把关心关爱送到学生心上。二是为教师解难题。校领导和职能部门定期分层分类召开教师座谈会，一师一策、一事一议，着力解决教师教学科研、学习生活、个人成长等方面的难题。三是为校友做服务。加大力度健全完善校友会建设机制，实施心桥工程，走访、了解校友发展需求，关爱、帮助校友发展。四是为学校做贡

献。对标学校"十四五"规划确定的三大中心任务,党员干部、师生员工积极为学校发展建言献策,为学校发展贡献才智,推动"双高"校建设、新校区建设。五是为高职做示范。持续推进内涵建设,陆续出台了一批具有"陕工"特色的制度、模式、案例,强基树标、提质培优,推动学校高质量发展。

三、工作经验与成效

(一)党风纯、方向明,师生政治素养显著提升

学校党委坚持把方向、管全局、议大事、做决策、抓关键、给保障,把抓好党建作为办学治校的基本功,以党史学习教育为抓手,强化党建引领、夯实基层基础、弘扬清风正气,切实让党委成为科学发展的决策集体,让党总支成为开放创新的坚强集体、党支部成为干事创业的战斗集体、教师党员成为教书育人的旗帜、学生党员成为成才成长的典范。2011年,被陕西省委授予"陕西省先进基层党组织";2009年以来,连续5次荣获"陕西高校先进校级党委",连续7年获全省高校领导班子年度目标责任考核"优秀"等次;获评全省优秀共产党员2人,陕西高校优秀党务工作者9人、优秀共产党员16人;陕西省先进离退休干部党支部1个,陕西高校先进基层党组织10个,标杆院系1个,样板支部2个,"双带头人"教师党支部书记工作室1个,被确定为陕西省委副书记胡衡华同志的党建联系点。

(二)"三风"正、有精神,人才培养质量持续提升

学校紧紧围绕现代装备制造业对高素质技术技能人才的需求,主动对接国家和地方发展需求,推进优质生源、优师优培、优生优绩、优业帮扶的"四优工程",打造纯正校风、优良学风优良和严谨教风。教职工从"上好每堂课、做好每件事、验好每个工件、改好每次作业"做起,将全心全意为人民服务的宗旨落实在"办人民满意的教育,做人民满意的教师"上。"爱党爱国、勤奋学习、立志成才"已成为校园新风尚,毕业生就业率保持在96%以上,连续两年全国技能大赛获奖率位居全国第二,学子在工作岗位上展现出的"技能报国、精益求精、吃苦耐劳"品质备受好评。全国劳动模范何菲、全国五四奖章获得者何小虎,四川省技术能手郑永涛等一大批名片学生用实际行动诠释了"为获得知识和技能走进来,为服务祖国和人民走出去"的职教初心,带动了影响了数以万计的

学子主动投身到神舟飞天、嫦娥探月、港珠澳大桥等重大项目建设，成为支持"中国制造"强国战略的主力军。

（三）作风实、促发展，学校品牌影响力不断提升

学校聚焦政治建设、强化责任落实，聚焦教育教学、强化主阵地作用，探索出一条党建工作与业务工作深度融合的新路子，将党建质量优势转化为最大的发展优势，催生了一系列的内涵建设新成果。今年以来，学校连续四届荣膺"全国文明单位"，入选《全国教育扶贫典型案例》，荣获全国机械行业"十三五"思想政治工作50强和校园文化建设示范基地，获评"全国工人先锋号"，1人获批享受国务院政府特殊津贴、1人荣获全国机械行业"十三五"宣传思想文化建设"最美奋斗者"，新增二级教授2人、三级教授1人。学校还荣获第九届陕西质量奖提名奖、"双百工程"先进单位、陕西高校智慧校园示范校、陕西教育网络安全和信息化工作先进集体、陕西高校共青团工作优秀单位、全省科技成果知识产权规范管理试点高校等省级荣誉15项，三度登上央视《新闻联播》，在2021年中国高职高专院校竞争力排行榜中位列全国第9、西部第1，得到了全国职教战线的广泛关注。

附录

媒体聚焦　彰显声誉

一、电视新闻

1. 央视新闻联播：《深化产教融合　职业教育为产业发展赋能》

2. 央视新闻联播：2019 年全国高职院校扩招 116 万人

3. 央视新闻联播：2021 年度全国征兵工作有序展开

4. 央视电影频道：电影《穿工服的青春》

5. 中国教育电视台：时尚的传统

6. 中国教育电视台：陕西工业职业技术学院：守望初心　不负使命

7. 中国教育电视台：双高100

8. 中国教育电视台：梦开始的地方

9. 陕西新闻联播：牢记谆谆嘱托，奋力谱写陕西追赶超越新篇章

10. 陕西新闻联播：在习近平新时代中国特色社会主义思想指引下

11. 陕西新闻联播：适应新发展阶段 构建新发展格局 中央经济工作会议在我省引起强烈反响

二、报刊报道

1. 人民日报：《陕西工院：立足主战场 上好疫情防控"三堂课"》

2. 中国教育报：《陕西工业职业技术学院"大思政"生态圈让高职学子收获满满》

3. 中国教育报：《找准试点"1+X"的有效路径》

4. 中国教育报：《陕西工业职业技术学院：赓续红色基因 攀升发展新高度》

5. 中国青年报：《百舸争流千帆竞发 锐意创新培育英才——陕西工业职业技术学院倾力办人民满意的高职教育》

党委书记崔岩在全国优质高等职业院校建设交流研讨会作大会发言

6. 陕西日报：《陕西工院：以高质量党建引领学校高质量发展》

"光荣在党50年"老党员带领师生重温入党誓词。

7. 陕西日报：《陕西工业职业技术学院助力职业教育走出国门》

三、网络媒体报道

1. 人民网：《"一带一路"上的中国职教故事："丝路"化雨春满园》

2. 教育部职成司官方抖音推送我校百万扩招微视频

3. 学习强国：《陕西工业职业技术学院：艺术党课创新讲党史 激发师生奋斗热情》

4. 学习强国：《陕西工业职业技术学院：John Henry Smith——大洋彼岸外教老师的"中澳情"》

5. 中国高职高专教育网：《陕西工业职业技术学院：分类融通，精准多元，以教学确保高质量扩招》

6. 陕西省教育厅：《陕西工业职业技术学院"四结合"抓实党史学习教育》